역사도시 충주의 발자취와 기억

역사도시 충주의 발자취와 기억

충주의 역사와 삶터를 찾아서

전홍식 지음

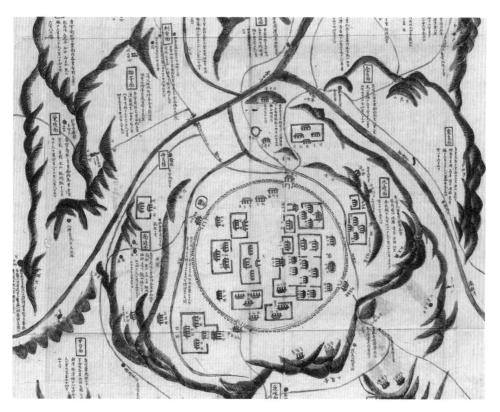

좋은땅

도시는 그 시대의 사상·이념·가치·윤리 등을 반영하여 형성되고 발전한다. 지역의 정치·경제·사회·문화가 응축되어 있는 도시에 대한 역사적인 접근은 지역의 과거와 현재에 대한 이해를 높이고 더 나아가 사회 전체에 대한 인식의 확장을 가능하게 한다. 거대도시로 성장한 현대 도시의 경우에도 처음에는 하나의 작은 부분에서 시작하여 거듭되는 변화 과정을 통해 오늘날에 이르렀기에 조선시대, 일제강점기, 해방 이후 도시변화 과정을 살펴보는 것은 현대도시를 이해하고 이를 바탕으로 미래도시를 계획하고 준비하기 위한 토대를 구축하는 작업이라고 할 수 있다.

조선시대 충주 도시 공간은 일제의 식민지 지배정책과 일본인들의 이주 정착과정에서 대부분 파괴되었고 식민지 도시 공간으로 변형되었다. 해방과 전쟁 그리고 1960년대 이후 산업화, 도시화가 가속화되면서 대규모의 인구와 시설을 수용하는 도시로 팽창하는 양적이고 획일적인 변화 속에서 역사도시 충주의 고유한 정체성은 점차 희미해졌다. 과도한 도시 개발은 어렵게 명맥을 유지하고 있는 조선시대 관아가 있는 역사도시 공간을 왜소화하고 문화환경 또한 심하게 훼손시키고 있다. 기초적인 조사도 없이 진행된 마을정비사업과 주거환경개선사업 등의 각종 개발사업과 도시재생사업은 도시의 역사를 지우고 일제강점기 식민지배의 역사를 미화하고 왜곡하는 결과를 초래하였다.

충주는 남한강 유역의 역사도시로 고유한 역사환경과 문화 유산이 전승되고 있어 다른 도시와 차별화된 특색을 가지고 있다. 그러나 선조들의 삶과 문화가 있고 이를 기반으로 고구려 국원성, 신라 중원경, 고려시대 충주목, 조선전기 충청감영, 조선후기 23부제의 충주부관찰부, 13도제의 충청북도 관찰부 등 고대로부터 중원문화의 중심도시이며 남한강 유역의 최고 도시로 성장한 역사도시의 현재성을 만나기는 쉽지 않다. 도시 정체성을 발견하여 이를 기반으로 역사도시를 보존·복원하고 문화유산이 시민의 삶과 함께 하는 미래 지향적인 도시를 계획하고 실천하는 것은 경제·생태·역사와 문화·사회적 가치가 공존하는 지속가능한 도시로 발전하는 중요한 기반이라고 할 수 있다.

지방자치 실시 이후 자신이 살고 있는 지역에 대한 관심이 증가하였고 연구도 활성화되었다. 그러나 지역사 연구가 고대사 등 특정 시기에 대한 연구에 관심이 집중되어 있고 연구 대상도 지역의 유적과 유물에 한정되면서 지역의 특수성과 일반성을 이해하고 이를 바탕으로 전체적인 역사상을 복원하고 정립하는 데 어려움을 겪고 있는 것이 현실이다.

이 책은 조선시대부터 시작해서 일제강점기를 거쳐 해방 이후 시기까지 역사도시 충주의 형성과 변화, 역사적 환경과 장소, 그리고 그 속에서 살아간 사람들의 삶을 조명함으로써 도시에 대한 이해를 높이고 도시를 일부분이나 파편의 한 조각처럼 분리된 공간으로 보는 것이 아닌 유기적으로 상호 연결된 공간이라는 관점에서 서술하고자 하였다. 일제강점기 식민지 도시를 전공하면서 자연스럽게 조선시대 우리 도시의 본래 모습에 대해 관심을 갖게 되었다. 역사도시 충주의 발자취를 기록하고 정리하겠다는 구상은 했지만 이러저러한 사정으로 지체되었다. 코로나로 인해 생활 패턴이 바뀌면서 역설적이게도 여유가 생겼고 이러저러한 과정을 거쳐 작업을 마칠 수 있었다. 한번에 만족스러운 결과를 낼 수 없기에 부족한 부분은 앞으로 계속 연구하고 보완하도록 하겠다.

2018년부터 충주근현대사 역사교실, 조선시대 충주 역사교실, 독립운동가 류자명선생 공부 모임 등의 강좌를 열어 시민들과 함께 했던 경험은 책의 기초가 되었다. 2015년부터 시민 학생들과 함께 틈틈이 지역을 답사했는데, 특히 충주남산초등학교 선생님, 학생, 학부모와 함께 호암지와 읍성을 답사하고 역사를 찾아갔던 시간은 동기를 부여하고 기본 틀을 세우는 데 많은 도움이 되었다. 지역의 어르신들이 구술해 주신 소중한 기억과 삶의 경험은 필자의 지역에 대한 이해를 높여 주고 역사의 공백을 메워 주는 데 큰 힘이 되었다. 지면을 빌려 감사드린다.

지역의 정치·경제·사회·문화의 중심지로 유구한 역사가 있고 선조들의 삶과 문화가 있는 역사도시 공간은 문화, 관광, 여가 활동의 자원이며 살아 있는 체험 학습의 장이다. 이 책이 충주의 역사를 알고 싶어 하는 분이나 직접 찾아가 보고 걸어보고 답사하고 싶어 하는 분들에게 도움이 되었으면 한다.

책이 나오기까지 많은 분의 도움이 있었다. 책의 출판을 후원하고 항상 함께 해 준 친구, 선후배님 그리고 형님과 동생들에게 감사드린다. 교정을 맡아 준 친구 이강현과 김경열에게도 고마움 마음을 전한다. 이강현은 세세한 내용까지 검토해 줘 책을 마무리하는 데 큰 힘이 되었다. 아내 권보미와 아빠를 염려해 주는 지현이와 병준이에게도 고마움을 전한다. 이 책을 어머님께 바치며 더욱 건강하시길 기도드린다.

2021년 7월

대림산 관주마을에서 전홍식

목차

북문 밖의 역사와 기억

남문 밖의 역사와 기억

역사도시 충주의
발자취와 기억을 찾아가는 여정

　대림산, 금봉산, 계명산 그리고 달천, 한강으로 이어지는 충주분지에 사람이 살기 시작한 것은 구석기시대부터이다. 충주와 인근 지역의 구석기 유적은 남한강 유역을 중심으로 조사 발굴되었다. 1990년대 이후 금릉동, 용탄동, 목행동, 봉방동, 호암동 등에서 구석기시대 유물이 출토되어 분지 이곳저곳에 구석기인들이 널리 퍼져 살았으며 주요 활동무대였음을 알 수 있다.

　특히 호암택지개발부지 내 유적에 대한 정밀발굴조사결과 구석기시대 문화층, 삼국시대에서 조선시대에 이르는 분묘, 토성, 기와가마 등의 복합유적이 확인되었다. 또한 호암동 종합스포츠타운사업부지 내 유적지에서는 구석기시대에서 조선시대에 이르는 주거지 유적과 분묘 유적이 조사되었고 이 중에는 구석기 유물 포함층과 초기 철기시대 분묘, 석실분, 토광묘 등 분묘유적이 다수 발굴되었다. 초기철기시대 적석목곽묘(積石木槨墓)에서 무기류인 세형동검(細形銅劍), 동모(銅鉾), 의기류인 다뉴세문경(多紐細文鏡), 공구류인 동부(銅斧), 동착(銅鑿) 등이 출토되어 충주지역을 통치한 강력한 세력이 존재했음을 알 수 있으며 지역 역사연구에 중요한 정보를 제공하고 있다(한우림외, 2018:225; 홍성화, 2017:71-77).

역사시대에 들어와 충주에 진출한 세력은 마한을 흡수한 백제였다. 백제는 인적 물적 자원이 풍부한 한강 변에 자리 잡고 서해안을 끼고 있어 고대국가로 발전할 수 있는 유리한 조건을 갖추고 있었다. 충주지역은 백제가 비약적으로 발전하는 350년경(근초고왕 5년) 백제의 영역이 되었다. 백제에 이어 한강 유역에 진출한 고구려는 475년(장수왕63)경 충주에 국원성을 설치하고 70여 년간 지배하였다. 6세기 중반 중원에 진출한 신라는 충주를 점령하고 557년(진흥왕18)에 국원소경을 설치하였으며 558년 귀족의 자제와 6부 부호들을 충주에 이주시켜 북방공략의 기반이 되는 거점도시로 운영하였다. 고대 삼국이 충주를 차지하기 위해 각축을 벌인 것은 남한강 수운의 지리적 이점과 풍부하게 매장되어 있는 철을 차지하기 위한 것이라고 할 수 있다.

국원소경의 치소에 대한 최근의 발굴을 통해 탑평리 일대가 4세기부터 백제의 철 생산 및 유통의 거점 취락으로 개발되었고 고구려 점령기를 거쳐 국원소경 시기까지 계속해서 중심지로 이어진 것으로 보는 것이 일반적이다. 673년(문무왕13) 국원성을 축성하고 685년(신문왕5)에 국원소경은 중원소경으로 개칭되었다. 757년(경덕왕16)에는 중원경으로 변경되었는데 탑평리에는 중원소경과 관련된 도시구획이나 생활유적이 발굴되지 않아 중심지가 탑평리에서 충주분지로 이동한 것으로 보고 있다(황인호, 2013:232). 지역 중심지의 이동은 전쟁, 국가정책, 질병, 재난 등으로 기존 도시를 떠나 다른 지역중심지로 이전하는 것을 말한다. 새로운 행정 중심지 개발의 필요성, 남한강의 범람으로 인한 도시파괴, 화재 등 재난의 발생, 통일신라 말기의 사회혼란으로 인한 도시 쇠퇴 등을 원인으로 고려할 수 있다. 단월동에서 통일신라시대 전기에 속하는 고분 6기, 후기에 속하는 고분 2기와 석곽묘 2기가 발굴되었다. 고려시대의 분묘들이 대부분 단월동을 중심으로 분포하고 있으며, 나말여초 충주지역의 호족세력들이 대부분 충주시내를 중심으로 활동하였고, 고려 초의 사찰과 문화재들이 충주시내에 분포하고 있는 점을 고려할 때 지역의 중심지가 탑평리에서 충주시내로 이동한 것으로 추정할 수 있다(서영일, 2002:122-123). 통일신라시대 중원소경의 위치에 대해서는 봉현성설, 대림산성설 등이 주장되고 있다.

군현제를 통해 중앙정부에 의해 강력하게 통제되고 있던 신라 사회와 달리 나말여초 시기에는 크고 작은 전쟁으로 사회가 혼란에 빠졌고 아래로부터 지방지배 질서가 붕괴되고 있었다. 이러한 사회의 위기에 대응하여 지역민의 생명과 재산을 보호하기 위해 지역 호족세력을 중심으로 기존의 공동체를 재편하거나 새로운 지역 단위로 자위공동체가 형성되었다(최종석, 2007, 111-114). 나말여초 충주지역을 대표하는 호족세력은 유긍달(劉兢達)로 고려 초기 충주 유씨 세력이 개경의 황실과 연결되면서 충주 지역사회는 물론이고 남한강 유역 인근에 이르기까지 정치·경제·사회 등 다방면에 걸쳐 영향력을 행사하였다. 고려건국 후 중원경은 940년(태조23) 충주부로 개칭되었고 983년(성종2)에는 12목 중의 하나인 충주목이 설치되었다. 995년(성종14)에 중원도가 설치되었고 1018년(현종9) 8목으로 개편될 때 충주목이 되었으며 양광도에 속하였다.

고려시대 치소(治所)에는 지방관이 근무하는 관청과 창고 등 각종 시설이 설치되어 있었고 일부 지역에서는 도시 공간이 형성되어 있었다. 『고려사』에 의하면 충주성(忠州城)에 관노비의 부적(簿籍)이 보관되어 있다는 기록으로 보아 충주성이 치소성(治所城)임을 알 수 있다. 충주산성 2차 발굴조사 보고서에서는 충주성을 충주시내에서 동남쪽으로 4㎞ 지점에 위치한 남산성으로 비정하고 있다. 그러나 남산성은 비교적 험준한 지역에 위치하여 주변 지역이나 취락 중심지와의 연계성이 약하고, 식수원이 부족하며, 고려시대와 조선시대 유물이 발견되지 않는 문제점이 있다. 반면에 대림산성은 둘레가 4,906m로 충주지역에서 규모가 가장 크고, 달천과 동래로변에 위치하여 교통이 편리하고 접근성이 좋으며, 식수원이 풍부하다는 이점을 가지고 있다. 성내에서 10여 개소 이상의 건물지와 대형건물의 초석이 확인되었으며 고려 계통의 기와와 토기 등이 출토되어 단순한 군사시설뿐 만아니라 행정기능이 복합된 치소성으로 기능한 것으로 보인다.

대림산성은 해발 487.5m의 대림산 일원에 자리잡고 있다. 대림산성에 대한 기록은 보이지 않다가 조선초『세종실록지리지』에 처음 등장한다. 『신증동국여지승람』고적(古跡)조에는 "돌로 쌓았는데 둘레가 9,638척이고 샘이 하나 있는데 지금은 폐하였다."고 기록되어 있다. 대림산성은 통일신라시대에서 고려시대 어느 시점까지 군사와 행정기능을 겸한 치소성으로서의 역할을 담당하다가 취락과의 접근성과 도로와의 연결망을 고려하여 호암택지지구의 구릉지로 치소가 이동한 것으로 보인다. 호암택지지구 구릉지는 교통이 편리하고 동, 서, 남, 북의 넓은 조망권을 갖추고 있으며 전쟁이 발발하면 대림산에 들어가 적의 침략에 대비할 수 있어 군사적으로도 적합한 조건을 갖추고 있다고 할 수 있다.

고려시대에는 거란, 몽고, 홍건적, 왜구 등의 침입으로 고통을 겪어야 했으며 충주는 교통의 중심지라는 지역의 특수성으로 인해 항상 전쟁의 중심에 위치하였다. 전쟁은 충주 인근의 산성이나 도시의 중심이라고 할 수 있는 치소성을 중심으로 전개되었다. 몽고와의 항쟁의 경우 1231년(고종18년) 충주성 전투, 1253년 10월에서 12월까지 충주성 전투, 1254년 9월 충주산성 전투, 1256년 충주성 전투 등의 격전이 벌어졌으나 정확한 위치를 확정할 수 없다. 최근에는 대림산성이 몽고와의 항쟁의 중심지인 충주산성일 가능성이 제기되어 주목을 받고 있다. 고려후기 산이나 구릉지에 있던 치소가 평지로 이동할 때 성내동 일대에 읍성을 축성하고 이동하였다고 할 수 있다. 조선건국 후 고려시대 중심지인 대림산을 진산으로 정하고 도시 공간을 조성하였고 정치적·사회문화적·지리적 요인으로 인한 조정과정을 거쳐 읍성을 중심으로 한 도시 공간이 형성되었다.

본서는 조선초기 도시건설로부터 해방 이후 시기까지의 시간적 범위와 대림산, 금봉산, 계명산과 한강, 달천강으로 이어지는 충주분지를 공간적 범위로 하여 도시의 역사를 살펴보았다. 시간의 흐름에 따라 도시의 발자취를 서술하는 대신 지역의 지리와 도시 공간의 변화에 대한 이해를 높이기 위해 도시의 근원 또는 핵심에 해당하는 읍성과 관아를 먼저 살펴보고 동·서·남·북 4대문 밖 길을 따라 발자취를 찾아가는 방식으로 서술했다.

제1장에서는 조선초기 충주 도시 공간의 원형에 대한 이해를 돕기 위해 도시건설의 배경과 입지, 도시의 주요시설 등을 서술하고 읍성과 도시 구조, 관아와 건축, 전쟁과 도시 등을 살펴보았다. 도시의 변화상을 살펴보기 위해 조선후기 도시의 성장과 공간 확대, 근대문물의 수용과 공간변화 등을 설명하였다. 일제강점기 식민지 도시 공간의 형성으로 인해 조선시대 도시 공간이 파괴되고 굴절되는 과정을 살펴봄으로써 도시의 전체 변화상을 이해할 수 있도록 하였다. 제2장에서는 충주 읍성의 정문인 북

문 밖으로 달천의 동래로에 연결되는 길, 북문에서 북창나루로 연결되는 길, 일제강점기 신설된 탄금대에서 충주교까지의 도로를 따라 형성된 역사 공간을 서술하였다. 제3장에서는 서문 밖의 길을 따라 조선시대 서부리의 도시 공간 형성과 일제강점기 식민시적 변화를 살펴보았다. 소선초기 사직단에서 시작하여 일제강점기를 거쳐 해방 후 도심으로 변모한 사직산과 인근 지역의 변화를 설명하였다. 이어 조선 초기 충주평야의 관개용수를 공급하기 위해 축조된 소제와 대제의 식민지적 변화를 따라가 보고 시장의 변화를 살펴보았다. 제4장에서는 남문에서 진영, 용산, 호암, 발티재로 이어지는 길과 남문에서 검지고개와 싸리고개를 넘어 동래로로 연결되는 길을 따라 역사적 장소를 살펴보았다. 제5장에서는 동문 밖으로 동촌마을을 지나 교현천을 따라 마즈막재에 이르기까지 봉화로를 따라 발자취를 설명하였다.

제1장

역사도시의 형성과 발전
그리고 식민지적 변용

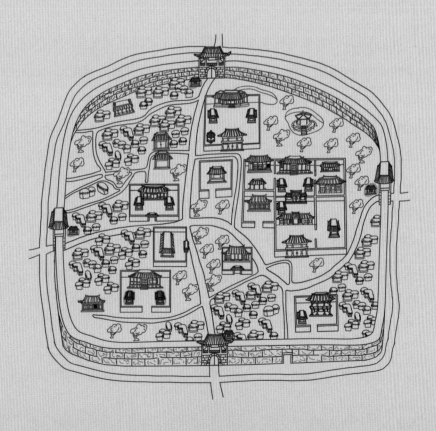

도시와 읍성

1. 도시 건설과 입지

조선 건국과 신도시 건설

여말선초의 사회적 혼란과 왕조 교체는 정치·경제를 비롯한 사회 각 방면에 걸쳐 커다란 변화를 가져 왔다. 조선 왕조의 새로운 지배 세력으로 등장한 신진사대부들은 중앙집권체제를 강화하고 전국을 통일적인 행정체제로 개편하기 위해 다양한 노력을 기울였다. 개국 이후 왕권을 중심으로 하는 중앙집권체제가 확립되면서 지방통치제제가 강화되었다. 조선의 지방제도는 지방행정의 최고 기관인 도(道)와 그 아래에 군현으로 이루어지는 2층 구조로 조직되어 있었다. 고려의 5도 양계에서 기원하는 도(道)는 조선시대 들어 경기·충청·강원·전라·경상·평안·황해·함경의 8도체제로 정비되었다. 도(道)에는 종2품의 관찰사를 임명하고 감영을 설치하였다. 각도에 파견된 관찰사는 수령을 지휘·감독하고 도내의 일반 행정과 군사행정을 통할하는 최고의 지방관이었다.

고려시대 충청도는 중원도, 양광도로 명칭이 변경되었으며, 고려 공민왕 5년(1356)에 충청도로 개칭한 후 조선조에서도 그대로 충청도로 명명하였다. 조선 초기인 태종 4년(1395)에 충주에 충청도 관찰사를 파견하고 감영이 설치되면서 충주는 충청도 최고 도시로 발전하게 되었다. 감영은 감사의 본영을 말하며 8도에 파견된 관찰사가 업무를 보는 관청이다. 감영은 각도의 거점이 되는 고을 중에서 정했는데 지리적 위치와 경제적인 형편 등을 고려했다.

충청도의 동북방에 위치한 충주에 충청감영을 설치한 이유는 첫째, 충주가 고대로부터 한강 유역의 정치·경제·사회·문화·군사의 중심도시이고 계수관 가운데 지리적으로 서울과 가깝기 때문에 감영이 설치되었다고 할 수 있다. 계수관은 중앙정부와 군현의 중간기구로 행정구획이나 지방의 대읍을 말하는데 고려시대에는 모든 군현에 지방관이 파견되지 않았기 때문에 몇 개의 계수관을 통해 군현을 지휘·통제하였다.

세종실록에 의하면 경상감영을 상주로 옮기는 것에 항의하는 경주 지역민들에 대해 기존 감영이 있던 경주가 상주보다 크지만 왕의 명령은 임금이 있는 한성에서 상주를 거쳐 경주로 내려가는 것으로, 평안도의 평양감영, 전라도의 전주감영, 강원도의 원주감영, 황해도의 해주감영 등이 모두 서울에서 가까운 곳에 있음을 들어 설명하고 있다. 마찬가지로 충주 또한 충청도의 계수관인 충주·청주·공주·홍주의 4개 도시 가운데 서울에서 가장 가까운 고을이고 접근이 용이하다는 이점을 가지고 있었다.

둘째는 호구와 전결수 등 경제적 조건을 들 수 있다. 토지를 매개로 백성을 통치했던 농경국가에서 호구와 전결수는 국가재정의 근간이었다. 『세종실록지리지』에 의하면 조선 초기 충청도의 호구는 24,170호에 인구는 100,790명이었다. 충주의 호구는 1,871호에 인구는 7,452명 간전은

19,893결이었다. 청주의 호구는 1,589호에 인구는 6,738명 간전은 18,193 결, 공주는 2,167호에 인구는 10,049명 간전은 18,526결, 홍주는 1,379호 에 인구는 6,031명 간전은 11,836결로 호구에서만 공주에 이어 두 번째였 을 뿐 전결수에서는 다른 도시보다 앞서 있었다. 조선 후기에는 인구와 전결수 등 모든 면에서 충청도 최고의 도시로 성장하였다. 이러한 충주의 경제적 기반은 감영이 설치되는 중요한 요인으로 작용하였다.

셋째는 교통의 발달을 들 수 있다. 한강 유역에 위치한 충주는 수운과 육로교통이 발달하여 한성과의 접근이 편리하고 인근 군현과의 연결이 용이하다는 지리적 이점을 가지고 있었다. 서울과 경상도를 잇는 교통의 요충지에 발달한 도시로 전략적 군사적으로 중요시되었기 때문에 감영이 설치되었다고 할 수 있다. 충청감영의 설치는 도시가 한 단계 더 성장하 는 중요한 요인으로 작용하였다.

군현제는 지방을 군현으로 편성하고 지방관을 파견하는 중앙집권적인 지방 지배방식이었다. 군현은 부·대도호부·목·도호부·군·현을 총칭하 는 것으로 전국적으로 330여 개의 읍치(邑治)라고 불리는 지방도시가 형 성되었다. 목(牧)은 고려 성종 때 12목으로 출발하였고 이때 충주는 충주 목이 되었다. 현종 9년(1018)에 8목으로 정비되었다. 조선초 태종의 지방 행정 개편 시 15개 목으로 정비되었고 조선 중기에 20개 목으로 재정비되 었다.

조선 초기 지방제도가 정비되면서 각 고을마다 수령이 파견되었다. 중 앙권력을 대변하는 수령과 지방 세력의 상호작용에 의해 지역마다 통치 기관과 주거 공간 등 각종 시설이 갖추어지면서 이전 시기와 다른 조선 특유의 도시 공간이 형성되기 시작하였다. 중앙정부의 지방에 대한 강력한 통제가 이루어지면서 군왕이 사는 도성의 예에 따라 지방도시에도 일정한 통치시설이 계획적이고 획일적으로 조성되었다. 조선시대 지방도시는 중앙집권을 강화하기 위한 정치적 이데올로기적 요인에 의해 형성되었지만 각 고을의 발전은 사회·문화·지리적 조건에 의해 다양한 양상을 보였다.

충주목에는 정3품의 목사가 파견되어 지금의 성내동 지역에 새로이 관아가 조성되었고 각종 도시시설이 갖추어지면서 신도시의 면모를 갖추게 되었다. 관아의 유지와 관리에 필요한 각종 시설이 들어서고 향리 등 관리와 군인들이 모여들면서 도시는 점차 활기를 띠게 되었다. 도시 지역으로 인구의 집중이 이루어지고 다양한 활동이 이루어지면서 도시 공간은 농촌 지역과 다른 경관을 갖추게 되었다.

도시의 입지와 풍수

고대로부터 하천 유역은 강물의 범람으로 토양이 비옥하고 농업 생산에 유리해서 많은 인구의 유입으로 취락이 발달하였고 이른 시기에 도시로 성장하였다. 하천을 이용한 수운의 발달은 지역 간의 교류를 통해 도시의 발달을 촉진하고 지속적으로 성장하는 근본적인 요인으로 작용하였다. 도시를 정복하기 위한 각국 간의 전쟁과 점령의 과정을 통해 지배를 위한 군사적 거점으로 개발되었고 행정의 중심지로 발전하였다. 한강 유역에 위치한 충주는 수운과 육로교통이 발달하고 많은 인구를 부양할 수 있을 정도의 넓은 토지가 분포되어 있어 도시가 입지할 수 있는 적합한 조건을 갖추고 있었다.

한강과 달천―한강은 달천을 받아들여 서울로 흐른다. 탄금대와 용섬이 보인다.

속리산에서 발원하여 도시의 남에서 북으로 흐르는 달천이 한강과 합류하여 북쪽의 한양으로 흘러가는 분지의 북서쪽 저지대에는 하천의 오랜 범람으로 평탄한 지형이 형성되어 있었다. 남동쪽으로 대림산, 금봉산, 계명산이 둘러선 비교적 험준한 산악지형은 외적의 침입으로부터 도시를 방어할 수 있는 유리한 조건을 갖추고 있었기 때문에 지역의 중심지로 발전할 수 있었다.

조선시대 도시는 사회적 요인뿐만 아니라 지형 등 자연조건의 영향을 받으면서 형성되었다. 강이나 하천 주변의 저지대 범람원이나 급경사의 산지는 시가지 발달을 가로막는 장애 요인으로 작용하였다. 조선시대 충주 시가지는 한강과 달천을 따라 형성된 넓은 평야의 위쪽 부분인 대림산, 금봉산, 계명산의 내부에 조성되었다. 대림산의 지맥인 사직산이 분지의 남에서 북으로 뻗어 나가고, 금봉산의 지맥인 용산, 계명산의 지맥인 만리산과 주봉산이 동에서 서로 흘러들어 크고 작은 구릉지가 발달하였다. 직동 발티에서 발원하여 도시의 남북을 가로질러 흐르는 충주천이 금봉산 동편 기슭에서 발원하여 동서로 흐르는 교현천을 받아들인 후 달천으로 흘러가는 교현천과 충주천 내부의 비교적 완만한 평지에 자리 잡았다. 분지의 중심 부분에 위치한 도시 공간은 구릉지에 둘러싸여 있어 겨울의 추운 기운을 직접적으로 받지 않을 뿐만 아니라 생활용수를 구하기 용이하고 홍수 범람으로부터 안전하며 배수 상태가 양호한 이점을 가지고 있었다.

조선시대 도시 입지 결정에는 교통여건, 식수, 군사적 방어, 지역의 중심지라는 정치·경제적 요건 등 다양한 요인이 영향을 끼쳤지만 중요한 요소 중의 하나로 풍수지리를 들 수 있다. 조선시대 지방의 도시계획은 유교 이념을 기본으로 하면서도 일반적인 생활시설이나 도시 공간은 풍수지리와 지역의 특성을 고려하여 지역에 적합한 최고 길지(吉地)에 도시 공간을 구성하는 것이 일반적이었다.

풍수적으로 바람직한 입지는 북쪽에 진산(鎭山)이 솟아 있고 그 아래에 도시가 자리 잡고 있으며 좌우로 산세가 펼쳐져 있어야 했다. 도시 앞 남향에는 나지막한 안산(案山)이 있고, 그 앞으로 강줄기가 흘러가는 것이 이상적인 형상이었다. 진산은 고을 배후에 위치하여 후산(後山)으로 불렸고, 고을을 보호하고 지켜주는 산이라고 하여 수호신산이라고도 하였다. 진산은 도시의 입지를 결정하고 건축물의 배치와 좌향, 도로망의 형태 등 도시 공간 배치를 결정하는 기본적인 자연지형적 조건이며 배경으로 기능하였다.

진산은 대부분 도시로부터 사방 10리 안에 위치하였으나 10리 안에 적합한 산이 없으면 10리 밖의 산을 진산으로 삼기도 하였다. 충주의 진산은 읍치 남쪽 10리에 위치한 대림산(大林山)이다. 『세종실록지리지』에는

"고을 사람들이 진산으로 삼는다(州人以爲鎭山)."라고 하여 진산을 정하는
데 있어 충주목 지역민의 입장과 특수성이 반영되어 있음을 알 수 있다.

대림산

풍수는 일반적으로 래룡(來龍), 장풍(藏風), 득수(得數) 순서로 살핀다.
대림산에서 뻗어 나온 산줄기가 혈장에 연결되어야 하는데 대림산과 도
시 공간은 그와 같은 풍수적 연관성이 미약하다는 문제가 있다. 금봉산이
나 계명산이 아닌 대림산을 진산으로 정한 이유는 백두대간을 따라 내려
온 산맥이 소백산(小白山)에 이르고 소백산의 지맥이 다시 대미산(帶美
山), 모녀현(毛女峴), 월악산(月岳山)을 거쳐 대림산에 도달한 다음 금봉
산과 계명산으로 연결되기 때문에 산의 맥(脈)과 근원(根源)을 무엇보다
중요시한 결과 상징성을 고려하여 대림산을 진산으로 정했다고 할 수 있
다. 대림산과 지역의 역사와의 상관성, 산의 형상 등이 진산을 결정하는
데 중요 요인으로 작용했다고 할 수 있다.

진산은 도시의 후면에 위치하는 것이 일반적이나 충주의 경우 진산인 대림산과 안산이 읍성의 남쪽에 자리 잡고 있어 이상적인 풍수적 입지와 부합하지 않음을 알 수 있다. 대림산을 배후에 두고 읍성이 자리 잡고 읍성 앞쪽으로 안산이 위치하며 그 앞으로 한강과 달천이 합류하여 흘러가야 하는데 북서쪽으로 한강과 달천이 흐르는 지형적인 특성으로 인해 부득이하게 진산인 대림산을 향해 남향하는 도시 공간을 조성했음을 알 수 있다.

여지도서 충원현지도—대미산, 모녀현, 월악산, 대림산을 거쳐 충주읍성으로 이어지는 맥의 흐름을 잘 표현하고 있다. 충주목은 심정연 옥사(1755)로 충원현으로 강등되었다.

도시의 주요 시설

조선시대 지방도시에는 중앙에서 파견된 수령이 수세와 치안 등의 업무를 수행하기 위한 다양한 시설들이 배치되어 있었으며 행정시설, 제사시설, 교육시설, 상업시설 등이 갖추어져 있었다. 행정시설로 중요한 건물은 객사와 아사였다. 객사는 임금과 궁궐을 상징하는 전패(殿牌)와 궐패(闕牌)를 모셔 놓고 지방관아의 수령이 초하루, 보름 또는 국상과 같은 큰일이 있을 때 향궐망배(向闕望拜)하거나 외국 사신을 접대하는 기능을 하였다. 아사(衙舍)는 중앙에서 파견된 수령이 정무를 보던 청사를 말하며 객사 다음으로 권위를 지닌 건물이었다. 향청은 지방 토착 세력의 자치기구로 수령을 보좌하고 향리를 규찰하기 위해 설치되었다. 수령 다음가는 기관이라 하여 이아(貳衙)라고 불렀으며 향사당(鄕射堂), 향당(鄕堂), 유향청(留鄕廳), 풍헌당(風憲堂)이라고도 하였다. 지방 아전들이 공무를 수행하는 공간인 질청은 동헌 근처에 위치하였다. 객사, 아사, 향청은 각각 중앙정부의 왕, 고을의 수령, 백성을 상징하였다. 객사와 아사는 읍성 내의 중심적 위치에 자리 잡았고 그 주위에 향청 등의 건물이 배치되었다.

제사시설인 단묘는 조선 건국 이후 각 지방에 문묘(文廟), 사직단(社稷壇), 성황단(城隍壇), 여단(厲壇) 등 1묘(廟) 1사(社) 2단(壇)으로 구성되었으며 민간신앙은 비유교적인 것으로 규정되어 금단시되었다. 지방의 자율성과 독자성을 억누르고 통제함으로써 지배질서를 일원화하려고 하였으나 지역 고유의 관례나 풍습이 유지된 제사도 존재하였다. 충주의 경우 지역 고유의 제사로 양진명소사(楊津溟所祠)와 월악사(月岳祠)가 있었다.

문묘는 공자와 그 제자 및 유교의 선현을 모셔 놓고 제사 지내는 사당을 말하며 중앙은 성균관에 지방은 향교에 있었다. 사직단은 토지의 신인 사(社)와 곡식의 신인 직(稷)에 제례를 드리는 곳으로 단을 쌓고 봉사하므로 사직단이라 하였다. 사직은 종묘와 함께 국가 차원에서 중요시되었고 태종 6년(1406) 6월 전국 각 고을에 국가 차원에서 사직단이 설치되면서 충주에도 사직단이 설단된 것으로 보인다. 성황사(城隍祠)는 지방 수호신을 제사 지내는 곳으로 삼한시대로부터 기원한다. 성황신은 성곽과 밀접한 관련이 있는 도시의 수호신이므로 읍치와 가까운 진산에 입지하는 것이 일반적이나 충주 성황사의 경우 읍의 북쪽 3리에 있었다. 여단(厲壇)은 여제단이라고도 부르며 일월·풍백·우사·운사·곡식 등 민간신앙의 15위(位)나 후손이 없어 제사를 받지 못하는 귀신을 제사 지내던 곳이다. 조선 정종 2년(1400)에 처음으로 여단을 설치하고 각 지방에도 단을 설치하도록 하였다. 여단은 읍의 북쪽에 설치되었으며 충주 여단은 읍의 북쪽 5리에 설치되었다.

교육시설로는 중앙에는 성균관과 4학이 있었고 지방의 대표적인 교육기관으로 향교가 있었다. 향교는 태조 1년(1392) 정도전의 건의에 의해 전국에 설립되기 시작하였다. 태조-세종대에 가장 활발히 건립되었고 성종 대에는 전국 모든 군현에 향교가 설치되었다. 사립 교육기관으로는 서원과 초등 교육기관에 해당하는 서당이 있었다. 충주 지방의 서원은 운곡서원(雲谷書院), 팔봉서원(八峯書院), 루암서원(樓巖書院), 충열사(忠烈祠) 등이 있었다.

상업시설로는 장시(場市)가 있었다. 조선 후기 장시는 도시 지역, 교통의 요충지 등 인적 물적 교류가 활발한 물화의 집산지를 중심으로 발달하였다. 장시가 성장하여 하나의 장시가 두 개의 장시로 분장하였고 규모가 더 커지면 상설점포가 형성되기도 하였다. 그 외에도 창고시설, 방어시설, 도로시설 등이 있었다.

2. 충주 읍성의 축성과 도시구조

읍성의 축성과 개축

여말선초 전국의 고을 중 일부 도시는 정치 군사적 중요도와 읍 자체의 경제 능력에 따라 읍내 주위를 둘러싸는 성(城)을 축성하였다. 고려시대 치소(治所)가 위치한 성은 산이나 구릉에 있었으나 고려말에 이르면 이들 성의 대부분은 폐기되거나 방치되었다. 치소는 인근의 평지로 이동하였고 새로이 읍성을 축성하였다. 읍성은 산속에 있는 산성과 달리 일반 백성들이 함께 거주하고 생활하며 상호 교류하는 공간이라는 성격으로 인해 한 단계 발전된 특성을 가지고 있었다. 고려시대 산성에 있던 충주 지역 치소성이 조선시대 어느 시기에 평지로 이동하여 읍성이 축성되고 도시화가 진행되었는지는 정확히 알 수 없다. 충주 읍성에 대해 『세종실록지리지』에는 석축(石築)이고 둘레가 680보(步)이며 성안에 우물 3개와 사고(史庫)가 있다고 기록되어 있는 것으로 보아 늦어도 15세기 이전에 축성된 것으로 보인다.

고려 말 왜구의 침입으로 인해 전라·경상·충청도를 비롯한 전국이 황폐화되었다. 교통과 통신이 마비되고 조운을 통한 세곡 운송이 불가능할 정도로 큰 피해를 입었다. 특히 연해 지역의 피해가 극심해서 거처 없이 떠도는 백성들로 고을이 폐치 위기에 몰리는 등 폐해가 속출하였다. 산성은 외적의 침입에 대하여 피난에는 용이했지만 도시 중심지와는 일정한 거리에 떨어져 있어서 유사시 산성으로 피난하는 것이 곤란할 뿐만 아니라 백성들이 보호받지 못하는 치명적인 약점을 가지고 있었다. 연해 지역 백성들을 보호하고 지속적인 농지 개간과 개발을 위한 대비책으로 연해의 일부 지역으로부터 읍성이 축성되기 시작하였다.

연안 지역에서 시작한 읍성 축조는 점차 내륙 지역으로 확대되었다. 읍성은 한양으로 향하는 사행로(使行路)의 주요 거점이나 조운의 확보와 세곡의 보호를 위해 축조되었다. 충주는 한양에서 동래에 이르는 사행로에 위치한 도시 중에서 전결수와 호구수에 있어서 가장 큰 도시였고 충청도 지역을 비롯하여 경상도 66개 군현의 세곡이 문경새재를 넘어 충주 가흥창에 수납되는 교통의 요충지며 거점도시였다. 내륙 지방에서의 읍성 축조는 대도시를 중심으로 진행되었는데 충청도의 경우 계수관이던 충주, 청주, 공주, 홍주의 4개의 도시에 읍성이 축성되었다. 충주는 경상도와 한양을 연결하는 전략적 군사적 요충지이며 충청감영이 설치된 대읍이었기 때문에 읍성은 도시의 위상을 표상하는 상징적인 건축물이라고 할 수 있다. 『세종실록지리지』(1454)에 680보(步)이던 충주 읍성은 『신증동국여지승람』(1530)에 3,650척으로 다소 차이를 보이고 있어 『신증동국여지승람』의 읍성이 단순 기록상의 오기(誤記) 문제인지 아니면 새로이 축성하고 이전한 다른 읍성을 의미하는 것인지, 기존 읍성을 확장한 것인지는 알 수 없다.

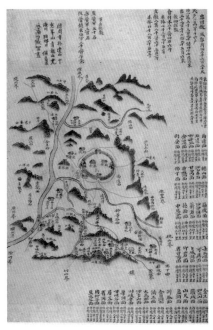

해동지도의 충주 읍성

임진왜란 당시 선조가 유성룡에게 충주성에 대해 물으니 "비록 성이 있기는 하나 그 성은 토적도 방어하기 어렵습니다."라는 기록으로 보아 읍성이 이미 쇠락한 상태였음을 알 수 있다. 임진왜란과 병자호란을 겪으면서 충주의 군사적 중요성이 부각되었음에도 불구하고 읍성의 증축이나 보수는 이루어지지 않았다. 양란을 통해 조선군이 무참히 패배하면서 오히려 산성의 중요성이 강조되었기 때문에 충주 인근의 조령, 월악산, 문경 등이 방어 거점으로 중요시되었다. 충주 읍성은 조선 후기 이후 쇠락한 상태로 방치되었으며 충주의 전략적 중요성으로 인해 개축의 논의는 있었으나 이루어지지는 않았다.

1866년 병인양요 이후 전국의 성곽을 정비하라는 왕명에 따라 고종 6년(1869) 충주목사 조병로가 주도하여 읍성을 개축하고 관아 건물의 일부도 재건하였다. 1869년 봄부터 성역을 시작하여 10개월 여의 기간이 걸려 완성된 충주 읍성은 둘레 3,950척 두께 25척 높이 20척 치첩은 415칸이었다. 개축된 충주 읍성은 조양문(朝陽門), 휘금문(輝金門), 봉아문(鳳阿門), 경천문(敬天門)의 동서남북 4대문이 있었으며 야문(夜門)과 수구문(水口門) 그리고 수문청을 갖추고 있었다. 4대문 중 북문이 읍성의 정문 역할을 했으며 다른 문보다 크고 웅장했다.

충주 읍성은 1896년 을미의병전쟁으로 많은 부분이 파손되었다. 일제 강점기인 1913~1916년에 걸쳐 진행된 시구개정(市區改正)이라고 불리는 일종의 시가지 개수계획에 의해 파괴됨으로써 역사 속으로 사라지게 되었다.

충주 읍성문—1896년 을미의병전쟁 과정에서 4대문의 문루가 소실
되었다. 대한제국의 비극(The Traedy Of Korea)에 수록되어 있다.

도로망

조선시대 도로는 도시가 입지하고 있는 지형에 영향을 받으면서 형성
되었다. 읍성이 있는 도시의 경우에는 성문의 위치는 도로 발달의 중요한
요인으로 작용하였다. 성문을 통해 성의 안팎으로 도로가 연결되어 있었
기 때문에 길의 중요도에 따라 성문의 형태와 규모가 결정되었다. 성문의
위치와 수에 따라 성문 내부 도로망의 추정이 가능했다. 읍성 내부의 도

로는 十형, ㅓ형, ㅜ형, ㅡ형 등으로 구분할 수 있다. 동서남북 4개의 문을 갖추고 서로 연결된 十형이 일반적인 도로 형태였으나 ㅓ형, ㅜ형으로 운영되는 경우도 많았다.

충주 읍성 내부의 도로 형태는 동서남북 4대문을 갖춘 十형을 취하고 있었으며 성문은 도로를 통해 서로 연결되어 있었다. 성내 도로는 계획적으로 남북 또는 동서를 연결하는 도로망을 만들고 여기에 관아 등 도시 시설물과 가옥들이 들어서게 되었다고 보기보다는 시설물과 가옥이 들어서고 이들을 연결되는 도로가 자연스럽게 형성되었다고 할 수 있다. 전통적인 도로는 일반적으로 구불구불한 곡선 형태이기 때문에 무질서하게 보일 수 있으나 위계에 따라 조화를 이루고 일정한 질서가 부여되어 있었다.

충주 읍성의 성내 도로 중에서도 남문에서 북문에 이르는 남북대로가 읍성의 중앙을 관통하는 중심도로가 되어 도시의 골격을 이루고 전체 도로의 중심축 역할을 하였다. 읍성 내의 중심대로는 한성과 같은 대로를 만들 필요가 없다고 하더라도 충주는 조선시대 지방의 대도시였기 때문에 그에 맞추어 중로에 해당하는 16척 이상의 도로를 갖추고 있을 것으로 보인다. 남문과 북문 사이의 대로는 읍성 공간을 명확하게 구분하는 역할을 할 뿐만 아니라 각종 도시시설로 연결되는 상징적 축을 형성하고 있었다. 남문과 북문 간의 중심대로로부터 샛길이 분기하고 샛길로부터 최종 목적지인 골목길로 연결되는 위계적인 도로체계를 구축하고 있었다.

도시의 중심도로는 성내 주민들의 일상생활이 이루어질 뿐만 아니라 성 밖으로부터 성내로 출입하는 사람들이 공적 업무수행을 위해 이용하는 공공성이 강한 도로였다. 그러나 조선시대는 신분, 직업 등에 의해 거주지와 활동 영역이 분리되었기 때문에 같은 직종, 같은 계층의 구성원들에 의해 배타적으로 사용되었다. 따라서 도로 역시 권력 구조를 반영하여 상징적 성격을 띠고 있었기 때문에 공공성보다는 지배자의 도로라는 성격이 강하게 띠고 있다고 할 수 있다(국원식, 2002:45-47).

중심도로가 도시 전체가 이용하는 도로라면 각 단위 구역으로 연결되는 도로가 샛길이다. 조선시대 지방도시는 중앙권력의 집행기관으로서 조선왕조의 지배적인 가치와 신념이 집약된 공간이었다. 왕조의 권위와 상징을 표상하는 대표적인 건물은 객사와 동헌이며 남문과 북문을 잇는 도로를 따라 체계적으로 배치되었다. 북문에서 길을 따라 동편으로 첫 번째 샛길이 객사로 통하는 길이며, 다시 두 번째 샛길이 관아와 연결되는 길이다. 서편으로는 각 단위 주거 지역인 민가와 마을로 샛길이 연결되어 있었다. 샛길은 중심도로보다 위계가 낮은 길로 공동의 통로 역할을 하면서 공동체를 연결하는 기능을 하였다. 샛길로부터 개인의 주거지로 출입하기 위한 길이 골목이며 보통 1채에서 3채 정도의 집이 연결되어 있었다.

성 밖에도 성벽을 따라 난 도로가 각 문과 연결되어 있었다. 4대문 밖의 도로를 따라 한양과 여러 지방으로 연결되어 있었으며, 도시 내부의 마을과 향교, 사직단 등의 도시시설과 연결되어 있었다.

도시의 영역과 권역

조선시대 충주목은 도시 지역인 읍치와 면리 지역으로 구분되었다. 읍치라고 부른 도시 지역은 지방 통치행정의 중심지로 각종 통치 시설들이 밀집되어 있었다. 전국 각 고을의 명칭 중 주내면(州內面), 부내면(府內面), 군내면(群內面), 현내면(縣內面), 읍내면(邑內面), 성내면(城內面) 등의 명칭이 있는 지역은 지방 군현의 중심지이거나 중심부를 포괄하고 있는 지역이었고 읍내면이 일반적인 명칭이었다. 읍내면은 그 안에 도시 지역이 존재하며 주변의 농촌 지역까지 포괄하는 범위였다. 충주는 읍내면이 남변면과 북변면으로 나누어지고 두 개의 면이 도심 지역을 사이에 두고 서로 접해 있는 형태를 취하였다. 남변면과 북변면은 일제의 행정구역 개편에 의해 1914년에 읍내면으로 통폐합되었고, 1917년에는 충주면이 되었으며, 1931년에는 충주읍으로 변경되었다. 해방 후인 1956년에 충주읍은 충주시로 승격되었고 그 외 면지역은 중원군이 되었다가 1995년에 통합 충주시가 되었다.

읍내면에 대해 대동지지(大東地志) 방면조(坊面條)에는 남변면 끝이 10리, 북면 끝이 10리로 기록되어 있는데 남동쪽으로 대림산, 금봉산, 계족산이 이어지고 서북쪽으로 달천과 한강이 만나는 동서남북의 범위를 의미한다. 읍성을 중심으로 한 도시 지역에는 충주목사를 비롯한 향리, 군인 등 특수계층이 거주하였고 지배계층인 양반들은 읍성 외곽이나 대림산, 금봉산, 계족산과 한강, 달천강의 주변에 향촌을 이루어 거주하였으며 양인들은 성 안팎에 널리 퍼져 살았다.

도시는 사회집단의 인식에 따라 영역에 차이가 존재했다. 도시 지역인 읍치를 지배 공간으로 인식할 때는 관아를 도시 공간으로 보았고, 읍치를 자연적 경관으로 인식할 때에는 읍내면을 읍치로 보기도 하였다. 도시의 범위는 관아가 위치한 영역과 자연적 경관 영역으로 구분할 수 있다. 충주 도시 공간은 읍성으로 둘러싸인 제1차 영역, 도시 공간이 확장된 충주천과 교현천을 경계로 하는 제2차 영역, 사직단·여단·성황사·향교 등 각종 제사시설이 설치된 대림산·금봉산·계명산·한강·달천 내부의 3차

영역으로 구분할 수 있다.

조선 후기 도시 공간은 남변면과 북변면으로 둘러싸여 있었고 그 주위로 36개 면이 동서남북으로 분포되어 있었다. 동쪽으로 덕산면, 살미면이 있었고 동남간에 감물면이 있었다. 남쪽으로 유등면, 율지동면, 불정면, 소파면이 있었고, 서남간으로 사이면이 있었다. 서쪽으로 이안면, 금천면, 주류면, 신석면, 신니면, 덕면면, 금목면, 맹동면, 소탄면, 대조면, 사다면, 천기면, 지내면, 법왕면, 두의면, 생동면, 감미면, 거곡면, 복성면, 노은면, 가흥면이 있었다. 서북간에 앙암면이 있었고 북쪽에는 소태면, 엄정면, 산척면, 금생면, 가차면, 동량면이 자리 잡고 있었다.

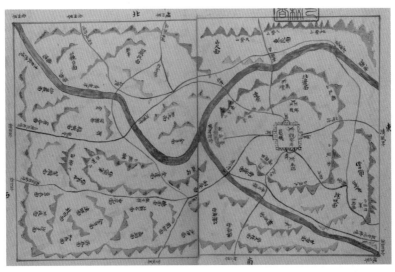

충주군지도—『충주군읍지』에 실려 있으며 충주목의 산과 강 그리고 38개 면을 잘 표현하고 있다.

단종 2년(1454)에 편찬된『세종실록지리지』에 의하면 충주의 경계는

동거청풍30리(東距淸風三十里) 서거죽산90리(西距竹山九十里)

남거음성50리(南距陰城五十里) 북거원주40리(北距原州四十里)

로 남북이 90리, 동서가 120리였다. 인조 10년(1632)경에 편찬된『호서
승람』에 의하면,

동지청풍군계28리(東至淸風郡界二十八里)

남지괴산군계48리(南至槐山郡界四十八里)

지경기도여주계78리(至京機道驪州界七十八里)

지경기도음죽현계66리(至京機道陰竹縣界六十六里)

북지제천현계45리(北至堤川縣界四十五里)

지강원도원주계58리(至江原道原州界五十八里)

로 북쪽으로 제천과 강원도 원주, 동쪽으로 청풍, 경상도 문경과 예천,
남쪽으로 괴산과 연풍, 서쪽으로 음성, 진천, 경기도 여주, 음죽 등의 고을
과 경계를 이루고 있었다.

행정구역 못지않게 지역에 영향을 주고받는 것은 생활권이다. 행정구
역의 범위를 넘어 지역사회와 교류하는 생활문화 공동체는 자연지리적
조건과 사회·경제적 배경에 따라 형성되었으며 오랜 시간을 통해 발전하
였다. 고대로부터 한강 수운을 통해 형성된 수로교통과 육로교통을 통해
지역 간 교류가 활발하게 전개되었고 같은 문화적 속성을 공유하는 생활
권, 시장권, 문화권이 충주를 중심으로 형성되었다. 강원도, 충청도를 통
과하고 경기도를 거쳐 한양으로 흘러가는 남한강 유역의 중하류에 위치

한 지역들은 기후·풍습·생활환경 등이 유사한 특징을 가지고 있었다. 강원도의 원주·영월·정선·평창, 충청도의 충주·음성·연풍·괴산·제천·청풍·단양·영춘, 경기도의 여주·죽산·음죽·이천·양지 등의 지역은 행정구역을 넘어 하나의 지역문화권으로 연결된 지역이었다. 이들 지역은 생활권, 시장권, 문화권으로 중층적 부분적으로 결합되어 있었으며 한말 의병

여지도 충주목

전쟁 당시에는 하나의 활동 영역으로 연결되는 강한 일체감을 가지고 있었다.

충주는 고대로부터 한강 유역의 최고 도시로 성장하였으며, 고려시대를 거쳐 조선조에 들어 1395년에 충청감영이 설치됨으로써 충청도의 정치·경제·사회·문화의 중심도시로 발전하였다.

경기도 남부, 강원도 남부, 충청도 북부, 경상도 북부 지역의 중심도시이며 한양과 영남을 잇는 거점도시라는 특성이 반영되어 1895년에 8도 체제에서 23부체제로 바뀌면서 충주부 관찰부가 되었다. 1896년 13도체제로 변화하면서 충청북도 관찰부, 즉 도청소재지로 발전하였다. 그러나 1904년에 일제가 침략과 강점을 위한 경부선 철도를 부설하고 1908년에 식민지배의 효율을 위해 도청소재지를 철도 연변으로부터 비교적 가까운 청주로 강제 이전하면서 도시가 위축되고 쇠퇴하였다.

3. 성내마을과 시장

중부리

읍성은 성벽과 성문을 통해 성안과 성 밖을 구분하는 경계 역할을 하였다. 성안에는 하나의 마을이 형성되어 있었으며 성 밖과 다른 특성을 지니고 있었다. 북문과 남문을 연결하는 대로의 동편이 관아와 공공시설이 밀집되어 있다면 서편으로는 성내 주민들의 주거지가 형성되어 있었다. 성내마을을 중부리(中部里)라고 하였으며 남변면에 속하였다. 중부리는 관아 건축과 각종 도시시설이 밀집한 충주목 지역의 중심이고 도시 공간의 핵심이라고 할 수 있다.

『여지도서』(1759)에 의하면 성안 중부리에는 259호에 남자 563명, 여자 655명으로 1,218명이 거주하였다. 충청도읍지(1780)에 의하면 성안에는 295호에 남자 608명, 여자 784명으로 1,392명이 거주하는 것으로 나타나 다소 증가하였다. 성내에는 관아에 근무하거나 관련 있는 사람들이 우선적으로 거주하였을 것으로 추정할 수 있다. 충주 지역의 토착 세력이며 지역의 실질적인 실력자인 향리들 또한 성내에 거주하였을 것으로 보인다. 그 외에도 겸역군관(兼役軍官), 지인(知印), 사령(使令), 관노(官奴), 관비(官婢), 여기(女妓) 등 다양한 직역의 관인들이 성내에 거주하였을 것으로 보인다. 성내에 장시가 서고 상설점포가 형성되었던 것으로 보아 상인과 일부 특수층들 또한 성내에 거주하였을 것으로 보이나 정확한 사정을 알 수 없다. 중부리는 충청북도일반(1908)에는 3부동(三部洞)으로 명칭이 변경되었다. 일제강점기에는 식민지 도시로 변질되면서 본정(本町)으로 변경되었고 해방 후 성내동으로 고쳐 불렀다.

성내장

장시는 조선 후기 대표적인 지방의 상품 유통기관으로 상인, 농민, 수공업자 등의 상품생산과 이들 상호 간의 교역을 통해 성립되었다. 조선 초기 중앙정부의 상업에 대한 억압정책으로 인해 지방의 상업 발달은 미미한 형편이었다. 15세기 후반 전라도에서 발생한 기근을 계기로 장시가 설립되기 시작하였고, 그 후 계속 확산되어 중종 13년경(1518)에는 전국적으로 확대되었다.

충청도는 1516년에 관찰사 권민수의 요청에 따라 구황(救荒)을 위한 장시가 개설되었으며 이때 충주 지역에도 장이 열렸을 가능성이 높다. 대부분의 장시들은 행정중심지에 설장되거나 역(驛)·원(院)·창(倉)·진(津) 등 교통이 발달한 곳에 입지하는 것이 일반적이었다. 충주는 임진왜란 이후인 1602년에 충청감영이 공주로 이전하기까지 충청도의 정치·경제·사회·문화의 중심도시였다. 경기, 강원, 충청, 경상도를 연결하는 교통의 결절지에 입지하고 남한강 수운을 통한 유리한 교역 조건을 갖추고 있으며 봉화로와 동래로 변의 도시 가운데 경지면적, 인구수 등에서 최고 수위를 차지하고 있었기 때문에 사회·경제적으로 장시가 발달할 충분한 조건을 갖추고 있었다.

조선 후기 충주 인근 장시 분포

구분	『동국문헌비고』(1770)	『임원경제지』(1830)
충주	읍장, 신당, 남창, 가흥, 대소원, 용안, 내창, 한천	성내, 서문외, 신당, 대소원, 용안, 내창, 한천
음성	무극, 읍장	읍장, 무극
연풍	주막리, 연풍	주막리, 연풍

괴산	읍장	읍장
청풍	읍장, 수산	읍장, 수산, 안음
단양	읍장, 매포	읍장, 매포
제천	읍장, 창리	읍장
영춘	읍장, 임현	읍장
충청북도	55 지역	53 지역

『동국문헌비고』와 『임원경제지』를 통해 충주지역 장시 수가 월등히 많고 장시 밀도가 높은 것을 알 수 있다. 1770년에 발간된 『동국문헌비고』에 의하면 충주에는 읍장, 신당장, 남창장, 가홍장, 대소원장, 용안장, 내창장, 한천장이 있었고, 1830년 발간된 『임원경제지』에 의하면 성내장, 서문외장, 신당장, 대소원장, 용안장, 내창장, 한천장이 존재하였다. 『동국문헌비고』 단계의 읍장이 보다 발전하여 『임원경제지』 단계에서는 4·9일에 개시하는 서문외장과 2·7일에 개시하는 성내장으로 분화하였다.

하나의 장시가 두 개의 장시로 분설되는 경우는 성내에서 개설된 장시가 성문 밖으로 확대되거나 성 밖에서 형성되고 발전한 장시를 성내로 수용한 예로 나눌 수 있다. 조선 후기 장시의 성립은 흉년에 농민들이 기근을 모면하기 위해 자발적으로 설장하였기 때문에 충주 읍내장은 성 밖에서 자연 발생적으로 형성된 장시를 관아의 주도로 성안

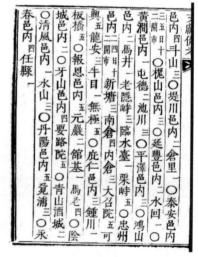

동국문헌비고

역사도시 충주의 발자취와 기억

으로 수용하여 확대 정례화시킨 경우라고 할 수 있다.

성내장은 북문과 남문 사이의 도로와 서문으로 연결되는 도로변에서 열렸을 것으로 추정된다. 장날에는 생활용품을 판매하거나 구입하기 위해 각지에서 사람들이 모여들면서 성내는 많은 사람들로 붐볐고 읍성이라는 한정된 공간에 거래객들이 뒤섞여 혼란을 초래하는 거래객 수용상의 한계로 인해 서문과 북문 밖으로 시장이 확대되었을 것으로 보인다. 일반적인 생활물품은 근처의 장시에서 구입하고 판매하였지만 필요한 물품을 구할 수 없거나 넓은 수요층과 공급망이 필요한 경우에는 한나절이나 하루가 걸리는 거리에 있는 충주 읍내장까지 나와 물품을 구매하였다.

시장이 성장하면서 성내에는 소비자들의 다양한 요구에 대응하여 매일 문을 여는 상설점포가 개설되었다. 상인들이 평일에도 점포를 열고 상거래에 나서면서 상설점포는 장시를 활성화시키는 중요한 역할을 담당하였다. 성내의 상설점포는 남문과 북문 사이의 서문과 연결되는 지점에 형성되었던 것으로 보이며 상점의 규모는 2-3칸 정도의 규모였다.

충주 성내장과 서문외장은 남한강 유역에서 가장 규모가 크고 거래가 활발한 장시로 중심장 역할을 하였다. 장호원장, 무극장, 용안장, 대소원장, 연풍장, 괴산장, 한천장, 음성장, 내창장, 신당장, 청풍장, 수산장, 단양장, 매포장, 영춘장 등의

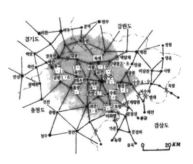

조선 후기 충주 지역 상권과 개시일

장시가 대략 30리 간격으로 개설되었다. 이들 장시들은 2-3곳의 장시가 서로 연계되어 소장시권을 형성하였고, 다시 충주를 중심으로 대장시권

을 형성하였다. 조선 후기 남한강 유역을 중심으로 한 상업의 발달과 도시 성장은 내륙의 중심도시로서의 위상을 강화하는 중요한 요인으로 작용하였다.

4. 조선후기 도시 발달과 공간 변화

인구 변화와 도시 성장

임진왜란으로 조선은 전 국토가 왜군에게 유린되면서 커다란 피해를 입었다. 전쟁의 발발과 함께 격전지가 된 충주는 인적 물적 피해가 특히 심했다. 임진왜란 이후 농토를 개간하고 영농기술을 향상시키는 등 생산력을 높이려는 노력의 결과 경지면적이 증가하고 농업 생산이 향상되었다. 대동법의 실시로 상공업이 발달하고 도시가 성장하면서 전국적으로 인구가 증가하였다.

충주는 남한강 유역에 위치하여 경지면적이 넓고 토지가 비옥하였으며 육로교통과 남한강 수운에 연결된 시장이 발달하였기 때문에 인구가 증가하였다. 『여지도서』(1765)에 의하면 충주목의 편호는 20,076호이고 인구는 남자 49,071명 여자 58,622명으로 107,693명이었다. 『충청도읍지』(1780)에 의하면 편호는 17,692호이고 인구는 남자 42,520명 여자 44,300명으로 총 86,820명으로 『여지도서』보다 감소하였다. 정조 12년(1789) 조선 각 지방의 호구수를 종합하여 기록한 『호구총수』에 의하면 17,809호에 인구는 남자 42,994명, 여자 44,337명으로 합계 87,331명으로 한성, 평양, 의주에 이어 전국에서 네 번째였다.

도시 지역인 남변면과 북변면의 인구는『여지도서』(1765)에 의하면 남자 5,200명, 여자 5,908명으로 11,108명이었고,『충청도읍지』(1780)에 의하면 남자 5,860명, 여자 7,307명으로 13,167명이었다.『호구총수』(1789)에 의하면 남자 5,795명, 여자 6,110명 합 11,905명으로 전국에서 일곱 번째 도시였다.

도시 공간의 확대

읍성 축조와 함께 성안에 관아시설이 설치되고 관아에 근무하거나 관련 있는 사람들이 모여들어 성내 마을이 형성되면서 도시는 초기 모습을 갖추게 되었다. 조선 후기 생산력의 증가와 상업 발달 등으로 인해 도시가 성장하고 도시적 특성을 갖는 비농업적, 반농업적 직업군의 인구 증가로 도시의 규모가 확장되었고 도시의 분화가 촉진되면서 읍성 밖으로 도시 영역이 확대되었다. 조선 초기 성내마을 중부리에 시작한 도시 공간은 점차 4대문 밖으로 확대되었다. 도시의 확대 방향은 자연지리적 입지, 사회경제적 조건, 교통망의 영향을 받으면서 진행되는 것이 일반적이었다.

조선시대 남변면과 북변면의 동리 편제와 도시 지역 변화

구분	남변면	북변면
여지도서 (1759)	**중부리, 남부리, 서부리**, 단월리, 풍동리, 팔봉리, 관산리, 달천리(8)	**교전리, 동부리**, 기탄리, 내리, 연원리, 칠지리, 방정동리(7)
호서읍지 (1870)	**중부, 남부, 용산리, 서부**, 중남부, 상단월리, 하단월리, 풍동리, 팔봉리, 달천리, 관산리(11)	**교전리**, 안심리, 기탄리, 연원리, 칠지리, 방정동리, 내리(8)

충주군 읍지 (1898)	**중부, 1부, 2부, 남부, 용산**, 직동, 관주, 상하단, 발치, 달천, 두담, 송림, 사양, 가주, 관산, 능동, 동막, 풍동(18)	**내리, 교동, 야현, 주봉**, 어림, 안심, 범의, 종당, 기동, 범동, 민종, 사라, 구동, 목수, 행정, 미력, 능암, 칠지, 금대, 봉계, 연원, 상하방, 용두, 신촌(24)
충청북도 일반 (1909)	**1부, 2부, 3부, 남부, 용산, 서부**, 호암, 관주, 도장, 대제, 직동, 구운, 발치, 상단, 송정, 하단, 단신, 송림, 달천, 달신, 용두, 두담, 관산, 사양, 소가, 대가, 하풍, 상풍, 능동, 동막(30)	**내리, 동문, 교동, 야현, 주봉**, 어림, 봉계, 도리, 상방, 하방, 연원, 동수, 대가미, 금제, 호암, 안심, 범의, 행정, 미력, 능암, 칠지, 신촌, 금대, 장승, 용두, 목수, 지탄, 사라, 용동, 확동, 종당, 다동, 민종, 범동(34)

『여지도서』(1759) 단계에서 도시 지역은 충주 읍성 안의 중부리와 남문 밖의 남부리, 북문 밖의 교전리, 서문 밖의 서문리, 동문 밖의 동문리였다. 『호서읍지』(1870) 단계에서는 동리수는 증가하였으나 동부리가 도시 지역에서 제외되어 다소 위축된 모습을 보여 주었다. 『충주군읍지』(1898) 단계에서 서부리가 1부동과 2부동으로 분화되었고 북문 밖의 내리, 주봉, 야현이 도시 공간에 포함되어 확장되는 추세를 보였다.

동리의 수도 『호서읍지』 단계에서는 19개였으나 『충주군읍지』 단계에서는 42개로 확대되어 분화가 활발하게 진행되고 있음을 알 수 있다. 『충청북도일반』 단계에서는 중부리가 3부동으로 지명이 변경되었다. 도시 지역에서 제외되었던 동부리가 다시 포함되었고 서부리가 추가되는 등 도시 공간이 확대되고 있으며 동리 수도 64개로 크게 증가하였다. 『충청북도일반』(1909)은 일제가 편찬한 것으로 동리 수의 증가는 자연증가도 있었지만 기록 방식의 차이에 의한 것으로 보인다. 『충주군읍지』 이전에는 몇 개의 자연촌락을 묶어서 하나의 행정동리로 기록했다면 일제가 편찬에 개입하거나 주체로 등장하면서 자연촌락 하나하나를 동리로 기록했기 때문에 동리 수가 증가한 것으로 보인다.

『여지도서』단계에서 동문, 서문, 남문, 북문 밖으로 도시가 확대된 형태를 보이나, 병탄 전인 『충청북도일반』(1909) 단계에서는 1부, 2부, 3부, 남부, 서부, 용산, 내리, 동문, 교동, 야현, 주봉으로 도시 공간이 확대되었고 다양해지고 있었다. 조선 후기로 갈수록 도시 지역이 남문과 북문 그리고 서문 밖으로 확대되고 있음을 알 수 있다.

관아와 건축

1. 관아 공간의 구성

관아의 인적구성

관아는 관원들이 모여 행정사무를 처리하는 곳으로 지방관아는 수령을 정점으로 하여 통치를 위한 직무가 다양하게 분화되어 있었다. 충주관아에는 중앙에서 파견된 유일한 관원인 목사, 지역의 양반으로 구성되어 향리규찰과 자문을 담당하는 좌수와 별감 등의 향임(鄕任), 관아에서 각종 행정업무를 담당하는 아전(衙前), 수령의 시중을 드는 통인(通引), 심부름 등의 허드렛일을 하는 사령(使令), 군사적 업무를 보좌하는 군관(軍官), 관아의 업무를 보조하는 노비(奴婢) 등이 근무하고 있었다. 기록마다 다소 차이가 있지만 『여지도서』에 의하면 충주목에는 목사 1명, 좌수 1명, 별감 3명, 군관 80명, 아전 49명, 통인 34명, 사령 36명, 관노 42명, 관비 13명, 기생 20명으로 구성되어 있었다.

왕권대행자로서 절대적인 권한을 행사한 수령은 관찰사의 지휘와 명령을 받아 통치업무를 수행하였다. 수령의 임무는 농업 장려, 호구(戶口)

증식, 교육 장려, 군정 적정, 부역 균등, 소송 간결, 풍속교정 등 수령칠사(守令七事)에 잘 나타나 있다. 수령은 군현의 최고 행정책임자이며 군사와 사법에 관한 모든 권한을 행사하였다. 조선 건국 후 중앙정부는 다른 분야와 마찬가지로 고려시대의 지방통치제도를 계승하여 보다 발전시키는 방향으로 지방제도를 정비하였다. 지방통치의 최고 행정기관으로 8도를 두었고, 그 아래에 330여 개의 부(府), 대도호부(大都護府), 목(牧), 도호부(都護府), 군(郡), 현(縣)을 설치하였고 각 읍에는 부윤(종2품), 대도호부사(정3품), 목사(정3품), 부사(종3품), 군수(종4품), 현령(종5품), 현감(종6품) 등의 지방관을 파견하여 지방을 통치하도록 하였다. 경국대전에 의하면 수령의 임기는 900일(2년 반, 30개월, 당상관)에서 1800일(5년, 60개월, 당하관)이었으나 제대로 지켜지지 않았고 자주 교체되었다.

조선시대에 충주목에는 정3품의 목사가 파견되었고 조선시대 동안 340여 명의 목사가 수령으로 근무하였다. 충주목사의 임명과 관련하여 조선 초기 문신인 정인지(鄭麟趾, 1396-1478)의 기문에는 "충주는 남방의 요충지를 질러 막은 곳에 자리 잡았다. 지역이 넓고 호구가 많으며, 이 때문에 공문서가 구름처럼 쌓이고 빈객이 모여들어서 참으로 현명하고 지혜로움이 남보다 뛰어난 인재가 아니면 그 번잡한 것을 다스릴 수 없다."고 하였다. 『조선왕조실록』에는 "충주는 호서 지방의 큰 고을이며 생산되는 물산도 많아 번화하고, 땅이 넓으므로 평소 다스리기 어렵다고 일컬어지니, 불가불 인재를 잘 골라 임명하여야 합니다."라고 하여 지리적 중요성과 인구가 많은 대도시의 특성으로 인하여 중앙정부에서는 충주목사 파견에 신중을 기했음을 알 수 있다.

관아공해(官衙公廨)

관아에서 근무하는 관원들이 머물며 직무를 수행하는 공간인 관아건축을 공해(公廨)라고 하였는데(주남철, 1982:29), 넓게는 창고(倉庫)·옥(獄) 등을 포함하였다. 조선후기 『여지도서』와 『호서읍지』 등에 의하면 충주목 관아공해에는 객사(성안, 44칸), 아사(객사 동쪽, 28칸), 아사의 동익랑(4칸)·서익랑(5칸)·내삼문(5칸)·중삼문(3칸)·외삼문(6칸)·책실(4칸)·내아(5칸)가 있었다. 제금당(아사 동쪽 21칸), 제금당의 동익랑(4칸)·서익랑(3칸)·내삼문(3칸)이 있었고 포수청(북문 안, 6칸), 힐융대(북문 밖 6칸), 훈련청(서문 밖 17칸), 군관청(남문 안 15칸), 기패관청(서문 안 9칸), 남별당(객사 남쪽 17칸), 후영아사(남문 밖 24칸)가 있었다.

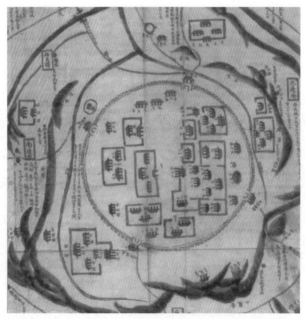

「충주목지도」 관아 부분

창고에는 양진창(북문 안 57칸), 사창(남문 안 103칸), 관청(동문 안 54칸), 주사(사창 안 19칸), 빙고(주 남쪽 2리 11칸), 군기고(객사 서쪽 24칸), 화약고(군기고 북쪽 2칸), 고마청(남문 안 7칸) 등이 있었다.

관아 공간은 객사, 아사, 내아, 향청 등 담과 문으로 구분되는 몇 개의 구역으로 나누어져 있었다. 충주 관아의 주요 시설은 객사와 아사이기 때문에 읍성 내의 가장 길지에 자리 잡았고 그 주위에 각종 행정시설과 창고 등이 위치하고 있었다.

2. 동헌 영역

외삼문

충주 관아를 찾아갈 때 가장 먼저 마주하게 되는 것이 외삼문 또는 외문루라고 불리는 2층 누각이다. 외삼문은 멀리서 보아도 단번에 보는 사람의 시선을 사로잡을 정도의 당당한 위세와 풍모를 갖고 있어 그 안쪽에 있는 건물의 위엄과 권위를 보여 준다고 할 수 있다. 조선시대 관아는 지금처럼 누구나 아무런 제재를 받지 않고 거리낌 없이 찾아갈 수 있는 곳이 아니었다. 읍성 문을 통과하여 성안으로 들어와도 관아에 이르기까지 거쳐야 하는 과정이 있는데 현재 충주 관아에는 없지만 외삼문에 도달하기 전에 마주하게 되는 것이 홍살문이다.

조선시대 홍살문은 관아(官衙) · 능(陵) · 원(園) · 묘(廟) · 궁전(宮殿) 등의 전면에 설치하였으며 경계를 알리는 일종의 상징물이었다. 관아 앞의 홍살문은 유교 이념의 실천장인 관아 공간에 진입함에 있어 정결하고 경건한 마음으로 출입해야 한다는 뜻을 담고 있었다. 홍살문을 통과하면 비로소 외삼문에 도착하게 된다. 외삼문은 문이 세 칸으로 나누어져 있고 신분에 따라 사용자가 구분되어 있었다. 삼문 중 가운데 문은 충주목사가 드나들었고 좌우 문으로는 관아에서 일하는 관리와 일반 백성이 출입하였다. 외삼문에 이르면 신분 고하를 막론하고 모두가 말에서 내려서 걸어서 출입해야 했다. 외삼문 앞에는 문지기가 지키고 서 있으므로 외삼문의 위세와 함께 동헌을 찾아오는 백성들에게 위압감을 주기에 충분했다.

외삼문

현재의 외삼문은 충청북도 도청 건립 100주년이 되는 1996년 12월에 충주시가 충청북도의 지원의 받아 외삼문 복원공사에 착수하였고 다음 해인 1997년 7월에 완공하였다. 충주관아의 외삼문은 정면 3칸 측면 2칸의 6칸으로 구성되어 있다. 외삼문은 충주시가 일제강점에서 해방된 지 51년 만에 역사복원에 나선 첫 번째 사업이었음에도 복원된 외삼문이 자리 잡은 곳이 원래의 위치가 아니라는 문제점이 있다. 관아의 배치원리를 고려할 때 외삼문은 청녕헌과 일직선상에 위치해야 하기 때문에 현재의 위치가 아니라 관아골갤러리 남측 부근에 위치해야 한다.

일제의 시구개정으로 도로가 직선화되면서 지형이 변형되었다. 외삼문과 주변의 다양한 조선시대 건축물이 철거되고 일본식 건축물이 들어섰다. 해방 후 새로운 건축물이 건립되는 등 주변 환경이 변화하였기 때문에 외삼문을 원형에 가깝게 복원하

일제강점기(1930년대) 충주군청 정문─정문 앞의 거목은 해방 후 통행의 편의를 위해 제거 하였다.

는 데 한계가 있음을 부정할 수 없다. 그럼에도 현재의 외삼문 위치는 1930 년 일제가 청녕헌 옆에 일본 건축양식으로 신축한 군청 청사의 정문이 있던 곳이기 때문에 언제까지나 현재의 위치에 둘 수 없는 일이다.

복원된 현재의 충주 관아의 외삼문은 전면에 충청감영문 후면에 중원 루라는 현판을 달고 있다. 조선 초기(1395-1602) 충청감영의 소재지였던 충주의 역사성과 그 상징성을 고려하여 새로이 외삼문을 복원하면서 당 호(堂號)를 전면에 충청감영문 후면에 중원루라 명명한 것으로 생각된다. 관아 외삼문의 당호는 일반적으로 지역 군현명에 관청이라는 의미의 '아 문'을 붙여 고흥아문(高興衙門), 온주아문(溫州衙門), 홍주아문(洪州衙門) 등으로 부른 것이 일반적이었다. 따라서 충주 관아 외삼문의 당호는 충 주아문(忠州衙門)이다. 일제강점기인 1915년도 사진에 의하면 충주 관아 외삼문의 당호가 충주아문인 것을 알 수 있다.

충주 관아의 외삼문인 충주아
문은 사진이 촬영된 1915년에
는 보존 상태가 양호한 것으로
보아 이후 어느 기간까지 자리
를 지키다가 일제에 의해 철거
된 것으로 보인다. 일제는 이주
일본인들의 생활편의와 공간 확

충주아문—관아의 외삼문으로 사진 우측에 형
방청으로 추정되는 건물이 보인다.

장의 필요성을 들어 조선시대 건축물을 철거하였고 그 자리에 일본식 건
축물을 세움으로써 전통 건축은 역사 속으로 사라져갔다. 『예성춘추』에는
외삼문 6칸이 1896년 을미의병전쟁 당시 소실되었다고 기록하고 있으나
오기임을 알 수 있다.

원래의 위치와 관련이 없는 곳, 그것도 식민지 지배를 위해 일제가 건립
한 군청 건물의 정문으로 사용하던 곳에 외삼문을 복원하고 건물의 이름
까지 왜곡하여 부르는 것은 충주의 역사를 제대로 이해하는 데 장애가 될
뿐이다.

외삼문을 통과하면 좌측으로 공방소가 있고 우측으로 형방청이 있으
며 이어 육방과 관속들의 근무공간이 나타난다. 아전들의 집무실과 동익
곽(東翼廓) 4칸과 서익곽(西翼廓) 5칸 등의 사무공간이 배치되어 있었다.
이 구역을 통과하면 중삼문이 나타나고 이어 내삼문과 마주하게 된다. 중
삼문은 외삼문과 내삼문의 사이에 있었으며 3칸이었다. 중삼문을 통과하
면 나타나는 내삼문은 7칸으로 비교적 규모가 컸다.

중삼문과 내삼문도 세 개의 문으로 구성되어 있었으며 가운데 문은 높
은 솟을 대문이었다. 읍성문을 통과하여 최종 목적지인 청녕헌에 이르기

까지 홍살문, 외삼문, 중삼문, 내삼문이 일직선으로 배치되어 있었다. 이것은 조선 후기 8도 감영의 정청인 선화당에 이르기 위해서는 홍살문, 2층 누각의 포정루, 중삼문, 내삼문을 통

내삼문

과해야 한다는 점에서 다르지 않았다. 일제강점을 거치면서 외삼문, 중삼문, 내삼문은 모두 철거되었고 청녕헌만 남게 되었다.

구불구불하지 않고 일직선으로 각종 문을 배치하는 것은 동헌에 진입하는 출입자의 긴장감을 높이고 하나의 문을 통과할 때마다 보다 엄숙하고 경건해지며 마음을 가다듬는 효과를 줄 수 있다. 여러 겹의 문을 통과하여 동헌에 가까워질수록 긴장이 보다 강화되고 마침내 수령의 근무처인 동헌에 다다르게 되는 것이다. 현재 충주목의 동헌은 외삼문만 복원되어 있고 다른 문들은 복원되어 있지 않기 때문에 외삼문을 통과하면 바로 청녕헌 공간에 들어서게 된다.

청녕헌

조선시대 동헌은 지방수령이 행정, 재판 등의 업무를 수행하던 근무처를 말한다. 지방관의 생활 공간인 내아가 서편에 있어 서헌(西軒)이라고 불렀고 근무처는 동편에 위치하였기 때문에 동헌(東軒)이라고 하였다. 사람에게는 태어날 때부터 부모님이 지어 주신 제각기 다른 이름이 있듯이 동헌도 각기 다른 고유의 이름을 가지고 있었다. 울산동헌은 일학헌(一鶴軒), 청안동헌은 안민헌(安民軒), 청풍동헌은 금병헌(錦屛軒), 청도동헌

은 가육헌(駕六軒), 부여동헌은 초연당(超然堂) 등의 이름이 두루 사용된 것처럼 충주목 동헌의 당호는 청녕헌(淸寧軒)이 사용되었다. 동헌의 당호는 일반적으로 헌(軒)이나 당(堂)을 사용하였으며 그 지방의 특색을 반영하거나 충군애민의 정신이 묻어나는 이름을 사용하였다. 청녕헌이라는 당호는 노자의 『도덕경』 제39장 '天得一以淸, 地得一以寧(하늘은 하나를 얻음으로써 맑고, 땅은 하나를 얻음으로써 안정되다)'에서 가져온 것으로 보인다.

청녕헌은 정면 7칸, 측면 4칸으로 겹처마 팔작지붕을 이루고 있다. 一자형 건축물로 높은 기단 위에 건물을 앉혀서 관아의 권위와 위엄을 강조하였다. 청녕헌의 가운데 3칸은 넓은 대청을 만들고 오른쪽은 대청보다 약간 높여 마루방을 두었다. 대청 왼쪽 2칸은 온돌방을 만들었고 온돌방 아래에는 아궁이를 두었다. 건물 뒤쪽으로도 드나들 수 있도록 계단을 설

청녕헌

치하였다. 대청 뒤에서 상연당, 하방지 등 정원의 전경을 감상할 수 있도록 했다.

청녕헌은 조선초에 건립되어 계속해서 중개축이 이루어졌을 것으로 보이나 자세한 내력은 확인할 수 없다. 1870년(고종 7) 8월 화재로 인하여 청녕헌이 소실되자 같은 해 10월에 충주목사 조병로가 남산 창용사와 인근 사찰을 철거하여 그 자재로 28칸을 다시 개축하였다. 1983년 청녕헌 옥개 부분 보수공사 과정에서 「同治九年 聖上卽位七年閏十月初二日未時 立柱上梁 通政大夫行忠州牧使趙秉老 吏房辛錫耆 看役色皮厚根 劉德述 閔齊欣木手片手崔學俊看役差使朴長寬」라는 상량문이 발견되어 충주목사 조병로에 의해서 중건되었음이 확인되었다. 이때 동익량 4칸을 중수하였고, 서익량은 5칸을 신축하였으며, 3칸을 중수하였다. 아울러 내삼문 5칸, 중삼문 3칸, 책실 4칸을 중수하였다.

1970년대 초반 남산 창용사 입구에 세워져 있던 안내판에는 사찰의 창건 연혁을 소개하면서 1870년에 충주목사 조병로가 사찰을 철거하여 관아를 중건함으로써 폐사하였다는 내용이 기록되어 있었다. 단순히 절집에서 전해 내려오는 이야기일 것이라고 생각하였으나 1983년 청녕헌 지붕의 기와 해체공사 과정에서 시주자 명단과 금봉산 창용사라는 사찰명의 명문기와가 발견됨으로써 충주목사 조병로가 남산 창용사를 철거하여 그 자재(資材)와 기와로 청녕헌을 중건하였음이 확인되었다.

수령은 죄인을 잡아 가두고 재판을 하는 사법권을 가지고 있었기 때문에 청녕헌 앞마당은 죄인을 심문하고 형장을 치는 공식적인 법정이었다. 청녕헌을 중심으로 서편으로 흡창방(吸唱房)과 사령방(使令房)이 있었다. 흡창방은 수령의 명을 받기 위해 대기하는 장소를 말한다. 사령은 수령의 명령을 큰소리로 전달하는 일을 하거나 심부름하는 하인을 말하며 이들이 기거하는 방을 사령방이라고 하였다. 사령방과 흡창방은 동향이었다. 청녕헌의 동편 앞쪽으로는 통방이 있었다. 통방은 관아에서 수령의 잔심부름을 하는 통인이 거처하는 곳이었다.

청녕헌 우측 서편으로 내아(內衙)가 있었다. 청녕헌이 수령이 근무하는 공적인 공간이라고 한다면 내아는 수령과 그 가족이 거처하는 사적인 공간이었다. 내아는 관아입구에서 가장 깊숙한 곳에 위치한 살림채이기 때문에 조선시대 상류 주택과 동일한 구조를 취하는 것이 일반적이었다. 내아는 안채와 바깥채로 구성되었으며 27칸이었다. 1896년 을미의병전쟁 과정에서 일부가 소실되어 19칸이 되었다. 1907년 이후 재판소로 사용하였다.

제금당(製錦堂)과 산고수청각(山高水淸閣)

청녕헌의 동편에는 아름다운 자태를 뽐내는 제금당(製錦堂)이 있다. 제금당은 정면 7칸, 측면 3칸이며 겹처마 팔작지붕이다. 정면은 7칸으로 청녕헌과 비슷하지만 청녕헌에 비해 낮은 기단 위에 건물을 올렸고 지붕의 형태도 비교적 아기자기해서 단아한 모습을 하고 있다. 가운데 2칸의 대청을 중심으로 양편에 방을 들였고 창호를 설치하여 문을 열고 닫을 수 있도록 하였다. 대청 위에 넓은 창을 설치하고 우아한 아(亞) 자의 창호 문양을 사용하는 등 뛰어난 건축 양식을 보여 주고 있다. 오른쪽 방 아래로 아궁이와 굴뚝을 설치했다.

청녕헌이 진산인 대림산을 향해 남서향인 데 비해 제금당은 정남향이며 제금당이 청녕헌보다 남쪽 앞으로 전진 배치되어 있다. 현재는 청녕헌

제금당

과 제금당이 넓은 뜰에 함께 있기 때문에 같은 공간에 있던 건물로 보이지만 조선시대에는 담과 문으로 분리된 별개의 공간이었다. 처음 방문하는 관람객들 중에는 제금당을 내아라고 오해하는 경우가 있으나 정청의 별관으로 사용된 것으로 보고 있다. 출입문인 내삼문은 세 개의 문이 설치되어 있고 예성별관이라는 현판을 달고 있어 별개의 공간임을 알 수 있으며 내삼문, 제금당, 산고수청각이 하나의 공간에 배치되어 있었다. 건물 상호 간의 관계는 선조의 삶과 문화를 이해하는 중요한 요소가 된다. 청녕헌과 제금당은 담장과 문으로 분리된 별개의 공간임에도 관련 없는 건물들을 한 마당에 두는 것은 문제가 있다.

　제금당은 조선 초기에 건립되었을 것으로 추정되며 1869년(고종6) 목사 조병로 주도하에 새로 21칸을 세웠다. 다음 해인 1870년에는 동익랑 4

칸, 서익랑 3칸, 내삼문 3칸을 세웠다. 제금당은 청녕헌보다 규모는 작지만 청녕헌에는 단청을 하지 않은 데 비해 제금당은 화려하게 단청한 것으로 보아 격이 높은 건물임을 알 수 있다. 제금당(製錦堂)은 조선 초기 충주사고에 보관되어 있는 실록을 관리하기 위해 내려오는 종친이나 관리들을 위해 지은 별관으로 추정된다. 일제 강점 이후 일본인들이 침투하면서 제금당의 용도는 변질되었다. 1905년 7월 일본인 경부(警部) 숙소로 사용되었고 일제강점기에는 군수의 관사로 사용되었다. 일제강점기를 거치면서 동익랑과 서익랑은 철거되었고 제금당과 내삼문이 남아 있다. 해방 후에도 계속해서 군수의 관사로 사용되다가 1983년에 복원되었다.

제금당 뒤편으로 작은 건물이 있는데 산고수청각(山高水淸閣)이다. 산고수청각은 제금당에 딸린 수직청으로 쌀과 식품을 관리하고 음식을 요

산고수청각

리하는 관리들이 머무는 공간이었다. 산고수청각은 중앙 2칸과 오른쪽 칸은 툇마루가 붙은 온돌방이며 왼쪽 칸은 부엌으로 이루어졌다.

1870년 조병로에 의해 중건되었으며 정면 4칸 측면 1.5칸이다. 1898년에 간행된 『충주군읍지』 공해조에 '山高水淸閣 六間, 觀察府今'라는 기록으로 보아 충주가 1896년 충주부 관찰부가 되면서 산고수청각이 관찰부 건물로 사용되었음을 알 수 있다. 일제강점기에는 군수관사인 제금당의 부속건물로 사용되었다. 해방 이후에도 군수관사의 부속 건물로 사용되다가 1983년 복원되었다.

일제강점 이후 일본인들에 의해 관아 건물이 마구 철거되면서 관아의 역사와 문화는 단절·왜곡·변질되었고 조선시대 도시 공간은 대부분 자취를 감췄다. 일제강점기의 아픈 역사를 간직한 청녕헌, 제금당, 산고수청각이 천신만고 끝에 자리를 지켜준 것은 불행 중 다행이 아닐 수 없다.

축성사적비

외문루 옆 남쪽 담 앞에는 충주 읍성의 역사를 기록한 축성사적비가 있다. 서세동점의 거센 파도가 밀려오는 조선 후기 기울어져 가는 왕조의 정권을 장악한 대원군은 집권 초기 천주교에 대해 비교적 관대한 태도를 취했다. 그러나 러시아의 남하 등 서양 세력의 침략적 접근과 정치적 반대 세력의 공격으로 위기에 직면하자 천주교를 적극적으로 탄압하기 시작하였다. 1866년 2월부터 9명의 프랑스인 선교사와 수많은 천주교도 들이 체포되어 처형되는 병인박해가 발생했다. 병인박해는 시장개척을 위해 조선 진출을 노리는 프랑스로 하여금 조선을 침공할 수 있는 기회를 제공하였다. 프랑스는 군함 7척과 1,525여 명의 군사를 이끌고 강화도를 침공하였다. 강화도가 점령되고 큰 피해를 입었지만 조선군의 계속된 항전에 프랑스군은 퇴각하였다.

병인양요 이후 조선 정부의 쇄국정책은 보다 강화되었다. 전국 각 군현에 성곽을 보수하고, 기계(機械)를 수선하고, 대오(隊伍)를 점검하며, 군량의 저축을 확대하고, 포수(砲手)를 설치하여 유사시에 대비하라는 왕명에 따라 고종 6년(1869) 충주목사 조병로가 읍성을 개축하였다. 축성 공사는 1869년 2월부터 11월까지 10개월이 걸렸으며 높이가 20척, 두께가 25척, 둘레가 3,950척, 치첩이 405칸이었다. 국고금과 백성들의 보조금으로 수레를 만들어 토석을 운반하고, 쇠를 불리고, 기와와 벽돌을 굽고, 석회를 구웠다. 읍성을 축성하는 데 사용되는 석재는 읍의 북쪽에 있는 주봉산에서 채취하였다. 축성은 백성들을 부역으로 동원하지 않고 장정을 모집하여 성역을 마쳤다. 충주 읍성은 4대문을 갖췄으니 동쪽은 조양문, 서쪽은 휘금문, 남쪽은 봉아문, 북쪽은 경천문이며 대원군이 친필로 현판을 써서 하사하였다.

읍성 축성을 기념하기 위해 화강암 재질의 축성사적비를 세웠는데 높이 138cm, 너비 52cm, 두께 30cm이다. 옥개석은 화강암으로 만들었고 너비 100cm 두께 73cm 높이 50cm이다. 축성비의 앞면에는 축성을 시작하고 끝마친 날짜, 성의 둘레, 성벽의 두께와 높이, 각종 성문과 문루의 명칭 및 규모 등이 기록되어 있다. 비의 좌측면과 뒷면에는 축성과 관계된 사람들의 명단이 구체적으로 기록되어 있다. 좌수(座首) 조광수(趙光洙)를 비롯하여 수교(首敎) 유덕관(劉德觀), 호장(戶長) 이동근(李東根), 그리고 간역장교(看役將校) 4명과 색리(色吏) 51명 등 총 65명의 명단이 기록되어 있다. 축성사적비는 조선시대 지리지, 지도 등과 함께 충주 읍성의 존재, 형태, 규모 등을 전하는 귀중한 유적이라고 할 수 있다.

축성사적비

느티나무

청녕헌 서편에는 얼핏 보기에도 범상치 않은 거대한 느티나무가 서 있다. 성인 서너 명이 손에 손을 잡고 팔을 뻗어야 안을 수 있을 정도의 크기인 노거수는 높이는 22m에서 25m이고 둘레는 610㎝에서 950㎝이며 수령은 500여 년으로 추정된다. 느티나무가 서 있는 위치는 조선시대 충주 목사의 가족이 생활하던 내아(內衙)의 앞쪽 부분에 해당된다. 청녕헌 남쪽 담장에 있는 느티나무와 제금당 남쪽 담장에 있는 느티나무는 1869년 읍성 축성 시에 심었기에 수령이 150여 년 된 것으로 추정하고 있다. 청녕헌 주위에는 그 외에도 많은 오래된 나무들이 있었으나 도시 공간이 변화하면서 대부분 사라졌다. 대표적으로 외문루 앞길 가운데에도 거대한 고목이 있었으나 도로교통의 편의를 위해 제거하였다.

느티나무

느티나무는 화려한 꽃을 피우거나 과일이 열리는 나무는 아니지만 소박하고 변함없이 잘 자라며 장구한 세월 동안 살아가는 특성으로 인해 궁궐로부터 시골마을에 이르기까지 심고 가꿀 정도로 선호되었고 수호신으로 보호되었다.

동헌 공간의 식민지적 변용

일제강점기 청녕헌은 일제의 필요에 의해 개조되어 외형이 크게 변형된 상태로 군청 청사로 사용되었다. 제금당과 산고수청각은 그 기능을 상실한 채 청녕헌의 부속 건물로 존속하였다. 1910년대 초반 일제는 동량면 하천리에 있던 홍법국사실상탑과 현 충주공고 북쪽 염해평에 있던 철조여래좌상을 군청 앞마당의 사령방과 흡창방 앞에 옮겨 놓았다. 일제는 홍법국사실상탑과 홍법국사실상탑비를 1915년 개최된 시정오년기념조선물산공진회(施政五年記念朝鮮物産共進會)의 야외 공간을 꾸미기 위해 경복궁으로 옮겼다. 철조여래좌상은 일본인 사찰인 본원사에 옮겼다가 해방 후 대원사로 이전하였다.

일제는 군청 청사인 청녕헌이 낡고 비좁다며 1930년에 내아가 있던 청녕헌 서편에 일본식으로 군청 건물을 건축하였다. 신축청사는 콘크리트 단층

군청 앞마당의 철조여래좌상과 홍법국사실상탑

건물이었으며 건평 94평에 부속 건물 21평 등을 합하여 115평이었다.

신축된 군청 건물

신축청사의 좌측은 내무과가 사용하였고, 우측은 권업과가 사용하였다. 청사 신축 이후 청녕헌은 사용하지 않다가 권업과를 청녕헌으로 이전하여 신축 건물은 내무과 청녕헌은 권업과 사무실로 사용되었다. 청녕헌은 1940년 충주중학교가 개교하면서 학교 교사로 일시 사용되기도 하였는데 청녕헌에 근무하던 직원들은 본청으로 이전하였다가 학교가 이사가면서 다시 복귀하였다. 6.25동란 중인 1952년 11월 3일 공비의 내습으로 청사가 전소하자 신축에 착수하여 1953년 10월 준공하였다.

청녕헌은 1956년 도시 지역인 충주읍이 충주시로 승격되고 외곽의 12개 면이 중원군으로 나누어지면서 중원군청의 청사로 사용되었다. 중원군청이 1982년 연수동으로 이전하면서 1983년 복원되었다.

역사도시 충주의 발자취와 기억

6.25 이후 건립된 군청 건물

3. 충주사고(史庫)

고려시대 외사고

고려왕조는 역대 왕들의 실록을 편찬하여 사관(史館) 또는 사고(史庫)라고 불리는 특별한 수장 공간에 중요 서책과 함께 보관하였다. 그렇지만 거란을 비롯한 북방민족의 침입과 이자겸의 난과 같은 국내의 정치적 혼란 속에서 사고가 소실되는 사례가 발생하면서 궁중의 사고 이외에도 별도의 사고를 설치할 필요성이 제기되었다. 고종 14년(1227) 9월『명종실록』을 편찬하면서 1부는 궁내 사관(史館)에 보관하고 1부는 해인사에 설치된 외사고에 보관하면서 외사고 제도가 첫발을 내딛게 되었다.

깊은 산 속에 위치한 해인사는 외부로부터의 접근이 쉽지 않고 방어에 유리한 장점이 있어 외사고로써 최적의 조건을 갖추고 있었다. 그러나 몽고가 침략하면서 전란을 피해 보다 안전한 지역으로 옮겨 다녀야 했다. 해인사에 보관되어 있던 실록과 서책은 고종 24년(1237) 창선도(彰善島)로 옮겼다. 원종 10년(1269) 5월 진도(珍島)로 이전하였다가 충렬왕 30년(1304) 해인사로 돌아왔다. 해인사에 보관되어 있던 실록은 우왕 5년(1379) 9월 왜구가 노략질을 하면서 선주 득의사로 옮겼고 우왕 6년(1380) 8월 다시 경북 예천 보문사로 옮겼다. 보문사에 있던 실록은 우왕 7년(1381) 7월 충주 개천사로 옮겨 2년 동안 보관하다가 우왕 9년(1383) 죽주 칠장사로 옮겼다. 칠장사에 있던 역대 실록과 서책은 공양왕 2년(1390) 6월 충주 개천사로 다시 옮겼다.

고려가 멸망하고 조선이 개국되는 변혁 속에서도 개천사 사고는 존치되어 역대 실록을 보관하였고 충주사고로 명명되었다. 개천사에 있던 충주사고는 세종 21년(1439) 이전에 충주 읍성으로 옮겨졌는데 정확한 시기는 알 수 없다.

조선시대 충주사고

조선 건국 이후 다양한 목적을 위해 충주사고에 보관되어 있던 실록과 서책을 서울로 수송하고 새로 편찬된 실록과 서책을 충주로 옮겨야 했다. 산속에 있는 개천사는 서책을 운반하기에 불편했기 때문에 사고를 충주 읍성으로 이전하였다. 충주 읍성 안에 있었던 사고의 위치에 대하여 『세종실록지리지』에는 사고는 "객사 서쪽에 있다(在客舍西)."라고 기록되어 있다. 객사는 현 케이티에 있었기 때문에 사고는 충주 읍성의 남문과 북문을 연결하는 대로 서편에 위치하였다. 남북의 대로를 중심으로 서편에 민가가 밀집해 있었기 때문에 사고가 일반 백성의 살림집과 섞여 있다는 기록으로 보아 현재 가구점이 밀집한 성내동 332, 337, 342, 349번지 일대에 위치했던 것으로 추정된다(최일성, 2000:103-106).

충주사고는 개천사에서 성내로 옮겨온 후 기존 건물을 활용하여 실록을 보관하였으나 사고가 일반 살림집과 가까이 있어 화재의 위험이 있었기 때문에 적합하지 않다고 판단하였다. 새로 옮긴 사고의 위치에 대해서 『신증동국여지승람』에는 실록각은 객관 동남쪽에 있다고 기록하고 있고, 『충청도읍지』에는 기존 기록을 그대로 옮긴 것으로 보아 사고의 위치가 변동되었음을 알 수 있다.

조선왕조는 건국 초기부터 실록을 편찬하면서 사고를 효율적이고 체계적으로 보존하기 위해 만전을 기하였다. 화재나 전란의 참변으로부터 실록을 지켜내기 위해 실록을 한 곳에 보관하지 않고 나누어 보관하였다. 세종 21년(1439) 6월 사헌부는 충주사고 하나만으로 실록의 소실이 우려되므로 나누어 보관할 것을 건의하였다. 사헌부의 건의에 의해 경상도 성주, 전라도 전주에 사고를 짓고 서책을 보관함으로써 춘추관사고와 함께 4대 사고체제가 되었다.

전주사고─충주사고도 전주사고와 비슷한 구조였을 것으로 추정된다.

충주사고의 위치에 대해『동국여지승람』과『문헌비고』의 충주목 왕실조에는 "별관은 남문 안에 있다(別館, 在南門內)."라고 기록되어 있다. 예성별관인 제금당이 왕실조에 분류된 것으로 보아 제금당과 사고가 있던 필지는 왕실의 소유이거나 관리했던 토지로 볼 수 있으며 이곳에 사고가 위치했을 것으로 추정할 수 있다(허인욱, 1997:86-89). 사고의 위치에 대하여 453번지에서 458번지 일대를 주장하는 견해와 현 관아골갤러리로 추정하는 견해가 있다. 현재 관아골갤러리 남측 부근은 외삼문이 위치하고 있었던 곳으로 추정되기 때문에 사고는 453번지에서 458번지 일대가 타당하다고 생각한다.

사고는 바닥에 돌을 깔고 지면으로부터 높이 떠 있는 층집으로 사다리를 통해 2층으로 통행할 수 있도록 설계되었다. 습기나 화재에 취약한 서적을 보관하고 위험에 대비하기 위해 기능적인 측면을 고려한 건축물이라고 할 수 있다. 사고의 관리는 도의 관찰사나 지방수령이 담당하였지만 별도의 전담 관원을 배치하였다. 충주사고에는 수호관 5명, 별색, 호장, 기관, 직고 각 1명으로 9명의 관원이 배치되어 실무를 담당하였다. 이들의 임무는 화재, 누수, 외적의 침입에 대비하는 것이었다. 충주사고에 보관하고 있던 서적의 부패를 방지하기 위해 습기를 바람에 쐬고 햇볕에 말리는 포쇄(曝曬)는 포쇄사관이 파견되어 시행하였다. 실록을 충주사고에 봉안할 때에도 사관을 파견하여 봉안하였고 형지안(形止案)을 작성하여 보고하였다. 실록 봉안과 포쇄 시 사고의 개폐는 사관이나 춘추관원만이 할 수 있으며 그 누구도 접근이 금지될 정도로 엄격하게 관리되었다.

충주사고에 고려시대부터 보관된 서적은 고려실록, 음악에 관한 서적, 풍수지리에 관한『음양서』, 각종 의학서적 등 중요 서적이 보관되었으며 조선시대에도 실록과 각종 중요 서적이 보관되어 있었다. 조선시대 보관된 서적은 역대 실록, 외교 문서, 『시정기』, 비문(碑文), 묘지(墓誌), 옥책(玉册), 역서(曆書), 병서(兵書), 역사서(歷史書), 『동문선』 등이 보관되었다.

임진왜란과 소실

조선은 개국 이후 고려의 예에 따라 내사고와 외사고를 설치하여 실록을 보존·관리하였지만 사고가 교통중심지인 도회지에 위치하고 있다는 문제점을 안고 있었다. 임진왜란이 발발하면서 왜구의 북상로에 위치하였던 충주사고와 성주사고가 소실되었다. 왜구가 접근하고 있다는 소식을 들었지만 충주 백성들은 신립의 군대가 지켜 줄 것이라고 믿고 피난하지 않았다. 그러나 전투에서 패배하면서 속수무책으로 왜구에게 도륙되고 약탈되는 참상을 겪게 되었다.

신립의 군대를 믿고 백성들이 피난을 떠나지 않고 집에 있었다는 정황으로 보아 충주사고에 보관되어 있던 서적을 다른 곳으로 옮기는 등 대책을 강구하지 못한 것으로 보인다. 일본군이 충주 읍성을 함락시키고 백성들을 무차별 학살하고 관아와 각종 건축물을 불태우는 과정에 충주사고와 실록도 불에 타 소실되었을 것으로 추정된다.

4대 사고 중에 전주사고는 안의, 손홍록 등과 백성들의 노력으로 전란을 피해 보존되었고 1603년 7월부터 다시 출판하였다. 전주사고의 실록 원본과 교정본 및 새로 출판한 3부를 합해 5부를 서울 춘추관과 마니산·태백산·묘향산·오대산에 사고를 지어 봉안했는데, 전주사고의 실록 원본은 마니산에 보관되었다.

4. 객사와 정원

충주 객사 중원관(中原館)

객사는 지방을 여행하는 관리나 외국 사신을 접대하는 숙소이며, 전패(殿牌)와 궐패(闕牌)를 모셔 놓고 초하루와 보름에 궁궐을 향해 망궐례를 행하는 곳이다. 유교 이념에 따른 중앙집권적인 지배질서와 왕권을 상징하는 건물로 건립되었기 때문에 객사는 수령의 집무 공간인 동헌보다 격이 높았다. 충주 지역 객사는 고려시대, 그리고 그 이전인 삼국시대에도 존재하였을 것으로 추정되나 공식적인 기록은 없다. 충주 객사에 대한 기록은 태종실록(1403. 5. 24, 경자)에 "경자일에 벼락이 충주 객사의 기둥을 쳤다."는 기록이 처음이다.

조선 건국 이후 1395년에 충청감영이 충주에 설치되고 중앙집권체제를 확립해 나가는 과정에서 왕권을 상징하는 객사를 감영 소재지인 충주에 건립하였을 것으로 보인다. 『신증동국여지승람』의 정인지(鄭麟趾)의 기(記)에 객사의 정청이 낮고 누추하다는 기사로 보아 조선 초기 충주 객사는 작은 규모였음을 알 수 있다. 그 후 객사는 여러 차례 증축했을 것으로 보이나 이에 대한 기록이 없어 자세한 사항을 알 수 없다. 조선 후기 『여지도서』(1759)에 의하면 44칸인데 비해, 『호서읍지』(1870)에는 48칸으로 증축되어 있어 1870년 청녕헌, 제금당 등을 중수하면서 객사도 증축한 것으로 보인다.

객사는 수령이 근무하는 동헌과 마찬가지로 군현마다 고유한 당호를 가지고 있었다. 객사의 당호는 그 지방의 옛 지명에서 가져오는 것이 일반적인데, 충주 객사의 당호는 중원관(中原館)으로 중원의 땅 충주라는 인식이 강했음을 알 수 있다. 지방의 객사는 전체 원형이 보존되어 있는 경우는 없고, 일부분이 보존되어 있으며 이마저도 일제강점기를 거치면서 변형되었기 때문에 고증이 어려운 실정이다. 조선시대 객사는 일반적으로 객사로 진입하는 외삼문, 내삼문과 같은 진입 공간과 휴식과 유흥을 위한 부속 공간, 그리고 정청과 동대청, 서대청이 있는 주공간으로 구분된다. 「충주목지도」를 통해 객사의 모습을 살펴보면 진입 공간으로 중삼문, 주공간으로 동대청과 서대청, 그리고 정청이 간략하게 그려져 있다. 그러나 실제적으로 객사에 진입하면서 홍살문, 외삼문, 중삼문이 있었고 동대청, 서대청, 정청 등이 갖추어져 있었을 것으로 추정된다. 1896년 을미의병전쟁으로 객사 건물의 일부가 소실되었다. 중원관 6칸, 내삼문 3칸, 관복을 갈아입는 기와집 4칸의 개복청(改服廳)은 개축되어 사용했으나 일제강점 이후 폐기되었다.

객사가 있는 곳은 담으로 둘러쳐져 있어 절대적으로 보호되는 공간임을 표시하였다. 동대청과 서대청은 왕명에 의해 지방에 파견되는 관리, 암행어사, 감사 등이 숙소로 사용하였다. 이들은 동대청과 서대청에 머물면서 수령을 감찰하고 잔치에 참석하였다. 정청은 수령이 초하루와 보름에 망궐례를 올렸을 뿐만 아니라 새로 임지에 부임하거나, 고을을 떠났다가 돌아왔을 때는 반드시 객사에 들려 배례하는 장소였다.

조선시대 지방수령의 중요한 임무 중 하나가 중앙에서 파견되는 관리를 접대하는 일이었다. 특히 외국 사신에 대한 접대는 국가적으로 중요한 관심사였다. 중국과의 교류를 위해 사신이 다닌 길은 서울에서 의주에 이르는 의주로(義州路)였다. 일본 사신이 오가던 길은 서울에서 동래에 이르는 동래로(東萊路)이며 충주를 경유하였다. 조선에서 일본에 파견한 사신을 통신사라고 하였으며 대규모 사신단이 구성되었다. 통신사는 양재-판교-용인-죽산-무극-숭선-충주-안보-문경-유곡-안동-의성-신령-경주-울산-용당-동래의 경로를 거쳐 하행하였다. 충주, 안동, 경주, 부산의 네 곳에서 주로 연회가 베풀어졌으며 통신사가 도착하면 인근 수령, 찰방, 병사들이 모여 접대하였다.

왜국 사신이 서울로 올라가는 경로는 사신이 내린 곳에 따라 경로가 달랐다. 염포의 경우 울산-경주-안동-영주-단양-충주-여주-양근-서울이었고, 부산포의 경우 동래-양산-대구-상주-문경-연풍-괴산-음성-음죽-광나루-서울이었으며, 제포의 경우 창원-성주-옥천-청주-진천-죽산-용인-한강이었다. 통신사가 경유하는 도시는 충주, 안동, 경주, 동래의 경우 정례화되어 있었지만 다른 도시들의 경우 유동적이어서 상황에 따라 바뀌었다. 충주는 통신사가 통과하는 도시 중에서 호구수, 전결수 등에 있어서 최고 수위의 도시였기 때문에 충주 객사가 중요한 역할을 했다.

객사의 정원

읍성에는 관이 주도하여 조성한 정원이 있었다. 정원은 마당에 나무와 꽃과 풀을 심고 연못을 조성하여 건축 공간 안으로 자연을 들여 놓은 것을 말한다. 한국인의 전통적인 자연관은 자연을 거스르기보다는 자연과의 조화 속에서 아름다움을 추구했다. 자연 속에서 대자연의 기운을 느끼고 자연의 일부가 되어 마음의 평온을 찾고자 했던 것과 마찬가지로 대지의 조건과 자연의 변화에 순응하는 정원을 만들고자 하였다.

정원은『삼국사기』등의 기록에 의하면 삼국시대 이래 궁궐을 중심으로 조성되기 시작하였다. 고려시대에는 궁궐, 민가, 사원, 별서 등에 다양하게 조성되었다. 조선시대 궁궐 정원은 경복궁, 창덕궁, 창경궁, 덕수궁, 경희궁의 5대궁을 중심으로 살펴볼 수 있으며, 지방관아와 민가, 별서 등에도 정원이 조성되었다. 관아의 정원은 동헌, 객사, 관아의 관문인 문루를 중심으로 조성되는 것이 일반적이었다. 충주 읍성의 정원은 객사를 중심으로 조성되었다. 객사 주변에 누정, 연못, 정자, 수목을 조성하여 그 지방의 관민이나 외부에서 찾아오는 방문객들이 자연을 감상하고 휴식과 여유로움을 즐길 수 있도록 하였다.

연못은 못에서 파생된 말이며 자연적으로 또는 인위적으로 깊이 파인 곳에 항상 물이 고여 있는 것을 말한다. 구덩이를 파서 만든 못을 지(池)라 하였고, 흙을 쌓아 만든 못을 당(塘)이라 하였으며, 자연적인 시내를 막아서 물이 깊게 고인 못을 소(沼)라 하였다. 연못을 조성하는 양식은 도교의 신선 사상의 영향을 받아서 불로장생하는 신선이 산다는 삼신산과 음양오행과 천원지방(天圓地方) 사상에 의해 네모난 연못에 둥근 섬이나 네모난 섬을 만들었으며, 유교의 영향으로 정형화된 연못을 조성하기도 하였다.

충주관아 정원에는 상연당(上蓮塘)과 하방지(下方池)의 두 곳의 연못이 조성되어 있었다. 상연당이 위쪽의 연못이라면 하방지는 아래쪽의 연못이다. 상연당은 가운데에 석가산(石假山)을 조성하고 그 위에 천운정(天雲亭)을 건립하면서 주변의 수목과 어우러져 뛰어난 경관을 자랑했다. 석가산(石假山)은 돌을 쌓아 산의 형태를 재현한 것으로 연못가에 조성하거나 연못 가운데 조성하기도 하였다. 자연을 본떠서 조성되었으며 노장사상의 영향을 받아 많은 문인들이 석가산을 삼신산과 도화원에 비유하였다.

상연당 석가산의 정자에 대해 『예성춘추』(1959)에는 충청북도 관찰사 김석규가 자신의 조부가 충주 목사로 근무하였을 때에 상연당 가운데에 석가산을 모으고 그 위에 모정(茅亭) 4칸 반을 창건하였으나 세월이 흘러 퇴락하였으므로 김석규가 육각정을 신축하고 정자의 이름은 천광운영공 배회(天光雲影共徘徊 : 하늘빛과 구름 그림자 그 안에 떠 있네)에서 따와 천운정으로 하였음을 밝히고 있다.

천운정

문장가들이 찾아와 찬송(讚頌)하는 시를 지어 많은 현판이 걸리고 연꽃이 활짝 피는 7월에는 수많은 사람들이 운집하던 상연당은 1908년 일제가 충주공립보통학교를 설립하면서 학교의 운동장으로 사용하기 위해 매립하였다. 이때 천운정은 사직산으로 옮겼고 현판 등은 일본인들이 훔쳐 갔다고 한다. 해방 이후인 1955년에 다시 탄금대 열두대 위로 이전하면서 탄금정(彈琴亭)으로 불리게 되었다. 세월의 흐름에 따라 목조로 만든 정자가 낡게 되자 1977년에 호암지로 옮기면서 콘크리트로 새로 건립하였기 때문에 다른 정자가 되고 말았다.

충북명소로 소개될 정도로 아름다운 풍광을 자랑하던 상연당 석가산의 천운정은 상연당이 사라지고 홀로 사직산으로 옮겨지면서 퇴색했다고 할 수 있다. 하방지는 붕어를 비롯한 어류가 풍부하여 낚시하는 사람들이 찾아오고 겨울에는 얼음 지치는 아이들이 몰려들었는데 1908년 충주공립보통학교 건물을 건립하기 위해서 매립하였다.

누각과 정자

누정은 누각과 정자의 약칭으로 『삼국사기』에 의하면 삼국시대부터 건립되었다. 누정은 신선이 하강한다는 강선루, 신선의 유휴처 금선정, 달 속의 궁궐 광한루와 같이 신선 사상에 영향을 받았으며 시대에 따라 불교 사상이나 유교 사상을 배경으로 한 누정도 건립되었다. 누정은 산의 정상, 언덕, 연못가 등에 건축되었으며 주변 환경과 합일을 찾아가는 연결고리 역할을 하였다. 자연경관을 잘 감상할 수 있는 곳에 누정을 세우고 나무를 심거나 연못을 조성하기도 하였다. 누정은 건축에 따라 기능을 구분할 수 있는데 관청에 건립되는 누정은 손님을 맞이하고, 행사를 하고, 의례를 치루고, 연회를 여는 목적으로 건립되었다.

중원관의 누각으로는 객사 동쪽에 동루(東樓)인 경영루(慶迎樓)가 있었다. 『신증동국여지승람』의 정인지의 기(記)에는 1442년 가을에 태조의 영정을 경주에서 받들어 맞이하는데 충주를 지나게 되었다. 고을 사람들이 나아가 맞이하였는데 객사의 정청이 낮고 누추하므로 객관 동쪽 누각에 모시고 다음날 전송한 이후 예전 누각인 동루(東樓)가 좁고 기울어져 관부에서 쉴 곳이 없고 다시 어용(御容)이 돌아오는 날에 다시 이곳에 모신다면 신하로서 마음이 편치 않다는데 뜻을 모으고 재목을 구하고 기와를 구워 한 달 만에 공사를 마치고 경영루(慶迎樓)라고 이름하였음을 밝히고 있다.

또한 자경당(自警堂)과 청연당(淸燕堂)이 객사 동쪽에 있었다. 자경당에는 조선초 이주(李胄)가 자경당에 머물러 친우와 이별하며 지은 시가 널리 알려져 있다.

題忠州自警堂(충주 자경당)

池面沈沈水氣昏(잔잔한 연못 물결위로 물기운이 자욱하고)
夜深漁擲枕邊聞(깊은 밤 물고기 뛰는 소리 베갯머리에 들리네)
明朝迫近驪江月(내일밤 여강의 달빛아래 배를 대면)
竹嶺橫天不見君(죽령이 하늘을 가로질러 그대를 보지 못하리)

청연당에 대해서는 홍귀달의 기가 전해지고 있다. 누각과 정자는 조선초기 충주에 충청감영이 있었기 때문에 다양한 용도를 위해 건립했으나 임진왜란 이후 도시의 위상이 약화되면서 정원의 규모가 축소되었다.

객사 공간의 식민지적 변용

1905년 을사늑약이 체결되고 통감부가 설치되면서 1906년 통감부의 「보통학교령」에 의해 전국의 많은 객사 건물이 학교로 전용되었다. 일부는 1907년 「재판소구성법」에 의해 재판소로 이용되기도 했다. 1909년 11월 객사가 폐지되면서 객사에서의 공식적인 활동은 모두 정지되었다. 객사는 왕권을 상징하는 건물이기 때문에 병탄이 되면서 일제에 의해 가장 먼저 부정되었다. 일제 초기 식민지배를 정당화하기 위해 일본인 금곡아성(金谷雅成)이 펴낸『충주발전지』(1916)에는 "객사 중원관의 누각 문이 썩고 담장이 허물어져 비참한 모습을 보이고 있다."고 서술하고 있다. 조선왕조의 왕권을 상징하는 객사 중원관의 초라하고 나약하기만 한 모습을 묘사함으로써 조선에 대한 미련을 버리고 일본에 복종할 것을 종용하는 것이라고 할 수 있다.

충주 객사에서 가장 먼저 식민지적으로 변용된 곳은 정원이었다. 통감 정치가 시작되면서 개항 이후 조선 정부가 추진한 교육적 성과는 부정되었고 자주적 근대교육의 기반은 일제에 의해 파괴되었다. 1906년 8월에 발포된 보통학교령에 의해 관공립소학교는 식민지교육기관인 보통학교로 전환되었다. 이때 충주부공립소학교의 명칭도 공립충주보통학교로 변경되었다. 일본어 교육시간이 늘어나고 조선어 시간이 축소됨에 따라 일본인 교사가 임명되기 시작하였다. 일제는 한국 교육을 선도한다는 미명 하에 보통학교 1개교당 일본인 교감 1명을 의무적으로 배치하였다. 일본인을 교사로 채용하여 조선인의 일본인화 교육에 박차를 가하면서 1908년 2월에는 충주 객사의 정원인 하방지(下方池)를 매립하여 교사를 건립하고, 상연당(上蓮塘)을 매립하여 운동장을 만듦으로써 조선왕조의 권위를 부정하고 식민지 교육을 위한 토대를 마련하였다.

1915년 4월 17일 충주공립보통학교 부설 간이농업학교가 인가되면서 객사 중원관을 개수하여 학교 건물로 사용하였다. 간이농업학교는 일제가 표면적으로는 그럴듯하게 실업교육을 강조하였지만 실제로는 일제의 식민지배정책을 뒷받침할 하급 기능 요원을 양성하는 교육기관이었다.

교과목으로 일본어, 조선어 및 한문, 산술 등을 가르쳤으며 조선총독부가
식민지 재정 충당을 위해 재배면적의 확산에 총력을 기울이고 있던 황색
엽연초 경작사업 등의 실무자 또는 보조자를 양성하는 것을 목적으로 하
였다. 간이농업학교는 1922년에 폐교되었다.

간이농업학교—객사 중원관을 수리하여 간이농업학교 건물로 사용했다.

충주면은 1923년에 지정면이 되었다. 면사무소는 읍성 내 사창(司倉)
청사가 있던 성내동 339번지(관아3길 2)에 위치하고 있었다. 일제는 충주
가 지정면(指定面)이 되는 때에 맞춰 객사를 철거하고 그 자리에 면사무
소를 신축함으로써 중원관은 역사 속으로 사라지게 되었다. 객사의 외문
루만은 1930년 초반까지 존재하였다고 한다. 충주면이 지정면이 되었다
는 것은 이주 일본인의 수가 증가하고 안정적인 정착이 이루어졌으며 상
가와 시가지가 발달하여 일본인 중심의 도시행정이 가능하게 되었음을

의미한다.

충주면의 초대면장으로 정운숙이 임명되었다. 1918년에 정운숙이 사임하자 피해붕(皮海鵬)이 취임하였으나 같은 해 피해붕이 사망하면서 정운숙이 다시 취임하였다. 그러나 9개월 후 정운숙이 퇴직하였기 때문에 1921년 9월 이완재(李完載)가 취임하였다. 정운숙은 일제강점 초기 충주 황색엽연초경작조합장, 읍내면 가주리잠업조합장 등을 역임하였고 1914년 일본 동경에서 열린 대정박람회(大正博覽會)에 황색엽연초를 출품하여 은배(銀杯)를 수상하는 등 일제의 식민지배정책에 적극 협력한 인물이었다. 이완재는 충주금융조합 조합장, 충주면장을 역임하였고 식민지 개발에도 적극 참여하였다.

1923년 충주면이 지정면이 되면서 지정면의 면장은 일본인 면장이 임명되었기 때문에 충주 일본인 사회의 최고 실력자 중의 하나인 원구일이(原口一二)가 면장이 되고 이완재는 부면장이 되었다. 원구일이에 이어 일본인 전중훈(田中勳)이 면장이 되었다. 1931년에는 지방제도 개정에 의해 충주면이 충주읍이 되었으며 일본인 추산문웅(秋山文雄), 송정문보(松井文輔)가 읍장이 되어 해방 전까지 식민통치를 했다. 해방 후 1956년에 충주읍은 충주시로 승격되었다.

충주공립보통학교와 독립운동

충주공립보통학교는 설립 이후 일제강점기 지역에서 민족운동과 사회운동에 참여한 많은 인재를 배출했다. 류자명(柳子明), 유석현(劉錫鉉), 정태희(鄭泰熙) 등의 독립운동가가 조국의 독립을 위해 헌신했다. 류자명은 1919년 3월 10일경 제자들과 만세운동을 준비하다가 일본 경찰에 발각되자 서울로 피신하였다. 대한민국청년외교단 설립에 참가하였고 이어 중국으로 망명하였다. 아나키즘을 학습하여 독립투쟁 이론으로 수용한 류자명은 의열단에 가입하여 활동하였고 남화한인청년연맹을 설립하여 의열투쟁을 전개하였다. 1937년 중일전쟁이 발발하자 조선민족전선연맹을 결성하였고 1938년 조선의병대가 결성되면서 지도위원으로 활동하였다. 1942년 임시정부에 합류하여 임시의정원 충청도의원으로 당선되었고 1943년에는 국무회의에서 학무부 차장에 선임되었다. 1945년 해방을 맞이하였으나 귀국하지 못하고 호남성 장사에 있는 호남농대 교수로 재직하면서 포도, 장미, 쌀 등에 관한 연구로 농업분야에 많은 업적을 남겼다.

유석현(劉錫鉉, 1900-1987)은 1919년 3·1운동에 참가한 후 일본 경찰의 추적을 받자 중국으로 망명하였다. 1920년 7월 의열단에 가입하고 1922년 군자금을 모금하기 위해 국내에 잠입하였으나 실패하고 중국으로 돌아갔다. 1923년 5월 전국에서 일제의 식민지배

대한민국 제34회 임시의정원 의원 기념사진—류자명은 1942년 대한민국 임시의정원 충청도의원으로 활동했다(세 번째 줄 왼쪽으로부터 다섯 번째 류자명 선생이다).

에 항거하는 대규모 폭동을 일으키고 요인 암살 지령을 받은 유석현은 김시현·김지섭·황옥 등과 함께 일제 식민지배기관을 파괴하고자 무기를 소지하고 국내에 들어왔으나 밀고로 체포되어 징역 8년형을 선고받고 복역했다. 이후 충주에서 충주익우회, 재만동포위문회 등에 참여했고 1941년 중국으로 건너가 활동했다. 1977년 건국훈장 독립장이 수여되었다.

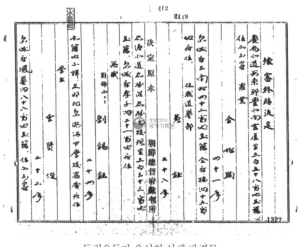

독립운동가 유석현 선생 판결문

정태희는 1919년 3·1운동에 참여한 후 4월 상해 임시정부가 수립되자 평양에서 동지들과 대한국민총회를 조직하고 평의원으로 활동했다. 12월에는 상해임시정부의 임시의정원 의원이 되었으며 1921년 7월 임시의정원의 재무부 참사에 임명되었다. 1928년 8월 재중국한인청년동맹중앙집행위원회 축소위원이 되었으며 9월에는 동맹위원장에 선임되었다. 1929년 1월 한국유일당 상해촉성회집행위원회에서 상무위원에 선임되었다. 1932년 8월 상해에서 일본경찰에 체포되었고 1934년 6월 평양복심법원에서 징역 5년형이 확정되어 옥고를 치렀다. 1963년 건국훈장 국민장이 추서되었다. 그 외에도 공립보통학교 출신의 류흥환, 서천순, 장천석, 유석보, 정진복 등의 독립운동가들이 조국의 독립을 위해 활동하였다.

1926년 4월 25일 순종이 사망하자 보통학교 학생들이 집단적으로 저항하는 동맹휴학을 단행했다. 학생들의 동맹휴학에 대해 일본인 교장이 휴학을 지시하였다. 이에 천여 명의 학생들이 집단적 저항하여 휴학을 거부하고 등교하여 수업을 받는 동맹상학을 하였다.

5. 한말 지방제도 개혁과 근대 문물의 수용

23부제와 충주부관찰부

1876년 조선과 일본 사이에 강화도조약이 체결되자 일본은 즉시 개항을 요구하였다. 1876년에 부산이 개항하였고 1880년 원산, 1883년 인천이 순차적으로 개항하면서 일본은 한국에서의 이권을 획득하고 수탈을 강화하기 위한 지방제도 개혁을 시도하였다.

조선 사회는 오랫동안 쌓여온 사회경제적 모순을 극복하고 외세의 침략에 대응하여 자주적인 근대 사회로 나아가야 할 과제를 안고 있었으나 지방행정의 문란과 외세의 경제적 침탈로 민란이 발발하였고 갑오농민전쟁으로 이어졌다. 농민전쟁을 계기로 조선에 들어온 청과 일본 간의 전쟁이 발발하였고 일본의 내정개혁 요구에 의해 온건개화파들이 군국기무처를 설치하고 갑오개혁을 단행하였다.

일본은 청나라와의 전쟁에서 승리가 확실시되자 적극적으로 내정에 간섭하였다. 대조선정책에 대한 문책성 인사로 일본공사를 대조규개(大鳥圭介)에서 정상형(井上馨)으로 교체하였으며 이후 대원군을 퇴임시키고 김홍집을 총리대신으로 박영효를 내부대신으로 하는 내각을 출범시켰다. 1895년 8월 26일 박영효 등의 급진개화파는 조선 건국 이후 500여 년을 유지되어 온 8도를 폐지하고 23부제로 개편하였다. 기존의 유수부(留守部) · 부(府) · 목(牧) · 대도호부(大都護府) · 도호부(都護府) · 군(郡) · 현

(縣) 등 지방행정 단위의 명칭을 군(郡)으로 통일하고 군수(郡守)를 두었다. 전국 23부 아래 337개 군을 소속시켰고 부에는 관찰사(觀察使)를 두었다. 각 군을 5등급으로 분류하여 예산에 차이를 두었고 군수도 등급에 차이를 두었다.

23부에 소속된 군의 수를 살펴보면 한성부 11군, 인천부 12군, 충주부 20군, 홍주부 22군, 공주부 27군, 전주부 20군, 남원부 15군, 나주부 16군, 제주부 3군, 진주부 21군, 동래부 10군, 대구부 23군, 안동부 17군, 강릉부 9군, 춘천부 13군, 개성부 13군, 해주부 16군, 평양부 27군, 의주부 13군, 강계부 6군, 함흥부 11군, 갑산부 2부, 경성부 10군이었다. 충주부에 소속된 20개 군은 기존의 충청도에 소속되었던 충주, 음성군, 연풍군, 괴산군, 제천군, 청풍군, 영춘군, 단양군, 진천군, 청안군의 10곳, 경기도에 소속되었던 여주군, 용인군, 죽산군, 음죽군, 이천군, 양지군의 6곳, 강원도에 소속되었던 원주군, 정선군, 평창군, 영월군 4곳이었다.

충주부에 속한 군은 남한강 유역이나 그 영향권에 위치하여 생활, 문화를 공유하고 있는 지역이었기 때문에 기존의 행정구역을 넘어서 지역성, 역사성을 반영하여 개편한 결과라고 할 수 있다.

1895년 6월 21일 관찰사가 모두 임명되었는데 충주부 관찰사로 조한국 (趙漢國)이 임명되었다. 관찰사로 임명된 자들은 대부분 개혁에 관심을 가지고 있고 박영효 등 급진개화파의 개혁 의지를 지방에서 실행할 인물들이었다. 그러나 23부제 지방제도 개혁은 일본의 내정간섭으로 왜곡되었고 급격한 개혁 추진으로 시행상에 한계가 드러나면서 1년여 시행 후 폐지되었다.

13도제와 충청북도관찰부

1896년 2월 고종이 러시아 공사관으로 거처를 옮김으로써 친일 개화파 정권은 붕괴되었고 갑오개혁은 중단되었다. 1896년 8월 고종은 갑오개혁 당시 시행된 지방제도를 전면 폐지하였고 23부제를 13도제로 개편하였다. 이 과정에서 함경도, 평안도, 충청도, 경상도, 전라도의 5도를 남북으로 나누고 경기도, 강원도, 황해도를 합쳐서 13도로 하여 관찰사를 두었다. 이때 충주는 충청북도 관찰부가 되었다.

13도와 관찰부

도명	관찰부	소속 군수	도명	관찰부	소속 군수
경기도	수원	34	황해도	해주	23
충청북도	충주	17	평안남도	평양	23
충청남도	공주	37	평안북도	정주	21
전라북도	전주	26	강원도	춘천	26
전라남도	광주	32	함경남도	함흥	14
경상북도	대구	41	함경북도	경성	9
경상남도	진주	29	계	13	332

조선시대에는 산맥 또는 강에 의해 좌도와 우도를 관행적으로 구분하였는데 남도와 북도를 법령으로 나눔으로써 충청북도라는 새로운 행정구역이 탄생하게 되었다. 충청북도에 소속된 군은 17개 군이었다.

1876년 일본의 강압에 의해 강화도조약이 체결되면서 부산, 원산, 인천이 개항하였고 이후 지속적으로 새로운 항구가 문을 열었다. 개항 과정에서 전국의 도시는 한반도로 넘어온 일본인들이 거류하면서 형성된 개항장의 새로운 도시들과 유구한 역사를 간직한 전통도시로 분화되었다. 일제의 침략이 강화될수록 침략 거점으로 개발된 식민지 도시는 발전하였고 전통도시는 쇠퇴의 길을 걷게 되었다. 항구로 들어온 일본인들은 1904년 경부선, 1906년 경의선이 개통되면서 내륙으로 침투해 들어왔다. 철도를 따라 일본인들이 밀려들어 오면서 부산, 대전, 조치원 등의 철도 연변에 식민지 도시가 발전하였다. 일제강점기 경부선 조치원역은 행정구역상 충청남도에 속하였지만 충청북도 내륙으로 식민 세력과 일본 상품이 침투하는 거점으로 기능하였기 때문에 충청북도의 관문으로 인식되고 있었다. 일제는 조치원으로부터 청주, 괴산, 음성을 거쳐 충주로 침투해 들어왔으며 도로와 철도개발이 지속적으로 추진되었다.

일제는 경부선 철도 부설 이후 효율적인 식민지 통치를 위해 철도 연변으로 도청 소재지를 옮기려고 하였다. 충주가 충청북도 관찰부로 부적합하다는 근거 없는 낭설을 흘리던 일제는 1908년 5월 도청을 충주에서 청주로 전격적으로 이전하였다. 일제에 의해 도망치듯이 은밀히 진행된 도청 이전은 도시의 성장을 위축시키고 유구한 역사를 자랑하는 역사도시 충주가 중소도시로 전락하는 시발점이 되었다. 도청이 이전된 청주는 각종 관청과 도시시설이 들어서고 교통이 발달하면서 충청북도의 중심도시로 발전하였다.

도청 이전은 병탄 이후에도 계속되어 경기도청이 1910년 10월 수원에서 경성(京城)으로, 함경북도 도청이 1920년 10월 경성(鏡城)에서 나남으로, 평안북도 도청이 1923년 11월 의주에서 신의주로, 경상남도 도청이 1924년 12월 진주에서 부산으로, 충청남도 도청이 1932년 6월 공주에서 대전으로 이전하였다. 새로이 이전된 도청 소재지는 대부분 일본인들이 건설한 철도연변의 식민지 도시로 일제강점기 지역의 중심도시로 성장하였다.

근대제도의 수용

개항 이후 조선 사회가 직면한 당면 과제는 근대국가 수립이었다. 1880년에서 1894년까지의 근대개혁은 내우외환으로 근대적인 제도가 정착될 수 있는 상황이 아니었다. 갑오·광무개혁기 동안 지방제도 개혁이 추진되고 근대적인 제도와 시설이 본격적으로 도입되었다. 관찰부 소재지인 충주에는 소학교, 우체사, 경무청, 종계소 등의 기관이 읍성 내에 설치되면서 도시 공간이 변화하기 시작하였다.

① 소학교

갑오개혁이 추진되고 있던 1895년 1월 홍범14조가 선포되었고, 2월에는 교육입국조서가 공포되었으며, 7월 19일에는 소학교령이 공포되었다. 소학교는 설립 주체에 따라 관립·공립·사립으로 구분되었다. 관립은 중앙정부가 주체가 되어 장동·정동·계동·묘동 등의 소학교가 한성에 설치되었다. 공립은 지방관청의 주도로 전국 각처에 설치되었는데 13개 관찰부 소재지인 수원, 충주, 공주, 전주, 광주, 대구, 진주, 해주, 평양, 정주, 춘천, 함흥, 경성과 한성부, 개성부, 강화부 등에 소학교가 설립되었다. 현 충주교현국민학교의 전신인 충주공립소학교는 충청북도 최초의 공립학교로 설립되었고 이후 주성초등학교의 전신인 청주군공립소학교가 설립되었다.

1905년 을사늑약으로 조선이 일제의 보호국이 되면서 근대교육의 성과는 부정되었다. 1905년 8월 보통학교령을 공포한 일제는 1895년 7월 소학교령에 의해 설립된 관공립소학교를 보통학교로 전환하였다. 충주공립소학교는 공립충주보통학교로 명칭이 변경되었다. 충주공립소학교의 처음 설립 위치는 충주 관아의 북통방으로 알려져 있으며 이후 향교 명륜당을 교사로 사용하였다. 1908년 2월 성내동 157번지인 구)충주교육청과 전화국 위치에 새로운 학교를 세우고 이전하였다.

② 우체사

개항 초기 근대적 통신제도의 도입은 자주적인 근대화 노력의 일환일 뿐만 아니라 외세의 침략 수단이기도 했다. 1884년 3월 27일 통리군국사무아문 소속으로 전보와 우편물 배달 업무를 담당하는 우정총국이 설치되었고 10월 1일 근대식 우편 사업이 한성 우정총국과 인천분국에서 시작되었다. 그러나 10월 17일 우정국 개업 축하연이 열리는 자리에서 개화파들이 갑신정변을 일으키면서 고종의 전교로 10월 21일 폐지되었다.

우편 업무는 기존의 우역제로 회귀하였으나 각종 문제점이 드러나면서 필요성이 제기되었다. 1895년 5월 「국내 우편규칙」과 「우체사관제」가 제정됨으로써 업무를 개시하였다. 농공상부가 6월 11일 한성과 인천에서 우체 업무를 시작한 후 개성, 수원, 충주, 안동, 대구, 동래 등 8개의 우체사를 설치했다. 한성과 동래 간 우체 선로는 매일 1회 발착하였는데 한성에서 충주까지 3일, 충주에서 안동까지 3일, 안동에서 대구까지 2일, 대구에서 동래까지 3일로 총 11일이 소요되었다.* 우체사는 충주관아의 포수청 자리에 설치되었다.

③ 경무청(警務廳)

1894년 갑오개혁으로 우리나라에 경찰제도가 처음 도입되었다. 1894

---

* 관보, 1895년 10월 14일.

년 7월 14일 「경무청관제직장」이 반포되면서 좌포청과 우포청을 폐지하고 일본제도를 모방하여 내무아문 소속하에 경무청이 설치되었다. 1895년 5월 26일 지방관제가 개정되어 23부로 개편되면서 지방경찰도 22개 관찰부 산하에 경무관 1인, 경무관보 2인, 총순 2인, 순검 70인을 배치하였다. 관아의 서기청을 경무청으로 사용하였다.

④ 종계소(種繼所)

종계소는 지석영이 보급한 우두 접종을 위해 설치한 관청이다. 지석영의 스승 박영선(朴永善)이 수신사로 일본에 건너가 우두법을 배우고 『종두귀감(種痘龜鑑)』을 전해 주었다. 지석영은 1879년 일본 해군이 세운 부산 제생원(濟生院)에서 종두법을 배우고 종두침 2개를 얻어 서울로 돌아오던 중 처가가 있는 충주 덕산에 들러 40여 명에게 우두를 놓아 주었다. 지석영은 제2차 수신사 김홍집을 따라서 일본으로 건너가 두묘(痘苗) 제조법을 배우고 돌아와 우두법의 보급에 노력하였다. 서울에 최초로 우두국이 설치되었고 이후 1882년 전주, 1883년 공주에 우두국이 설치되었다. 광무 3년(1899) 6월 27일 종두 시책을 발포함과 동시에 전국 13도에 종계소를 설립하고 종묘를 제조하여 종두 업무를 보았다. 관찰부인 충주에 종계소가 설치되었고 서문 안에 있었으며 기와 6칸이었다.

충주 읍성과 전쟁

1. 임진왜란 충주전투의 영향

읍내 주민의 피해

1592년 4월 13일 일본군이 조선을 침략함으로써 시작된 임진왜란은 6년 7개월에 걸친 장기간의 전쟁이었다. 소서행장(小西行長)이 이끄는 제1군이 4월 13일 부산에 도착하여 중로(中路)로 북상하였고 4월 18일에는 가등청정(加籐淸正)과 흑전장정(黑田長政) 이끄는 제2군과 제3군이 상륙하여 좌로와 우로를 통해 빠른 속도로 진격해 나갔다.

일본군 북상 경로

도로	출발지점	일본군	북상 주요 경로
중로	부산포	제1군 (소서행장)	부산-동래-청도-대구-선산- 상주-문경-충주-용인-한성
좌로	염포	제2군 (가등청정)	부산-언양-경주-영천-군위- 용궁-죽령-충주-죽산-한성
우로	내이포	제3군 (흑전장정)	김해-현풍-무계-성주-지례- 김천-추풍령-영동-청주-한성

조선 정부가 일본의 침략 가능성을 인지하고 전쟁을 준비하기 시작한 것은 임진왜란 3년 전인 1589년부터였으며 성곽을 축성하고 무기와 군량을 확보하는 등의 정책을 추진하였다. 그러나 조총으로 무장한 일본군의 보병 전략을 파악하지 못했고, 전쟁이 발발하면 적의 침공 지점에 가까운 관군이 우선적으로 방어하고 중앙에서 파견된 지휘관이 지방 관군을 통솔하는 제승방략체제가 수많은 문제점을 드러내면서 조선군은 연전연패했다.

소서행장(小西行長)이 이끄는 제1군이 북상했던 중로, 즉 동래로는 낙동강 유역과 한강 유역을 연결하는 주축 교통로로 군사적·행정적으로 중요시되었다. 영남대로 지역에는 상주, 성주, 선산, 인동, 김해, 대구, 경주, 밀양, 충주, 여주, 용인, 죽산 등의 지역이 분포되어 있었고 농업 중심지로 널리 알려져 있었다. 충주와 상주는 고대 성읍국가(城邑國家)로부터 발전하기 시작하였으며, 삼국시대 충주는 고구려의 남방 진출 기지로 상주는 신라의 북방 진출 기지로 개발되었다. 조선시대 상주와 충주는 경상감영과 충청감영이 설치된 대읍으로 지역 중심도시로 군사적 전략적 요충지였다.

소서행장(小西行長)이 이끄는 제1군 18,700명은 4월 14일 부산진전투에서 정발 장군이 이끄는 조선군을 물리치고 승리하였다. 4월 15일에는 동래전투에서 승리한 일본군이 상주로 북진하였다. 4월 23일 순변사 이일이 이끄는 중앙군 60명이 상주에 도착해 일본군과의 일전에 대비하였다. 4월 25일 이일은 병졸을 이끌고 북천에서 일본군과 맞섰으나 완패하였다. 상주에서 조선군이 완패한 지 사흘만인 4월 28일 일본군은 충주로 몰려왔다. 4월 26일 충주에 도착한 조선 최고 명장인 도순변사 신립은 일전을 치를 장소로 달천평야를 선택했다. 조선군과 일본군의 운명의 일전은 조선군의 패배로 막을 내렸다. 충주에서 한양까지 무방비 상태가 되었고 조정은 4월 30일 피난길에 올랐다.

승리한 일본군은 충주 읍성으로 몰려가 공격을 개시하였다. 읍성에는 5천에서 6천 명의 백성들이 있었는데 일본군의 공격에 대항하여 활을 쏘고 칼을 휘두르며 분전하였다. 일본군이 몰래 읍성에 들어가 불을 지르면서 함락되었고 헤아릴 수 없이 많은 백성이 목숨을 잃었다. 『繪本朝鮮軍記』에는 소서행장(小西行長)이 "충주성에 들어간 뒤 자른 목 3천여 급을 우키타 히데이에 경의 진지로 보내고, 승전을 나고야성에 보고했다."고 기록되어 있고(김시덕, 2004:183) 5,000여 명이 살해되었다는 연구도 있어 수많은 백성이 목숨을 잃었음을 알 수 있다. 당시 일본군의 북상과 조선군의 패배 소식을 접한 백성들은 피난을 가거나 준비를 하였을 것으로 추측된다. 그러나 중앙에서 내려온 도순변사 신립의 대군이 충주를 지켜줄 것이라고 믿고 피난하지 않았기에 다른 지역보다 피해가 더 컸다. 일본군은 수색하듯이 샅샅이 뒤져서 닥치는 대로 죽이는 만행을 저질렀다.

도시의 파괴와 충청감영 이전

달천평야 전투의 패배로 인적 피해뿐만 아니라 물적 피해도 컸다. 『난중잡록』의 "~적병이 사방으로 흩어지면서 죽이고 약탈하는 참상이란 이루 말할 수 없다."는 기록은 충주 읍성이 일본군에게 함락 당시의 참혹한 정황을 말해 주는 것이라고 할 수 있다. 지나가는 마을마다 불태워 불길이 하늘로 치솟아 오르고 죽이고 약탈하는 왜군의 만행과 그로 인한 참상은 차마 눈 뜨고 볼 수 없을 지경이었을 것이다.

왜군의 살인, 약탈, 방화는 성 밖으로 확대되었다. 계족산 아래에 있던 향교를 불태워 버렸고 산속에 숨어 있는 백성들을 찾아내 학살하였다. 도시는 폐허가 되었고 백성들은 흩어져서 정상적인 도시 기능을 수행할 수 없었다. 전란 이후 복구 또한 쉽지 않았다. 조선 정부는 조세 수취와 행정통제의 어려움을 들어 1602년(선조 35) 비교적 전란의 피해를 적게 겪은 공주로 충청감영을 이전하였다. 충청감영의 이전은 도시의 기능을 약화시키고 지역의 쇠퇴로 이어졌다.

임진왜란으로 충주와 유사한 경로를 걸은 상주(尙州)의 경우도 크게 다르지 않아서 1601년 상주에 있던 경상감영이 대구로 이전하면서 도시의 기능이 위축되었다. 소백산맥을 사이에 두고 충청도와 경상도의 중심도시 역할을 수행하던 충주와 상주의 기능 약화는 동래로의 위축을 가져왔다. 반면에 대구, 추풍령, 천안, 수원으로 이어지는 교통로의 성장을 촉진하는 계기가 되었다. 충청감영, 경상감영과 같은 행정기관의 입지가 도시 발전의 중요한 요인이라는 사실을 입증한 사례라고 할 수 있다. 조선 후기 충주는 남한강 수운과 육로교통을 기반으로 상업이 발달하여 남한강과 동래로상의 최고 중심도시로 발돋움하면서 도시의 위상을 회복할 수 있었다.

임진왜란과 충주지역 의병전쟁

도순변사 신립이 이끄는 부대가 달천평야 전투의 패배로 전몰되고 충주 읍성에서 수많은 백성들이 목숨을 잃는 충격적인 참상으로 인해 지역사회의 충격과 좌절은 클 수밖에 없었다. 자신이 살고 있는 지역이 왜군에게 처참하게 유린당한 상황에서 분노와 적개심을 참을 수 없었던 유림을 중심으로 의병을 조직하고 거병하였으며 많은 사람들이 기꺼이 의병전쟁에 참가하였다. 임진왜란 충주 지역 의병장으로 조웅(趙熊), 육승복(陸承福), 조덕공(趙德恭) 등을 들 수 있다.

의병장 조웅은 1567-1572년 사이 충주목 가흥리에서 태어났으며 호는 백기당이며 본관은 한양이다. 조웅은 어려서 청룡사에서 공부하였으며 성장하면서 조강(趙綱) 선생에게 유학을 배웠다. 어려서부터 영민하고 비범한 조웅의 인물됨과 무인으로서의 재목을 알아본 조강 선생이 무술을 권하면서 무인의 길로 들어섰다. 임진왜란이 발발하기 1년 전인 1591년 11월 별시에 응시하여 무과 1등으로 합격하였다. 내금위 선전관에 발탁되어 근무하였으나 사직하고 고향인 충주로 돌아왔다.

신립이 달천평야 전투에서 패배하고 조정이 피난길에 올랐다는 소식을 전해 들은 조웅은 나라를 구하겠다는 굳은 의지로 여러 지방에 격문을 보내 5백여 명의 의병을 모집하였다. 스승 조강과 합진하여 청주 송현에서 왜군과 맞서 싸운 조웅은 부대를 나누어 충주의 가흥과 앙성 사이에 있는 태자산 아래 주둔하였다. 조웅의 부대는 원주와 충주에서 활동하는 일본군 후속 부대들이 서울로 향해 올라가는 길목을 공격하여 커다란 전과를 올렸다. 조웅은 백기(白旗)를 군호로 삼고 말 위에 서서 달리며 수많은 적을 죽이는 용맹을 보였으므로 사람들은 백기장군(白旗將軍)이라고 불렀다. 팔도 의병 중에 "호서에는 백기장군 조웅이요, 영남에는 홍의장군 곽재우."라고 할 정도로 무예와 지략을 널리 알렸다.

조웅 장군은 충주 강북 지역인 소태면 전투에서 적에게 포위되었고 중과부적(衆寡不敵)임에도 포위를 뚫고 나오다가 적의 총탄에 맞아 말에서 떨어졌다. 왜군은 조웅의 손과 발을 잘랐으나 이에 굴하지 않고 대항하므로 사지(四肢)가 찢기는 죽음을 당하였다. 다른 기록에는 조웅 장군이 칼을 휘두르고 활로 공격하다가 적의 칼에 갈빗대가 잘렸고 손으로 상처를 부여잡고 남은 적을 물리친 연후에 부하들의 부축을 받으며 청룡사에 들어가서 다음날 운명하였다고 전한다. 조응 장군이 전사한 날짜는 1593년 8월 4일이었고 26세였다. 조정에서는 조응 장군의 공로를 인정하여 충주목사를 제수하였으나 사령장이 도착하기 전에 전사하였다. 1605년(선조 38) 선무원종공신(宣武原從功臣)으로 추대되었고, 1618년(광해군 10)에는 병조참판에 추증되었다. 1690년에(숙종 16) 충신문 정려가 내려졌다. 정려문은 앙성면 능암리에 있고 묘소는 조촌리 산록에 있다(김현길, 2011).

조응 장군 정려각

조응 장군과 함께 활동한 의병장으로 육승복(陸承福) 장군이 있다. 조응 장군과 함께 북상하는 왜군을 물리쳐 적의 주력부대에 큰 타격을 입혔다. 육승복 장군은 정응성(鄭應聖), 이홍사(李弘嗣) 등과 함께 서득남(徐得男), 서춘세(徐春世) 등을 지휘하여 왜군 30여 급을 참수한 공으로 1등훈(一等勳)에 책록되었으며 좌윤(左尹)의 직첩을 받았다.

의병장 조덕공 장군은 1547년(명종 2) 괴산군 송평동에서 한성좌윤 조승 (趙勝)의 3남으로 태어나 충주목 노은면 수룡리로 이주하였다. 조덕공은 학문이 뛰어났을 뿐만 아니라 병법에도 능하였다. 1583년(선조 16) 무과 에 급제하여 선전관에 이어 호조정랑에 올랐으나 이듬해 부친상을 당하자 사직하였다. 1586년 복직하여 양지현감(陽智縣監)으로 4년 동안 근무하 였다. 임진왜란이 일어나고 왜병이 파죽지세로 북상하여 충주가 함락되자 조정은 북쪽으로 피난을 떠나게 되었다. 조덕공은 조복(趙福), 조반(趙絆), 아우 조덕검(趙德儉), 조덕수(趙德洙)와 함께 의병을 일으켰다. 충주 남쪽 우목(현 음성군 소이면 금고리) 들판에서 왜군과 싸웠고 여러 차례 전공을 세웠다. 우목전투에서 조복이 전사하자 조덕공은 군사를 이끌고 적진으로 돌진하여 시신을 찾아 돌아왔고 장사를 지내 주었다.

　　조덕공은 임진왜란에서 세운 공을 인정받아 1605년(선조 38) 선무원종 공신(宣武原從功臣) 2등에 녹권되었고, 통훈대부 형조참의에 증직되었 다. 왜란이 끝난 이후 조정에 나아가지 않고 은거하다가 1607년 10월 20 일(음력) 세상을 떠났다.

노은면 수룡리에 있는 조덕공장군 묘

2. 한말 의병전쟁과 읍성

을미의병과 읍성전투

1894년 갑오농민전쟁을 기화로 조선에 군대를 파견한 일본은 조선 정부의 군대 철수 요청을 무시하고 조선 정부의 내정개혁을 요구하였다. 조선 정부가 이를 거부하자 6월 21일 일본군이 경복궁에 난입하여 고종을 위협하고 대원군을 추대하는 갑오왜란이 일어났다. 군국기무처를 중심으로 조선의 문물을 일본식으로 바꾸고 친일인사가 등용되는 일련의 사태로 인해 척사유생을 비롯한 일반 민중들은 위기의식에 사로잡히게 되었다. 이러한 분위기 속에서 일제가 1895년 8월 그들의 침략정책의 걸림돌로 인식되었던 민비를 무참히 시해하는 사건은 유생들에게는 커다란 충격으로 받아들여졌으며, 12월 30일 단발령이 내려지자 의병전쟁으로 표출되었다.

지평 출신 이춘영이 김백선이 거느린 포군 부대를 규합하여 원주 안창역에서 봉기함으로써 의병전쟁이 시작되었다. 제천으로 진격한 의병부대는 단양 장회협전투에서 승리한 이후 조직을 정비하고 1만을 헤아리는 병사가 충주 읍성 공격에 나섰다. 충주는 전국 8도체제가 23부체제로 변경된 행정구역 개편에 의하여 충청, 경기, 강원 지역의 중부권 20개군으로 구성된 충주부를 관할하는 관찰부 소재지였다. 관군 400명, 왜병 200명, 지방대 500명이 주둔하고 있었으며 관찰사 김규식을 중심으로 정부의 개화정책을 추진하는 거점이었다. 의병진은 충주 읍성을 장악함으로써 일본 세력의 확산을 차단하고 서울로 나아가는 거점으로 기능할 수 있기 때문에 충주 읍성의 장악은 호좌의진의 첫 번째 공격 목표가 되었다.

관찰사로 부임한 김규식이 단발령을 강력히 추진했기 때문에 주민들로부터 많은 원성을 샀다. 읍성내에는 주둔하고 있던 일본군이 이천과 여주 방면으로 출동하여 삭발한 포군 50명만 남아 있었다. 정보 파악을 마친 의병의 주력부대는 2월 16일(음 1.4) 제천읍-주포-박달재-원서-다리재-북창-연원을 통과하여 읍성 북문으로 진격하였다. 별동대는 청풍을 거쳐 마즈막재를 넘어 읍성의 동문과 남문으로 진군하여 17일(음 1.5) 읍성을 완전 장악하였다. 관군과 일본군은 성안에 불을 지르고 도망갔다.

다음날부터 수안보와 가흥에 주둔한 일본군의 반격이 시작되었다. 사직산 소나무 숲에 매복한 일본군이 지대가 낮은 읍성을 향해 공격하였고 의병들은 성벽에 의지해 반격을 가하였다. 사직산은 높고 읍성은 낮아서

을미의병의 읍성 장악-중원문화인물기록화

불리하였다. 1월 19일에는 일본군 100여 명이 화포를 쏴서 성벽과 성내의 가옥이 파괴되는 피해를 입었다. 일본군과 접전이 계속되는 동안 단월 방면의 일본군이 쳐들어오므로 노숙을 하며 일본군의 접근을 막던 부대는 성안으로 철수하였다. 전투가 계속되면서 사상자가 속출하였다. 1월 11일 중군장 이춘영이 수안보에서 적을 토벌하다가 사망하였고, 1월 19일에는 남문에서 주용규가 전사하는 등의 피해가 발생하였다. 밤낮없이 계속되는 전투로 성안의 가옥은 안전한 것이 없었고 성 밖의 마을과 향교도 불에 타는 등 처참한 지경이었다. 1897년 10월 2일 자 『독립신문』에 의하면 충주군의 피해가 1,276호로 보도되었다.

식량과 보급이 끊겨 극한 상황에서 전투가 계속되고 있었다. 의병진은 후속 대책을 논의한 끝에 퇴진을 결정하고 1월 22일 동문을 나와 신당을 거쳐 청풍으로 돌아가면서 20여 일간에 걸친 충주읍성 전투는 막을 내리게 되었다. 의병부대는 충주 읍성에서 물러난 이후에도 가흥과 수안보에서 수차례 전투를 벌였다.

충주 읍성 전투에서 악전고투한 원인 중의 하나로 충주 지역의 참여 부족을 든다. 충주 읍성 공격을 준비하면서 의병부대는 충주 지역의 원조와 의병봉기를 기대하였다. 그러나 기대와 독려에도 불구하고 호응은 미미하였다. 그 이유는 첫째, 1895년 23부제로 지방행정 구역이 변경되면서 충주부 소재지가 되었기 때문에 을미개혁과 개화파에 대해 우호적인 분위기가 형성되었음을 들 수 있다. 둘째, 남한강 수운과 육로교통을 통한 인적 물적 교류로 인해 새로운 사상과 문물을 접하면서 개화사상과 새로운 세상을 이해하는 사람들이 형성되기 시작하였고, 셋째, 의병전쟁으로 읍성이 파괴되고 향교와 수많은 민가가 불타는 피해를 입었고, 피난을 떠나는 사람들이 늘어나면서 의병전쟁을 부담스럽게 생각하는 사람들이 생겨났으며, 넷째, 충주 최고 명문가요 여론 주도 집단이라고 할 수 있는 연일정씨 가문의 정경원이 평양부 관찰사, 정해륜이 한성부 판윤으로 중앙 정치에 참여하고 있었기 때문에 충주 지역의 호응이 소극적이었다고 할 수 있다(구완회, 2016: 293-300).

정미의병과 읍성 탈환 전투

을미의병들은 정부의 해산 권유와 탄압에 의해 해산하였지만 1905년 을사늑약이 체결되자 의병전쟁은 다시 확산되었다. 의병전쟁은 충북 중부 지방에 집중되었으며 충주를 중심으로 인근 지역에서 활발하게 전개되었다. 1907년 7월 고종이 강제로 퇴위되고 군대가 해산되자 무너져가는 국권을 회복하기 위해 전국 방방곡곡에서 의병이 봉기하여 항일무장 투쟁을 전개하였다. 을미의병과 을사의병이 명분과 의리를 내세웠던 유생들이 중심이었다면 정미의병은 실전에 참여했던 해산군인, 평민, 노동자, 계몽운동가 등 전 계층이 망라되어 있었다.

8월 들어 충주 인근에는 의병들의 활동이 활발하게 전개되었다. 16일에는 민긍호 의병부대가 장호원에서 일본군 전신보호병 2명을 사살하였고, 18일에는 약 150명의 의병들이 장호원에서 충주로 증원되어 가는 일본군을 기습 공격하였다. 충주 인근의 의병 활동이 치열해지자 8월 21일에는 일본군이 증파되었다. 제천에서 조직을 정비한 이강년 의병부대는 8월 23일 민긍호의 원주의진, 조동교의 청풍의진과 함께 충주 읍성을 공략하기로 하였다. 지역의 거점인 충주읍성 공략은 실질적인 효과와 상징성으로 인해 연합 의진에게는 중요한 전투였다. 이강년은 충주 읍성 공략에 나서면서 「각 도 열읍에 고하는 격문」을 발표하였다.

충주는 일본군 13사단 51연대 4중대가 점령하고 있었는데 대포와 중화기로 무장하고 있어 단독 의병부대가 공격하기는 어려운 것으로 판단하였다. 이강년 부대는 제천, 청풍을 거쳐 한강을 따라 충주로 진격하여 동문을 공격하고, 민긍호와 조동교 부대는 제천, 주포를 지나 박달재와 다릿재를 거쳐 북문과 서문을 공격하기로

운강 이강년 장군

하였다. 그러나 조동교 부대는 박달재에서 패퇴하였고, 다릿재를 넘어 강령이까지 진출한 민긍호 부대도 일본군에 차단되어 합류하지 못했다.

이강년 부대는 8월 23일 오전에 전투를 개시하여 북문 5리 지점까지 나아가 전투를 벌였다. 일본군 2개 소대가 성벽에 붙어 저항하였고 일부는 성 밖까지 나와 역습을 하였기 때문에 어림골, 약막, 마즈막재를 거쳐 제천 방면으로 후퇴하였다. 일본군은 어림까지 추격하여 마을에 불을 지르고 의병을 수색하였다. 전투 과정에서 고북문 점막 7-8호와 약막의 약 30여 호가 소각되었다. 일본군은 의병 토벌에 나섰다가 성과를 거두지 못하면 무고한 양민을 학살하거나 민가를 불태워 잿더미로 만들어 버리는 것이 일반적이었다.

1907년 여름에서 가을 사이 충주를 방문한 영국인 기자 멕킨지(Frederick Arthur Mckenzie)는 『대한제국의 비극』에서 "내가 충주에 이르렀을 때 나는 옛 성이 무너져 있음을 보았다. 석조의 잔해만이 남아 있을 뿐 성문과 문루는 없었다."고 기록하였다. 충주 읍성은 을미의병전쟁의 전투 과정에

서 크게 파괴되었고 정미의병전쟁 당시에도 복구되지 않았음을 알 수 있다.

을미의병 전쟁으로부터 시작한 충주 지역 의병전쟁은 1905년 을사늑약으로 다시 봉기하였으며 1907년 군대 해산부터 1910년 병탄까지 충주 또는 그 인근 지역을 넘나들며 지속적이고 치열한 투쟁을 전개하였다. 충주 지역 의병전쟁은 충청북도 관찰부가 충주에서 청주로 이전하는 등 지역사회 변동에 중대한 요인으로 작용하였다.

식민지 도시 공간의 형성과 지배

1. 식민지 도시의 형성

일본인의 이주와 침탈

일제의 지방도시 지배는 위로부터 군대와 경찰의 주둔으로 시작해서 아래로부터 풀뿌리 침략자인 이주 일본인 세력의 도시 장악으로 귀결되었다. 일제의 침략에 대항하는 의병을 탄압하고 조선인에 대한 감시와 억압이 강화되면서 식민지배의 어둡고 긴 터널 속으로 점차 빠져들게 되었다.

충주 지역에 일본군이 모습을 드러낸 것은 1880년대부터이지만 활발하게 활동한 것은 1894년 갑오농민전쟁 당시 농민군을 탄압하기 위해 주둔하면서부터였다. 충주관아는 1898년 9월을 전후하여 일본 세력이 지속적으로 침투하면서 식민지배를 위한 공간으로 변질되었다.

1876년 강화도조약 체결 이후 일본인들이 조선으로 이주하기 시작했다. 완만한 증가 추세를 보이던 일본인의 이주는 일본이 청일전쟁(1894)과 러일전쟁(1904)에서 승리하면서 급격하게 증가했다.

충주 지역 일본인 이주는 러일전쟁을 전후하여 본격적으로 시작되었다. 철도가 연결되지 않아 교통이 불편하고 의병전쟁이 치열하게 전개되고 있어 치안과 안전상의 문제가 있음에도 불구하고 유리한 농업 경영과 상업 발달의 가능성으로 인해 일본인 이주는 점차 증가하였다. 일본인들은 대부분 경부선 철도 조치원역에서 청주, 괴산, 음성을 거쳐 충주로 이주하였으나, 서울, 인천 등의 대도시에 거주하다가 이러저러한 사정으로 충주로 이주한 자들도 있었다. 아래로부터의 침략자 또는 풀뿌리 침략자라고 불리는 일본인들은 군대와 경찰이 주둔한 관아 주변에 우선적으로 정착하였고 일제의 보호와 후원 아래 지배자, 유력자로 성장하였다.

도시 지역인 충주읍의 경우 이주 일본인들의 호구수는 1908년에는 115호에 217명이었으나 충청북도 도청이 충주에서 청주로 강제 이전하면서 1909년에는 68호에 172명으로 크게 감소하였다. 1911년까지 감소하다가 1912년에 회복하기 시작하여 1913년에는 165호에 520명으로, 1914년에는 209호 683명으로 증가하였다. 이후 커다란 변동이 없다가 충주면이 지정면이 되는 1923년에 238호 824명으로 증가하였다. 1926년에 934명으로 증가하였고, 1929년에는 1,053명으로 1,000명 대를 넘어섰다. 1930년에 1,121명으로 증가하였고 이후 1,100명대를 유지했다.

충주읍 전체에서 일본인의 비율은 1908년에 9.28%, 1909년에 9.9%로 증가하였고 1913년에는 일제의 폭압적인 시구개정으로 조선인들이 대거 외곽으로 밀려나면서 39.13%로 대폭 증가하였다. 1920년대 이후 조선인의 도시 지역 유입이 폭발적으로 증가하면서 일본인 비율이 감소하기 시작하여 1926년에는 4.98%로 크게 감소하였다. 1930년대 이후 큰 변화 없이 5.0%를 유지하였다.

식민지 조선에 건너온 일본인들은 조선총독부의 개간허가, 고리대 담보 등을 통해 토지를 탈취하거나 기망과 협잡 등으로 토지를 헐값에 매입하는 등의 방법으로 대지주로 변신하였다. 이들은 조선인들의 아픔과 고통을 딛고 성장한 지배자요 식민지배의 첨병이었다.

시구개정과 역사도시의 파괴

한일병탄 이후 일제는 무자비한 무단통치를 통하여 사회 전반을 장악하였고 지역에서 식민지배의 기반을 확고히 하기 위해 도시개조에 박차를 가하였다. 도시계획의 일종인 시구개정(市區改正)은 1912년 10월 7일 총독부훈령(제9호)으로 각 지방에 시달되었다. 그 내용은 시가지를 확정하거나 개정할 때에는 그 계획 설명서 및 도면을 첨부하여 미리 인가를 받을 것을 규정하였으나 지방마다 개별적으로 진행되었다. 시구개정은 도로개수와 중요 도시시설 계획에 중점이 놓여 있었기 때문에 도시구조 변화의 중요한 요인으로 작용하였다. 지정면이 아닌 충주 지역의 경우 요건을 구비하지 못했음에도 불구하고 식민권력과 이주 일본인들 주도로 폭력적이고 졸속으로 진행되었다.

충주 시구개정은 식민통치 기반을 조성하고 병탄 이후 계속해서 이주해 오는 일본인들의 보호와 후원 그리고 생활 여건 개선을 위해 적극 추진되었다. 1913년 9월부터 1916년 9월까지 계속된 충주 시구개정은 충주 읍성의 성문과 성벽을 철거하고 그 자리에 직선형 도로와 직교형 가로체계를 형성하는 것을 내용으로 하였다. 시구개정으로 1869년에 충주목사 조병로의 주도로 재건된 충주 읍성이 44년 만에 역사 속으로 사라지게 되었다.

         역사도시 충주의 발자취와 기억

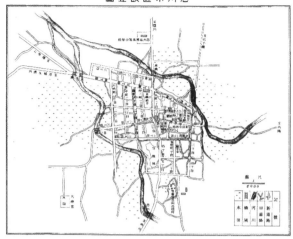

일제강점기 충주 시구개정도

　식민지 지방도시를 연결하는 도로체제의 구축을 통해 지배체제를 강화
하려는 식민권력 요구와 이주 일본인들의 정착과 성장이라는 현실적인
이해가 만나면서 시구개정은 빠르게 진행되었다. 시구개정은 충주군 사
업으로 추진되었으며 구조물 공사비의 대부분은 기부금으로 충당되었다.
기부금을 낸 자들은 시구개정의 실질적인 주체라고 할 수 있는 이주 일본
인들과 소수 조선인들이었다. 시구개정은 읍내와 면 단위 주민들의 부역
으로 진행되었으며 연인원 62,804명이 동원되었다. 부역에 참석하지 않
으면 경찰서에 끌려가 태형(笞刑)을 당했고 부역에 동원된 주민들은 헌병
경찰과 일본인의 폭력과 억압으로 인해 중노동에 시달려야 했다.
　읍성을 중심으로 한 도시 공간은 조선시대 충주의 정치·행정·경제·사
회·문화의 중심지로 충주 역사의 핵심이며 근원이라고 할 수 있다. 일제
가 읍성을 철거하고 시가지를 정비하면서 오랜 역사와 문화를 간직한 도

시 공간은 자취를 감췄다. 관아를 비롯한 각종 도시시설 역시 많은 부분이 파괴되었고 잔여 건축물은 본래 모습을 상실하고 관공서, 학교 등으로 사용되다가 일본식 건축물이 들어서면서 철거되었다. 읍성을 철거하고 새로이 개수한 도로변에는 일제의 관공서, 회사, 은행, 신문사, 종교기관, 학교, 상점, 주택 등 일본풍의 건축물이 건설되면서 지배와 수탈을 위한 식민지 도시의 모습을 갖추게 되었다.

식민지 지배자에 의해 폭압적으로 진행된 시구개정으로 지역의 역사와 문화는 단절·왜곡·변형의 과정을 밟아가게 되었다. 시구개정은 식민 통치를 위한 지배질서를 확립하고 일본인들이 도시의 주도권을 장악하는 계기가 되었다. 토지조사사업과 함께 시구개정으로 일본인들이 충주읍 토지의 대부분을 차지하게 되었기 때문에 토지를 침탈할 목적으로 추진되었다고 할 수 있다.

일본인 사회의 형성과 도시 공간의 분리

일본인의 이주가 증가하면서 일본인 중심의 생활공동체가 형성되었다. 이주 초기 관청 주변에 모여 살면서 형성된 일본인 주거 공간은 이주하는 일본인 수가 증가하면서 점차 확대되었다. 일본인들이 도시 중심부를 차지하면서 조선인은 도시 외곽으로 밀려났다.

서구제국주의 국가가 건설한 식민지에서는 질병과 위생 등의 문제로 인해 종족이나 계급에 따라 거주 지역이 분리되는 것이 두드러진 특징 중의 하나였다. 충주의 식민지 도시 공간은 토지조사사업, 시구개정 등의 식민지배 정책에 의해 일본인이 거주하는 도시 공간과 외곽의 조선인이 거주하는 공간으로 분리되었다. 1914년 행정구역 개편으로 전래의 한국식 지명을 사용하는 구역과 일본식 지명을 사용하는 구역으로 이분화되었다. 일본식 행정구역은 본정(本町), 금정(錦町), 대수정(大手町), 천정(泉町), 천기정(川崎町), 금평정(琴平町), 중지정(仲之町), 사내정(寺內町), 지상정(地上町), 일출정(日出町), 오처정(吾妻町), 진야정(秦野町)의 12개 정이었고 한국식 행정구역은 용산리, 단월리, 풍동리, 용관리, 칠금리, 목행리, 연수리, 안림리, 직리, 호암리, 달천리, 가주리, 용두리, 봉방리, 금릉리, 용탄리, 교현리, 종민리이었다. 일본식 행정구역은 1929년에 본정, 영정, 금정, 대수정으로 개편되었으며 해방 후 본정은 성내동, 금정은 성서동, 대수정은 충인충의동, 영정은 성남동으로 지명이 변경되었다.

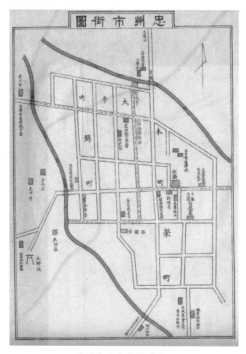

일제강점기 충주시가도

도시 공간의 구분은 지배와 피지배, 중심과 외부, 도시 공간과 농촌 공간의 분할을 의미했다. 식민지 지배자인 일본인들이 거주하는 중심 지역과 피지배자인 조선인들이 거주하는 주변 지역으로의 분리는 식민지 권력 관계를 반영하고 식민지 지배의 정당화 논리가 도시 공간에 투영된 결과라고 할 수 있다. 본정은 일본인에 의한 일본인을 위한 공간으로 일제의 식민지배와 수탈의 중심지였고 금정, 영정, 대수정이 일본인들의 주요 활동무대로 기능하였다.

일본인들은 조선인들을 무시, 비하, 경멸하였으며 조선인은 식민지 도시 공간에서 차별받고 배제되었다. 일본인들은 일본인학교에 다니고 조선인들은 조선인학교에 다녔으며, 일본인들은 일본인 상인이 운영하는 상설점포를 이용한 반면 조선인들은 시장을 이용하였기 때문에 하나의 도시 안에 민족으로 분리된 두 개의 공간이 존재하였다.

1920년대 이후 도시 공간으로 조선인의 유입이 급격히 증가했다. 조선인들이 일본인들 주거 지역으로 침투하면서 일본인과 조선인이 혼거하는 형태로 변화했으나 본정 중심지의 경우 일본인들이 조선인들의 유입을 허용하지 않았기 때문에 일본인 거주 공간, 조선인과 일본인의 혼거 공간, 조선인 거주 공간으로 분화되었다(전홍식, 2016; 241).

2. 지배체제의 구축과 식민지적 변화

식민지배기구와 억압

제국주의 국가들은 지배의 효율을 높이고 자신들의 요구와 목적에 부합하는 통치구조를 만들어 식민지를 지배하는 것이 일반적이다. 식민지배 방식에는 다양한 방식이 존재했지만 대표적으로 직접지배 방식과 간접지배 방식이 있다. 직접지배 방식은 프랑스의 알제리 지배 방식을 들수 있다. 프랑스인을 알제리에 정착시켜 직접 통치를 실현하려고 하였으며 동화주의에 입각하여 중앙집권적인 지배체제를 형성하였고 자치는 허용되지 않았다. 간접지배 방식은 영국의 인도 지배를 들 수 있다. 식민지를 모국에 통합하여 동질화를 지향하기보다는 본국과 별개의 실체를 인정하고 본국과 다른 방식으로 통치하는 것을 말한다. 영국의회는 식민지에 관여하지 않았으며 총독의 명에 따라 의회를 구성하고 정부를 만들고 자치를 시행하였다. 인도인으로 구성된 군대를 유지하고 인도인의 전통적인 종교·문화·관습에 관여하지 않았다.

일제는 직접 지배방식을 택하였으나 프랑스와는 다른 지배방식이었다. 조선인의 저항을 폭력으로 억압하고 중앙집권화된 식민권력을 통해 민족말살정책을 추진함으로써 조선인의 민족성을 근본적으로 말살하고자 한 극단적인 지배 방식이었다. 일제의 식민지배기구 설치와 운영은 통감부 시대부터 진행되었으며, 병탄 이후 일본인의 정착과 함께 치밀한 지배체제의 구축이 가능하게 되었다.

일제강점기 충주의 식민지배 기구는 관료기구, 척식기구, 관제자치기구, 산업조장기구, 교육기구, 종교기구 등이 있었다. 관료기구에는 행정기관, 경찰기관, 사법기관, 우편국 등이 있었고 척식기구에는 농공은행, 금융조합, 저축회, 전매과출장소 등이 설치되어 있었다. 관제자치기구에는 충주거류민회, 충주학교조합, 소방조, 제국재향군인회, 충주번영회, 향우회 등 각종 관변 단체들이 활동하고 있었다. 산업조장기구에는 충주자

위조합, 충주엽연초경작조합, 충주지주조합, 충주잠업조합, 충주제지조합, 충주상업조합, 충주내지인농지개량조합 등이 있었고, 교육기구에는 충주공립보통학교, 공립충주심상소학교, 충주공립농업학교, 충주중학교, 충주공립여학교 등이 있었다. 종교기구에는 일본불교 사찰인 본원사와 예성사가 있었고 신도계통의 천리교와 금광교가 활동하고 있었다.

일제는 위로부터 조선총독부를 비롯한 행정, 경찰, 군대 등의 수직적인 지배 장치뿐만 아니라 아래로부터 다양한 민간 조직의 상호작용을 통해 거미줄 같은 지배망을 구축하였고 이를 통해 조선인사회를 억압하고 통제하였다.

충주주둔 일본군

일본인들의 상권 장악

식민지 조선에 건너온 일본인들은 농촌에 정착하여 농업에 종사하기를 바라는 일제의 기대와 달리 대부분이 도시로 몰려들어 상업에 종사하였다. 1908년 도청 이전 이후 침체를 면치 못하던 일본인들의 상업 활동은 병탄 이후 일본인들의 이주가 점차 증가하면서 다소 활기를 띠었으나 전체적으로는 침체를 면치 못했다.

일본인들은 자신들의 세력 확장과 상권 형성에 장애 요인으로 작용하는 읍성의 철거와 도로 개수를 조선총독부에 적극적으로 요청하였다. 성벽이 철거되고 새로 개설된 도로에 일본인들의 점포가 들어서면서 상거래가 활기를 띠었고 상권이 확대되었다. 군청과 경찰 등 행정관청의 보호와 후원,

조선식산은행 충주 지점과 충주금융조합 등을 통한 일본인 중심의 금융
지원은 일본인 상권의 성장을 촉진하는 중요한 요인으로 작용하였다. 상
권 확대로 인한 새로운 중심지의 지가 상승과 악성 고리대금 영업을 통한
이익 창출은 일본인들이 빠르게 성장할 수 있는 기반이 되었다.

일본인들은 잡화, 식료, 미곡, 과자, 주류, 사진, 인쇄, 서적, 신문, 문방
구, 시계, 양복점, 약방, 이발, 신발, 음식, 가구, 세탁, 자전거, 목욕탕, 박
제, 기와, 그릇, 피혁, 철공업, 제면업, 지물업, 건구, 장유, 등 다양한 업종
에 종사하였다.

일제말기 본정거리—본정(현재 성내동)은 일본인들의 주요 활동 무대이며 식민통치의 본
거지였다.

점포 소유주는 일본인이었지만 점원은 대부분 조선인이었다. 점포 주
인인 일본인의 감시와 통제하에 상점이 운영되었다. 일본인 상점은 건축

양식, 상품의 진열 방식 등에서 한국인 상점과 다른 이색적인 특징을 가지고 있었다. 건물 외부에는 상점을 열어 영업하고 건물의 안채는 살림집이 있어 가족이 거주하고 있었다. 조선시대 충주지역의 정치·경제·사회·문화의 중심지였던 읍성을 중심으로 한 도시 공간은 일본인 세력이 도시를 지배하고 읍성을 철거하고 각종 지배기구와 주택, 상가 등을 개설하면서 점차 자취를 감췄고 일본인들에 의한 일본인들을 위한 식민지 도시 공간으로 변용되었다.

일본인들이 중앙과 지방을 연결하는 유통망을 장악하고 상설점포를 통해 물품을 판매하면서 상권을 장악하였다. 일본인 상인들이 독점적인 권리와 지위를 누린 반면 조선인 상인들은 영세한 소매상이 대부분이었기에 일본인 도매상이나 무역상에게 종속될 수밖에 없었다. 1920년대 이후 충북선 개통과 대충주계획 등으로 인해 도시가 확장되고 상업 발달을 촉진하였으나 일본인 상인의 기득권을 강화하였을 뿐 조선인 상인은 영세한 상태에 머물러 있었다.

식민지 도시의 성장과 종말

토지조사사업은 일제가 식민통치와 경제적 침탈의 토대를 구축하기 위해 적극 추진하였으며 1910부터 1918년까지 계속되었다. 토지조사사업 이후 국유지 불하 등의 방법으로 일본인들의 토지 소유가 증가하였고 법적인 승인 과정을 통해 도시 중심부 토지 대부분이 일본인 소유로 변화하였다. 읍성을 철거하고, 도로를 개수하고, 시설공사를 하는 일련의 과정을 통해 일본인 세력이 성장 기반을 다지는 계기가 되었다.

일제는 1917년 6월 면(面)에 대한 지배체제를 확고히 하기 위해 면제 시행을 공포하고 10월 1일부터 시행했다. 이어 9월에는 지정면을 신설하고 식민지 도시화가 현저히 진행된 전국 23개 면을 지정면으로 지정했다. 총독부는 1923년 2월에 17개 면을 추가로 지정하였는데 이때 충주면도 지정면으로 선정되었다. 토지조사사업, 시구개정, 행정구역개편, 면제시행은 충주면이 지정면으로 가는 과정이었으며 충주면의 일본화, 일본인 사회화 과정이었다. 충주면의 지정면 지정은 일본인의 이주가 증가하고 식민지 도시개발이 마무리되었으며 상가와 시가지 발달로 일본인 중심으로 도시행정이 가능하게 되었다는 것을 의미했다.

일본인들이 집중적으로 거주한 시가지에는 지배와 수탈을 위한 각종 행정관청, 경찰서, 법원, 회사, 은행, 신문지국, 전매지청, 학교, 종교시설, 상가, 주택 등 일본색을 띤 도시시설이 얽혀 있는 식민지 도시 공간이 형성되었고 점차 확장되었다. 식민지 도시의 일본인 거주 지역인 본정, 영정, 금정, 대수정 중에서 식민지배의 중심지는 본정이었다. 각종 관공서, 금융기관, 회사 등이 집중되어 있는 본정은 상업이 발달한 최고 번화가로 일본인들이 집중적으로 거주했던 식민지 도시의 핵심 지역이었다. 본정의 대표적인 건축물은 군청, 우체국, 조선식산은행 충주 지점 등이었으며, 이중 조선식산은행 충주 지점 건물이 가장 크고 웅장했다.

식민지 도시의 발전은 일본인들의 이주, 성장, 그리고 활동과 밀접한 관련을 맺으면서 전개되었다. 2차 대전에서 일본이 패망하자 일본인들은 도망치기 바빴고 살길을 찾아 뿔뿔이 흩어지면서 식민지 도시는 종말을 맞이했다.

3. 친일협력과 일제 잔재

식민통치와 친일 협력

식민지 도시는 일제의 식민지배와 친일 협력이 만나는 공간이기도 했다. 친일행위자들의 협력에 의해 일제 침략과 식민지 지배가 가능했다는 사실을 부정할 수 없다. '친일'이라는 용어는 일본과 친하게 지낸다는 의미이나 실제로는 일제와 가깝게 지내며 매국 행위를 하거나 일제의 식민지배정책에 의식적으로 협력하고 옹호한다는 의미로 사용하고 있으며 부일협력행위, 친일반민족행위, 친일부역자 등과 같은 의미로 사용되고 있다. 일제강점기 충주군에는 군수에서 면서기까지 조선인 관리들이 포진되어 있었다. 이들은 적극적이든 소극적이든 친일행위자의 범주에 포함된다.

일제강점기 충주 지역 최고 친일 부역자는 군수였다. 군수는 일제의 조선 지배를 지역 차원에서 강화해 나간 인물들로 자발적으로 친일 행렬에 나선 대표적인 친일파였다. 식민지 관료로서 군수는 지방에서 서기, 고원, 기수를 거쳐 군수, 참여관, 도지사로 승진하는 중요 직위였다. 병탄 당시 일제는 13도 장관 중 6명 내외와 부(府)의 부윤에는 일본인을 임명하였지만 군수는 모두 조선인을 임명하였다. 일제는 식민통치에 피식민지인이 적극 참여했다고 선전하고 식민통치에 대한 조선인의 불만과 저항을 무마하기 위해 조선인 군수를 대거 기용했다.

일제강점기 충주군수로 임용되어 활동한 자는 서회보(1907. 12-1917. 1), 윤석필(1917. 1-1918. 7), 신창휴(1918. 7-1923. 3), 이경식(1923. 3-1923. 8), 김홍규(1923. 8-1927. 3), 김기선(1927. 3-1927. 12), 최지환(1927. 12-

1932.9), 전석영(1932.11-1942.3), 조병우(1942.4-1944.11), 島崎良一 (1944.11-1945.8)이었다. 대표적인 친일군수는 서회보와 전석영이며 서회보는 조선총독부 자문기관인 중추원 부찬의를 역임하였다. 현재도 이들의 공덕비가 지역에 남아 있다.

독립운동을 탄압하고 조선인을 억압했던 경찰, 군인도 지역의 대표적인 친일협력자였다. 경찰은 조선인의 삶 속으로 들어가 온갖 악행을 저지르고 독립운동 조직을 파괴하며 독립운동가를 탄압한 친일행위의 최전선에 서 있었다.

지역에서 친일의 중심세력으로 각급 자문기관이 있었다. 1910년대 일제는 도장관의 자문기관인 도참사(道參事)와 군수의 자문기관인 군참사(郡參事)를 두었다. 참사는 지역에 거주하는 학식과 명망이 있는 자를 조선총독의 인가를 얻어 도장관이 임명했다. 참사는 명예직이며 도장관과 군수의 자문에 응하였고 일정한 수당을 지급받았다. 충주군 참사로 윤호, 이학기, 정철모가 활동했다.

1920년 지방제도 개정에 의해 참사제도는 폐지되고 도평의원, 면협의원, 학교비평의원 등의 자문기구가 설치되었다. 도지사의 자문기관인 도평의회는 관선과 민선으로 구분되고 임기는 3년이었다. 1920년 초대 충북 도평의원 중 충주 출신 조선인 도평의원은 홍몽화, 조대연이었다. 1924년에 이원국, 홍몽화, 정운익이 당선되었고, 1927년에는 정운익이 당선되었으나 사망하면서 보결로 정일이 당선되었다. 1930년에는 이춘웅이 당선되어 활동하였다. 1930년 12월 지방제도가 개정되면서 도평의회는 도회로 변경되었다. 1933년, 1937년 도회 선거에서 정석희가 당선되었고, 1941년 도회 선거에서는 정석희, 이춘웅이 당선되어 활동했다.

면협의회는 1920년, 1923년, 1926년, 1929년에 구성되었다. 충주면이 1923년 지정면이 된 이후인 1926년과 1929년 경우 선거로 선출하였는데 유권자는 세금 5원 이상을 내는 부호층에 한정되어 소수가 선거에 참여했다. 1929년 선거 결과 이춘웅, 유석희, 손해성, 김준희, 한대석, 유병만이 당선되어 면협의회원으로 임명되었다. 1930년 지방제도 개정으로 충주면이 충주읍으로 변경되었고 선거는 1931년, 1935년, 1939년에 치러졌다. 1931년 선거에서 당선된 읍회의원은 음재형, 정석희, 박래현, 천영하, 최익환, 유석희, 손해성, 홍현기였다. 1935년에는 정석희, 오기택, 음재형, 김재호, 홍현기, 유석희, 이택상, 송병현이 당선되었고, 1939년에는 오기택, 정진복, 박용래, 민정식, 김동섭, 권태영, 이규석이 당선되어 읍회의원으로 활동하였다. 면협의회원과 읍회의원은 지역의 유력자이며 재산가로 각종 어용기관의 임직원을 겸하는 경우가 많았다. 이들은 일본인 도평의원, 도의원 또는 면협의회원, 읍회의원들과 함께 식민지배 정책을 자문하고 의결했다.

충주읍회의원 당선자(1939년 5월 21일 선거결과)—1939년 읍회의원 선거에서는 조선인 7명, 일본인 7명 총 14명이 당선되었다.

　지방금융조합, 연초경작조합 등이나 각종 관변단체 등에 참여하여 식민지배에 적극 협력한 자, 철도 건설·학교 설립·병원유치·전기 등 식민지 개발에 적극 참여한 유력자들, 친일여론 조성을 위한 단체에서 활동한 자나 내선일체와 황국식민화·징용·징병·정신대·공출 등에 앞장서서 일제의 식민지배와 수탈에 적극으로 부역한 자들이 식민지 도시 공간의 친일 협력자였다.

해방 후 76년이 지났지만 친일 청산에 관심이 높고 논쟁이 그치지 않는 것은 해방 후 친일 청산의 실패로 친일 문제가 지나간 과거가 아닌 현재의 문제이기 때문이다. 현재 시점에서 친일 행위자에게 그 죄를 물어 법적인 책임을 묻는 것을 불가능하기에 역사적 사실을 기록하고 친일 행위를 규명하여 현세대는 물론 미래 세대가 역사를 올바르게 기억할 수 있도록 노력해야 한다.

일제 잔재와 청산

일제강점기 본정을 중심으로 금정, 영정, 대수정에는 식민지배와 침탈을 위해 통치기관, 회사, 은행, 종교시설, 신문사, 학교, 상점, 병원, 여관, 창고, 일본인 가옥 등 다양한 건축물이 얽혀 있는 식민지 도시 공간이 형성되었다. 해방 후 신사(神社)와 같이 한국인의 민족성을 말살하려 했던 왜색 짙은 건축물은 철거되었지만 그 외 건축물 대부분은 존속되었다. 그러나 6.25 과정에서 일부 적산가옥이 파괴되었고, 전후 경제성장 과정에서 새로이 주택을 건축하면서 일제잔재라는 부정적 인식이 강했던 적산가옥 대부분이 철거되었다. 2000년 초반까지만 해도 성내동, 성서동, 성남동, 충인충의동 등 일제강점기 일본인이 거주했던 지역에 존속했던 몇몇 일본식 건축물도 원룸, 빌라 등 새로운 건축 열풍 속에 대부분이 자취를 감췄다.

  일제잔재는 일제의 식민지배와 침탈 과정에서 남겨 놓은 유산을 말한다. 인적잔재는 일제의 식민통치와 침략전쟁에 부역한 친일행위자와 그 비호세력을 말하며, 물적잔재는 친일행위자가 친일협력 대가로 형성한 재산과 식민통치기관, 회사, 은행, 공장, 일본인 가옥 등 일제가 남겨놓은 자산을 말한다. 식민지배를 위해 조성한 조형물, 공덕비, 친일파 찬양물뿐만 아니라 군국주의, 국가주의 요소를 내포하고 한국인의 의식세계를 왜곡하는 법제도, 생활문화, 관행 등 유무형의 잔재도 포함된다. 지현동에 있는 천리교(天理敎) 건물, 친일파공덕비, 일본인공덕비, 기념비, 조형물 등 충주지역에 있는 일제 잔재 다수가 시민들의 무관심 속에 잔존하고 있는 반면 조선식산은행충주지점 건물은 친일청산을 위해 철거하자는 입장과 근대문화유산이므로 보존해야 한다는 입장이 대립하고 있다.

조선식산은행 충주지점—본정을 대표하는 건축물로 일본인 사회의 자랑거리 중의 하나였다.

역사도시 충주의 발자취와 기억

일제강점기 조선식산은행은 식민지 침탈의 첨병역할을 담당한 국책은행으로 1920년부터 1934년까지는 산미증식계획에서 자금 공급을 담당하였고, 중일전쟁 이후에는 전쟁 수행을 위한 군수산업 부문에 자금을 공급하는 역할을 한 대표적인 식민지 수탈기관이므로 식산은행 건물은 식민지배와 침탈의 상징적인 건물이라고 할 수 있다. 일제강점기 조선식산은행충주지점은 1906년 7월 충주농공은행 설립으로 출발했다. 1907년 6월 한성, 공주, 충주의 3개 농공은행이 통폐합하여 주식회사 한호농공은행 충주지점으로 변경되었다. 1908년 6월에 충청북도 관찰부가 충주에서 청주로 이전함에 따라 9월에는 출장소로 격하되었다. 1912년 8월부터 현재의 성내동 438번지에 영업소 신축에 착수하여 11월에 완공되었다. 1918년에 일제는 농공은행이 경영파탄에 직면하자 6개 농공은행을 합병하여 식민지 산업금융기관으로 조선식산은행을 설립하면서 한호농공은행 충주지점은 조선식산은행 충주지점으로 변경되었다. 1933년 12월 현재의 위치에 조선식산은행 충주지점 건물을 신축하였는데 본관 64평, 부속건물 34평이었다. 해방 후 조선상호은행 충주지점, 한국상공은행충주지점, 한국흥업은행 충주지점, 한일은행충주지점 건물로 쓰이다가 민간에 불하되었다.

2015년 11월 충주시는 가구점으로 사용되고 있던 조선식산은행 충주지점 건물을 7억 원이 넘는 금액에 매입하고 근대문화전시관으로 조성하겠다는 계획을 발표하였다. 1990년대 후반 이후 일제잔재로 인식되던 식민지유산에 대한 긍정적인 인식이 나타났고 2001년 등록문화재 제도가 도입되면서 각 지역에서 식민잔재를 경제적 목적을 위해 활용하기 시작했다. 충주시가 식산은행 건물을 매입한 것은 2000년대 이후 군산, 구룡포,

부산, 인천 등의 지역에서 일제잔재를 관광자원으로 활용한 사례에 영향을 받았다고 할 수 있다. 그러나 이들 지역이 일본인의 이주로 새로이 형성된 식민지 도시 공간인데 비해 충주는 오랜 역사적 유산을 간직한 전통도시라는 지역적 특성을 간과한 문제점이 있다.

시민사회는 일제강점기 식민지 도시 충주를 대표하는 건축물이며 일본인과 친일파들의 자랑거리였던 일제 잔재를 세금을 들여 복원하는 것은 식민지배를 미화하는 것으로 있을 수 없는 일이라고 주장하였다. 원주와 대구 식산은행 등 현재 보존되고 있는 건물과 달리 충주식산은행 건물은 부식이 심하게 진행되어 보존가치가 의문시되며 식산은행 하나만 있는 단독 건물로 관광자원 등 경제적 가치를 논하는 것도 현실성이 없어 이미 수명을 다한 일제잔재는 철거하고 조선시대 읍성과 관아의 역사를 복원해야 한다는 입장을 분명히 했다.

충주시와 보존을 주장하는 측은 아픈 역사도 역사이기에 보존해야 한다고 주장한다. 아픈 역사도 역사인 것은 맞지만 그렇다고 모든 것을 보존해야 하는 것은 아니다. 보존해야 할 곳은 난징학살, 서대문형무소와 같이 피지배자의 고통과 아픔이 어려 있어 침략자인 일본인과 그 후손들이 부끄러워하고 피해자인 한국인들 또한 옷깃을 여미고 스스로를 돌아보는 장소이지 조선총독부, 식산은행처럼 지배와 수탈의 도구로 사용된 건물과 시설은 식민지배와 침탈을 미화하고 역사를 왜곡해서 인식할 우려가 있다는 문제점이 있다.

식산은행 건물이 있는 곳은 조선시대 읍성 안 관아가 있던 곳으로 일제가 파괴한 읍성과 관아를 복원하고 정비해서 왜곡된 읍성과 관아의 역사를 바로 정립하는 것이 우선적으로 해야 하는 일임에도 이를 도외시하고 침략자가 남겨 놓은 식산은행을 먼저 복원하겠다고 나서는 것은 난센스라는 주장이 많다. 또한 식산은행이 있는 읍성공간은 임진왜란 당시 수많은 선조들이 비참하게 목숨을 잃은 가슴 아픈 장소이고 한말 의병전쟁의 아픔과 고통이 어려 있는 역사적 공간이라는 사실을 잊어서는 안 된다고 지적한다. 충주읍성을 중심으로 한 조선시대 도시 공간은 충주역사의 핵심이며 현대도시의 뿌리이다. 역사도시 공간은 오랜 역사를 간직한 유적지이며 다양한 콘텐츠 개발을 통해 문화, 관광, 교육, 체험, 여가 자원으로 발전시켜 도시 가치를 향상시킬 수 있는 원천이기에 조선식산은행충주지점 건물을 보존할 것인지 철거할 것인지에 대한 논의도 이와 같은 연장선상에서 논의가 진행되어야 할 것으로 생각된다.

제2장

북문 밖의
역사와 기억

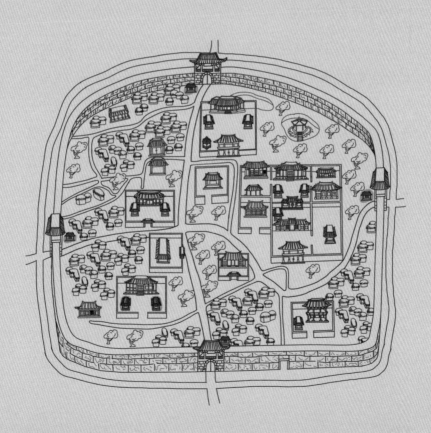

북문 밖의 경관

1. 북문 밖의 기억

북문, 충주 읍성의 정문

충주 읍성 북쪽 성벽은 문화회관 앞 측 부분으로부터 문학사 맞은편 도로 구간에 완만하게 축성되어 있었을 것으로 추정된다. 북문은 보문당서점 동측 도로 가운데 있었고 충주 읍성의 4대문 중 정문 역할을 하였다. 풍수지리와 맞지 않아 북문과 서문을 정문으로 사용하는 것을 기피하였음에도 불구하고 충주 읍성의 경우 진산인 대림산이 남쪽에 위치하고 있었기 때문에 부득이하게 북문을 정문으로 정함으로써 보다 높은 위계를 갖게 된 경우라고 할 수 있다.

충주 읍성의 북문에는 공진루(拱辰樓)라는 2층 누각이 있었는데 1869년 충주 읍성을 개축한 이후 경천문(敬天門)이라는 편액을 걸었다. 북문의 문루는 2층 15칸으로 남문의 문루가 2층 10칸, 동문과 서문의 문루가 2층 8칸인데 비해 규모가 크고 웅장하였다. 북문의 문루는 정면 5칸, 측면 3칸의 팔작지붕이었을 것으로 추정된다. 수문청의 경우도 북문만 4칸이고 나머지 수문청은 3칸이었다.

성문은 도로 위에 존재하기 때문에 도로의 중요도에 따라 성문의 중요도가 달라지는 것이 일반적이다. 따라서 성문의 형태를 통해 그 길의 의미를 파악할 수 있다. 성문의 규모가 크고 화려하면 성문을 통과하는 길이 중요한 도로임을 알 수 있다. 북문을 통과한 도로는 북문 앞에서 봉화로에 연결되어 연원역을 거쳐 서울, 원주, 제천 방면으로 나갈 수 있었다. 북문을 통과하는 또 하나의 노선은 서쪽으로 방향을 돌려 서문에서 나온 도로와 합류한 다음 충주천을 건너 달천에서 동래로에 연결되어 대소원-주덕-용원-판교-신원점을 거쳐 서울에 도달할 수 있었다. 충청감사, 수령 등이 충주에 부임해 올 때도 북문으로 행차하였기 때문에 읍성의 정문으로서의 중요한 역할을 수행하였고 그에 걸맞는 권위와 위엄을 갖추고 있었다.

을미의병 전쟁과 김규식의 처단

을미의병이 읍성의 4대문으로 진입하자 충주부관찰사 김규식을 비롯하여 일본군과 관병들이 일시 저항하였으나 이내 도망하였다. 의병진은 1월 5일(2.17) 충주 읍성을 완전히 장악하였다. 의병들은 도망간 관찰사와 관리를 추적하고 화재를 진압하고 진영을 수습하였다. 읍성 남쪽의 호암리 민가에 숨어 있던 김규식은 7일 집주인 이규명의 밀고로 오명춘에 의해 체포되었다.

김규식은 1838년(헌종 4)에 태어났으며 자는 우약(雨若)이고 본관은 청풍이다. 1870년 정시 문과에 병과로 급제하여 벼슬길에 나갔다. 1873년 형조참의와 영남위유어사(嶺南慰諭御史)의 직책을 맡았고, 1879년과

1888년 두 차례에 걸쳐 이조참의를 역임하였다. 1889년 나주목사로 재직 중 광양현(光陽縣)에서 민란이 일어나자 주동자 정홍기(鄭洪基)와 박상룡(朴尙龍) 등을 잡아 효수하였다. 1893년에는 병조참판, 1894년에는 한성부 우윤의 직책을 맡았다. 1895년 지방관제 개혁 뒤 인천부관찰사에 임명되었고, 이어 자리를 옮겨 충주부관찰사 겸 충주부재판소판사에 임명되었다.

1894년 동학 농민군의 봉기를 핑계로 주둔한 일본군은 양식, 한국화폐, 인부 및 마필 등을 조달하고 공급한다는 구실로 서울과 부산 사이에 병참을 설치하였다. 충주에는 안보, 충주, 가흥, 하담의 4곳에 병참이 설치되었으며 병참선을 따라 전선이 설치되면서 통신선 보호가 일본군 병참의 중요한 임무가 되었다. 병참에 주둔한 일본군과 지방관은 상호 간에 협력 체제가 형성되어 있었다. 일본군은 지방관을 통해 농민을 강제 동원하고 농민전쟁에 참여한 농민군을 탄압하였기 때문에 지방관은 친일분자로 지목되어 원성의 대상이 되었다.

김규식은 일본군 병참을 지원하고 친일 정부의 정책을 적극적으로 추진하고 따르는 인물이었다. 단발령이 단행되자 관속들의 머리를 강제로 깎고, 순검을 동원하여 양반들의 머리까지 깎으려고 하였기 때문에 민심이 흉흉할 수밖에 없었다. 체포된 김규식이 "척화파의 자손인데도 정신이 나가 왜놈의 앞잡이가 되었다."면서, "살려 주면 일본군을 물리칠 계책이 있다."고 하였다. 그러나 유인석은 왜의 앞잡이가 되어 삭발을 앞서서 명령한 김규식을 용서할 수 없었기 때문에 간청은 받아들여지지 않았다(구완회. 1997:99).

1월 8일 의병대장인 유인석이 북문루에 자리 잡고 앉아서 매국행위를 단죄하고 경종을 울리기 위해 김규식의 처단을 명령했다. 처단된 김규식의 목은 북문 밖 장대 끝에 3일간 매달아 놓았다. 의병들은 개화파를 왜적이나 매국의 무리로 인식하였고 갑오을미 시기의 정책들을 왜화(倭化)로 규정하였다. 개화 정부에 의해 파견된 지방관들을 왜관찰사(倭觀察使), 왜군수(倭郡守)로 지목하고 군사 행동을 통해 처단하였다. 충주 읍성을 공략하기 전에 이미 단양군수 권숙(權潚)과 청풍군수 서상기(徐相耆)를 처단하였다. 권숙은 의병을 배척하였고 서상기는 단발 독촉과 의병을 배척하고 일본군을 불러들였음이 지적되었다. 충주성을 장악하고 친일 정부의 정책을 충실히 수행한 우두머리 김규식을 처단함으로써 의병전쟁은 정점에 이르게 되었다.

2. 충주향교와 한옥마을

조선시대 향교의 건립과 이전

조선시대 교육기관은 최고 교육기관인 성균관이 있었고 그 하부 교육기관으로 서울에는 사학(四學)을, 지방에는 향교를 두었다. 향교는 조선시대 지방에서 유학을 교육하기 위해 설립한 교육기관으로 건국 초기인 태조 때부터 전국적으로 건립되기 시작하였다. 『동국여지승람』이 편찬되는 성종 17년(1488)까지 일읍일교(一邑一校)를 갖추어 전국적으로 약 330여 개의 향교가 존재하게 되었다. 충주향교는 태조 7년(1398) 관아의 북동쪽이라고 할 수 있는 계족산 아래 안림동 879-1번지에 건립되었다. 향교의 교육은 교수(敎授)와 훈도(訓導)가 담당하였는데 충주향교에는 조선 초기부터 종6품 교수가 파견되었다. 그 외에 도유사(都有司), 장의 (掌議), 색장(色掌) 등이 향교를 운영하였다.

임진왜란 당시 왜구의 방화에 의해 소실될 때 충주읍리 석천수(石天 壽)와 그의 숙부인 석감(石鑑)이 위험을 무릅쓰고 성현의 위패를 심항산 의 절에 모셨다. 임진왜란 이후인 인조 7년(1629) 현 위치에 문묘를 이전 하고 성현의 위패를 봉안하였다. 숙종 때 호성사(護聖祠)를 건립하여 석 천수와 석감을 향배하고 그 공을 기리고 있다. 을미의병전쟁 때에는 의병 과 일본군과의 전투 과정에서 향교가 불에 타는 피해를 입었다. 의병으로 인해 고초를 겪는다는 불만이 있었기 때문에 전투가 진행되고 있는 상황 임에도 향교를 다시 세우는 문제를 논의하자는 의견이 있었고 1897년에 대성전과 명륜당 등을 중건하였다. 1936년 충주군수가 주도하여 명륜당 을 신축하고 대성전과 동서무(東西廡)를 중수하였다(충주향교, 2017:185- 186).

향교의 공간 배치

향교 공간은 강학 공간과 제향 공간으로 나누어지며 강학 공간의 중심 인 명륜당과 제향 공간의 중심인 대성전의 위치에 따라 다양한 배치유형 으로 구분된다. 충주향교의 건물배치는 전학후묘(前學後廟)의 배치 형태 를 취하고 있다. 강학 공간에는 교육을 위한 강당인 명륜당과 학생들의 거처인 동재(東齋)와 서재(西齋)가 있다. 명륜당과 동·서재의 배치 형태 에 따라 명륜당이 양재의 전면에 놓이는 전당후재의 배치와 명륜당이 양 재의 후면에 놓이는 전재후당의 배치 형태로 구분할 수 있는데 충주향교 는 전재후당의 배치 형식이다(박석현, 1979:330-334).

충주향교 공간에 들어서면 홍살문이 나타난다. 높이 7m 콘크리트 기둥을 세우고 기둥의 4m와 5m의 지점에 철제 파이프를 옆으로 걸쳐서 홍살을 만들었다. 홍살문을 통과하기 전에 명륜회관 담장에 있는 하마비를 만날 수 있다. 하마비는 높이 85cm, 너비 30cm의 대리석으로 만들었으며 '대소인원하마비(大小人員下馬碑)'라고 음각되어 있다.

하마비　　　　　　　　　　　충주향교 홍살문과 입구

홍살문을 통과하여 50m 정도를 걸어가면 향교의 입구인 외삼문에 이르게 된다. 홑처마 맞배지붕으로 솟을삼문으로 되어 있는 외삼문은 중앙의 정문이 동서에 있는 협문보다 높고 넓은 구조이다. 외삼문에 연결되는 담장으로 명륜당과 대성전 구역을 막았으며 대성전과 명륜당 사이를 담장으로 구획하고 내삼문을 세웠다. 외삼문을 통과하면 명륜당으로 들어서게 된다.

명륜당은 정면 5칸, 측면 2칸으로 중앙 3칸은 우물마루를 깔아 대청으로 하고 전면은 띠살문을 설치하고 그 위에 교살창을 달았다. 명륜당에서 12계단을 올라가면 홑처마 맞배지붕으로 평삼문 형태의 내삼문이 나타난

충주향교 전면

다. 신문(神門)이라는 현액이 걸려 있다. 내삼문을 통과하면 대성전(大成殿)을 중심으로 좌우에 동무(東廡)와 서무(西廡)가 있다. 주 건물인 대성전은 공자 및 성현의 위패와 영정을 봉안하고 춘추로 석존제향(釋尊祭享)을 지내는 곳으로 정면 5칸 측면 3칸이다.

부패한 권력에 맞선 충주향회

조선시대 충주 지역의 공교육기관인 충주향교는 국가가 필요로 하는 인재를 양성하고, 유교 사상을 전파하여 지역민을 교화하고, 공자와 그 제자들에게 제사를 올리는 기능을 수행하였다. 그러나 1894년 과거제도가 폐지되면서 인재 양성 기능은 근대식 교육에 밀려 약화되었고, 지역민 교화에 있어서도 향교의 구속력은 찾아볼 수 없게 되었다. 충주향교가 가지고 있던 기능들이 사라져 버렸다는 것을 부정할 수 없지만 변화하는 환경 속에서 새로운 가치와 실천의 필요성이 요구되고 있다. 새로운 향교의 모습과 지향점도 이미 지난 시간 속에 있는 것이기에 하나의 사례를 소개하고자 한다.

충주 유생들이 향교를 중심으로 부패한 관청에 대항한 흥미로운 사건이 있다. 헌종 11년(1845) 충주읍의 유생 윤성일(尹誠一) 등이 삼정(三政)의 부패와 이서(吏胥)의 부정 문제에 대해 통문을 돌리고 향교에서 향회를 소집하였다. 별유사(別有司) 이병두가 사림들과 관계없는 일이며 향교에서 모이는 것은 온당치 않으니 통문을 돌린 자들을 벌주어야 한다고 하였으나 오히려 수령과 내통하였음을 들어 별유사 이병두의 처벌을 논의하였다.

조선시대 향회는 지방에 거주하는 사족이 중심이 되어 운영되는 자치기구로 향촌에 대한 지배질서를 실현하고 지방민을 통제하기 위한 지배층 중심의 기구였다. 그러나 조선 후기 들어 향회가 지방의 문제를 해결하는 데 활용되면서 그 성격이 크게 변화하거나 별도의 자치조직으로 발전하였다. 향회의 문제는 어느 특정 계층의 문제에 국한되지 않았으며 사림이나 양반이라고 해서 예외는 아니었다(안병욱, 1986). 부패한 지방권력에 대항하여 충주 유림들이 일어서고 이에 충청도 유생들이 도회를 열어 규탄하였으며 성균관 유생들이 권당(捲堂)하고 중앙정부에서도 진상을 조사하는 단계에 이르렀다. 지역의 부정부패에 대해 유림들이 나서서 관을 규탄하고 통문을 돌려 향회를 소집하고 다수의 힘으로 수령에 맞서서 지역민의 권익을 옹호한 것은 민주적 절차의 가장 기본적인 모습으로 시사하는 바가 크다고 할 수 있다. 조선 후기 향교가 문묘향사 및 향약 시행을 통해 유교적 의례를 확산하고 유림의 공론을 조성하는 등 지방 유림들의 이해관계를 대변하는 향촌 자치기구로 남아 있는 데 비해 충주향회는 이를 넘어 부정한 권력에 맞서 약자를 대변하고 공익을 옹호하였다는 점에서 그 의미를 되새겨 볼 수 있는 중요한 사례라고 할 수 있다.

일제강점기 향교의 변용

일제는 유교가 조선의 정치·경제·사회·문화의 근간을 형성하고 있음을 파악하고 조선을 식민지화하는 과정에서는 물론이고 강점 이후에도 식민통치를 위해 유교를 적절히 활용하려고 하였다. 일제의 유교정책은 유교를 말살하기보다는 일본화하고 유림계를 친일화하는 방향으로 전개되었다. 병탄 이후 일제는 유림계를 회유하기 위해 유생 12,115명에게 상치은금(尙齒恩金) 30만 원을 교부하였는데 이 중에는 충주 유생 169명도 포함되어 있었다.

1920년대 향교는 식민지 교화처로 활용되었고, 1930년대에는 지배체제의 안정을 위해 향교를 중심으로 향약을 실시하여 식민지배와 통제를 강화하였다. 일제강점 이후 향교의 교육 기능은 크게 약화되어 소멸 상태로 접어들었다. 유림들이 주관하던 석전제(釋奠祭)는 일제강점기 이후 도지사와 군수를 비롯하여 식민관료, 교사 등이 주도하는 것으로 변질되었다. 야간에 거행되던 석전제가 관청의 편의에 따라 오전에 개최되었고, 석전제 이후에는 친일 강연이 이어지고 신사참배로 연결되면서 본질의 왜곡을 넘어 식민지배의 도구로 전락하는 아픔과 고통을 겪어야 했다.

한옥마을

일제강점 초기 무단통치하에 토지조사사업, 시구개정, 행정구역개편 등으로 일본인 세력이 확대됨에 따라 조선인은 도시 외곽으로 밀려났다.

3.1운동 이후인 1920년부터 충주 읍내로 조선인의 인구 유입이 폭발적으로 증가하였다. 1930년대 들어 부농, 지주, 상공인 등 지역의 부유층들이 교현리 향교 인근에 주거를 마련하면서 한옥 부촌이 형성되었다.

조선 후기 상공업의 발달과 신분제의 붕괴 등 사회·문화가 급격히 변동하면서 새로운 변화의 징후가 나타나기 시작했다. 1876년 개항으로 서구의 문물이 유입되고 서구제국과 일본의 주거문화가 전래되면서 전통 한옥에 새로운 사조를 절충하는 경향이 나타나 한옥의 형태, 공간 구조가 점차 변화하기 시작했다. 위생과 환경을 고려한 새로운 주거 생활의 필요성과 근대화를 열망하는 시대적인 요구는 전통적인 한옥을 바탕으로 한 근대한옥이 확산되는 중요한 요인으로 작용하였으며(이상길, 2002:1-2) 서울과 개항장 등 대도시를 중심으로 근대적인 한옥이 건축되기 시작했다.

1920년대 일본인들이 건설업의 주도권을 장악한 상태에서 조선인 건축업자들은 도시 주택시장을 개척하기 위해 새로운 유형의 한옥을 공급하기 시작했다. 이 시기의 한옥은 전통 한옥이 아니라 서양과 일본식 재료를 사용하고, 전통 기와가 아닌 일본식 시멘트 기와로 대체되었으며 유리창문을 달고 벽돌과 타일을 사용하는 변형된 한옥이었다. 근대 한옥은 일제강점기에 건축되기 시작했기에 부정적으로 평가되기도 하지만 발전적으로 계승한 측면도 부정할 수 없다. 서울에서 시작한 근대 한옥 건설 열풍은 1930년 이후 지방으로 확산되어 각 지역에 한옥이 건축되기 시작했다.

조선시대 북문 밖에 자리 잡은 교동마을은 향교가 있고 그 주위로 양반들이 모여들어 마을을 이룬 전형적인 반촌이었다. 만리산을 등지고 마을 앞으로 교현천이 흘러가고 있어 바람을 막아 주고 물을 용이하게 구할 수 있는 자연 조건을 갖추고 있었으며 인근에 관아와 시장이 입지하고 있어 사회적으로도 유리한 조건이 형성되어 있었다. 1930년 이후 양반들이 많이 살던 교동마을에 신흥 부자들이 집을 짓고 정착하면서 한옥마을이 형성되었다. 교동마을은 향교뿐만 아니라 인근에 1915년 일본인 학교인 심상공립학교, 1932년 교현공립보통학교, 1942년 공립여학교 등이 설립되어 교육기관이 집중되어 있었고 교통과 접근성이 좋아서 계속해서 이주가 증가하였다.

북문에서 서울로 가는 길

1. 북문에서 달천으로

오총병청숙비(吳總兵淸肅碑)

일제강점 초기까지만 해도 충주교의 윗부분에서 충주천의 물줄기가 갈라져서 섬을 형성하였고 지류는 현재의 삼원초등학교를 관통하여 충주천에 합류하였다. 읍성문에서 나온 길은 충주교 아랫부분을 통과하여 지류를 따라 삼원초 부분까지 이어졌고 지류를 건넌 다음 달천으로 가는 길과 탄금대로 가는 길로 갈라졌다. 충주교 부분부터 탄금대로 가는 도로를 숲거리라고 불렀는데 좌우에 버드나무와 잡목이 우거졌다고 한다. 숲거리에는 수령방백의 선정비가 다수 있었고 무학당이 있었다. 지류 건너 서편의 현재 우체국 일대에는 사형 터가 있었다. 일제가 1910년대 시구개정을 하면서 현재의 부민약국 삼거리에서 탄금대에 이르는 탄금대 노선을 새로이 개설하였고 이후 지류를 매립하고 숲거리와 선정비를 철거하면서 옛 모습을 가늠하기가 힘들게 되었다. 오유충 청숙비는 숲거리에 있었다는 것만 알 수 있을 뿐 자세한 위치는 알 수 없다.

1592년부터 1598년까지 7년 동안 계속된 임진왜란은 일본이 정명가도(征明假道)를 내세워 조선을 침범하였고 명나라가 참전함으로써 삼국이 공방전을 펼친 국제전이었다. 조선을 지원한다는 명분으로 참전한 명나라 군대는 여러 지역 전투에서 승전하며 일본군을 물리치고 전쟁을 끝마치는 데 중요한 역할을 하였음을 부정할 수 없다. 그러나 다른 한편으로는 조선 정부와 조선군을 무시하고 독자적인 행동을 하거나 자신들의 이익에 급급함으로써 조선 정부에 극심한 고통을 안겨 주었다. 명나라 군대가 각 지역의 주둔지에서 자행한 만행과 횡포로 백성들이 커다란 피해를 입는 사례가 많았기 때문에 부정적인 측면 또한 적지 않았다.

조선 정부와 백성에게 명나라 군인들에 대한 부정적인 인식이 널리 퍼져 있었지만 엄정한 군율과 군기로 군인의 표상을 보여줌으로써 조선 정부와 백성들로부터 칭송을 받은 명군도 있었는데 대표적인 인물이 오유충(吳惟忠)이었다. 오유충은 1592년 임진왜란이 일어나자 12월 보병 4천 명을 이끌고 조선으로 들어왔다.

오유충은 1594년 1월 평양 전투에서 총탄을 맞아 부상을 입었음에도 부하를 이끌고 성을 탈환한 용맹스런 장수였다. 조선에 머무는 동안 고결한 인품과 강직하고 청렴한 기개를 보여줌으로써 조선 정부로부터 높은 평가를 받았다. 조선을 돕기 위해 참전한 명나라 군대는 백성들의 재산을 약탈하고 부녀자를 겁탈하는 만행을 일삼았기 때문에 원군이었지만 공포의 대상이기도 했다. 백성들은 명나라 군대가 온다는 소식이 들리면 두려움에 도망가기 바빴다. 그러나 오유충의 군대는 다른 명나라 장수들이 이끄는 군대와 다른 모습을 보여 주었다. 오유충은 부하들을 엄격하게 통제함으로써 조선 백성들에게 폐해를 끼치지 않도록 주의를 기울였다. 오유충은 일본군이 재침범하는 1597년(선조 30) 경기도 죽산에 머문 이후 충주, 단양, 풍기, 영천, 안동, 신녕 등지에 주둔하였다. 이후 울산으로 옮겨 전투에 참전하였고 전과를 올렸다.

달천평야 전투에서 신립이 패전하자 일본군은 도시를 불태우고 살인, 방화, 약탈을 일삼았기 때문에 전란으로 인한 고통과 혼란이 계속되고 있었다. 아군이라 할 수 있는 명나라 군대가 들어와도 사정이 다르지 않았기 때문에 원성의 대상이었다. 그런데 오유충의 군대는 충주에 주둔한 이후 백성들이 안심하고 생활할 수 있도록 돌보니 커다란 위안이 되었다(박현규, 2017:80-83).

충주 백성들은 오유충의 청덕을 기려「오총병청숙비(吳總兵淸肅碑)」를 건립하였다.「청숙비」의 위치에 대하여 1757년(영조33)부터 1765년(영조41) 사이에 간행된『여지도서』에는 무학당 남쪽에 소재하고 있다고 적고 있고『충청도읍지』(1780),『호서읍지』(1871)에도 같은 내용을 담고 있다. 숲거리에 세워져 있었던 다수 수령방백의 선정비 속에 오유충의「청숙비」가 있었으나 일제가 탄금대 노선을 개설하면서 철거하여 자취를 찾을 수 없게 되었다. 오유충의 청숙비는 임진왜란 이후부터 일제가 철거할 때까지 현재는 상가와 주거가 밀집한 탄금대로와 무학1길 사이에 존재했을 것으로 추정된다. 오유충의 청숙비는 존재하지 않지만 일본 경도대학 도서관에「청숙비」의 탁본이 보관되어 있다.

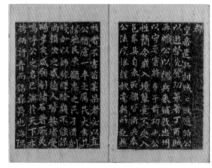

오총병청숙비 탁본

무학당과 축제

조선시대 무학당(武學堂)은 무관을 양성하기 위해 설립된 무예와 병서를 익히는 교육기관이었다. 조선 건국 후 정부는 문관과 무관의 동등한 중요성을 강조하였으나 점차 문신우위체제가 강화되었다. 조선 초기 교육기관으로 중앙에 성균관과 사학, 지방에는 향교와 서원, 서당이 있었지만 별도의 무학교육기관을 두지 않았고 훈련원이 무과를 주관하고 무학을 강습하는 기능을 담당하였다. 조선 전기에 무학을 별도로 설치해야 한다는 주장이 있었으나 반대론이 비등하면서 실현되지 않았다.

임진왜란이 한창인 1595년(선조 28) 7월 "각 도의 도호부(都護府)에 훈련원과 같은 무학을 설립하여 병사를 양성하고 무업을 연마하라."는 설치령에 따라 지방에 무학이 창설되기 시작하였다. 성균관과 향교로 대표되는 기존의 문관 양성 교육기관에 무관을 양성하는 교육기관인 무학이 설립됨으로써 문과 무의 교육체계가 형성되는 계기가 되었다. 언제부터 군현 단위까지 무학당이 건립되기 시작했는지는 확실하지 않지만 점차 전국 각 지방에 무학당이 설립되었던 것으로 보인다(박종배, 2014:60-66).

충주 무학당은 숙종 39년에(1713) 건립되었다. 조선 후기에 편찬된『여지도서』(1765) 공해(公廨)조에 "현(縣)의 서쪽 5리에 있으며, 7칸이다."라고 수록된 이후『충청도읍지』등에 같은 내용으로 소개되어 있다. 무학당이 공해(公廨)조에 수록된 것으로 보아 관아 건물로 자리매김하였음을 알 수 있다. 이후 충주 무학당은 일시 무너졌다가 1870년에 새로이 건립되었고 이름도 힐융대(詰戎臺)로 변경하였다. 1871년에 편찬된『호서읍지』에 "6칸으로 북문 밖 3리에 있다."는 기록으로 보아 무학당이 읍의 외곽에서 보다 내부로 이전되었고 건물의 규모도 축소되었음을 알 수 있다. 1898년에 편찬된 『충주군읍지』에는 "~무너져서 지금은 없다."라는 기록으로 보아 갑오개혁으로 과거시험이 폐지되면서 무학당도 시대의 조류에 따라 역사 속으로 사라진 것으로 보인다.

　무학당의 위치에 대하여 『예성춘추』(1959)에는 '탄금대로 통행하는 현 농산물검사소' 자리에 위치하였다고 기록되어 있다. 농산물검사소는 문화동 705번지에 있었다. 무학당 기념비는 현재 충주천변 교현동 781-1번지에 있다.

무학당 기념비

무학당이 설치되고 무술 강습이 이루어지면서 문화 행사의 하나로 축제가 열렸다. 매년 가을에 현재의 삼원초등학교 앞 도로에서 무술 시범과 축제가 열렸다. 단을 설치하고 무학당 앞 좌우에 깃발과 검을 나열시킨 후 갑옷을 입고 투구를 쓴 충주영장과 연원찰방이 말을 타고 빠르게 달려가서 왜장 가등청정(加藤淸正)의 목을 베는 무술이 시연되었다. 충주 지역은 임진왜란으로 수많은 백성들이 희생되고 정치·경제·사회적으로 커다란 피해를 입었기 때문에 지역적으로 중요한 의미를 가질 수밖에 없었다. 왜장 가등청정의 목 베기 무술 시범은 일본의 죄상을 고발하고 참형으로 응징함으로써 전쟁의 기억을 되살리고 공동체의 일체감을 형성하기에 충분했다. 효수(梟首)는 효시(梟示)라고도 하였으며 베어 낸 머리를 장대에 꽂아 걸어 두거나 성문에 매달아 일반 백성들에게 공개적으로 전시하는 것으로 군법(軍法)에 의해 집행되는 사형 방식이었다. 가등청정 목 베기 행사를 보기 위해 사방에서 남녀노소 수많은 관람인들이 모여들어 인산인해를 이루었다고 하니 문화 행사로 자리매김했음을 알 수 있다.

사형 터와 천주교도의 순교

숲거리 서편의 현 우체국(문화동 544) 인근은 조선시대 사형 터로 알려진 곳이다. 어느 시대에도 범죄는 존재하였고 범죄자들을 통제하기 위한 장치가 존재하기 마련이었다. 조선시대 사법기관으로는 중앙에는 형조, 사헌부, 한성부가 있었고 지방에는 각도 감영과 군현이 사법 업무를 담당하였다. 조선시대 형벌은 범죄의 경중에 따라 태형(笞刑), 장형(杖刑), 도형(徒刑), 유형(流刑), 사형(死刑)의 오형(五刑)을 적용하도록 규정하였다.

사형은 사람의 목숨을 빼앗는 형벌로 조선시대 최고의 법정 형벌이었다. 사형수라고 하더라도 죄질에 따라 등급이 나눠졌고 집행 방법도 달랐다. 사형 집행 방법은 목을 매는 교형(絞刑)과 목을 베는 참형(斬刑)으로 구분되며 참형은 몸을 두 동강 내는 것으로 죄가 중한 경우 참형에 처하였다. 처형 시기에도 차이가 있어 때를 기다려서 처형하는 대시(待時)와 그러지 않고 즉각 처형하는 부대시(不待時)가 있었다. 처형은 춘분과 추분 사이에는 삼가고, 찬바람이 나는 추분 이후에 시행하였으나 반란죄와 같은 중죄는 재판 이후 바로 처형하였다. 범죄자를 강력하게 처벌하여 형벌에 대한 두려움으로 인해 범죄 예방 효과를 거두고자 극형이 고안되었는데 대표적으로 환형과 능지처사가 있다. 환형은 수형자의 팔다리를 네 대의 마차에 묶어 각기 다른 방향으로 가게 함으로 찢어 죽이는 것이며, 능지처사는 신체를 잘라 내어 서서히 죽어 가게 하는 방법이었다.

처형은 범죄 예방 효과를 위해 일반 백성들에게 공개되기도 하였다. 공개 처형 장소는 많은 사람들이 모이는 시장이나 그 주변이었다. 조선시대에는 도시 공간 배치 원리에 입각하여 사형장을 도심의 서편에 배치하였다. 사형장이나 군사훈련과 같은 음의 기운이 강한 행위는 서쪽에서 행해야 한다는 이념은 조선시대 내내 관철되었다. 서울의 경우 사형은 서소문 밖, 당고개, 새남터, 절두산 등에서 집행되었고 지방 감영에서도 사형이 집행되기도 하였다. 충주목 사형장은 읍의 서편 충주천 너머에 있었다.

임진왜란 이후 각도에 몇 개의 영(營)을 설치하고 영장을 파견하였는데 충주 진영의 경우 1595년(선조 28)에 설치되었다. 1665년(현종 6)에는 영장이 토포사를 겸임하면서 충주 진영은 토포영이 되었다. 천주교가 사교로 규정되면서 충주 진영이 중심이 되어 인근의 천주교도 체포 업무를 담당하였다. 충주, 제천, 단양, 영춘, 괴산, 청풍, 음성 등에서 체포된 천주교도들은 충주 진영에서 심문을 받고 서문 밖에 있던 옥에 갇혀 있다가 옥사하거나 사형장에서 처형되었다. 1866년에서 1869년까지 충주 사형장에서 처형된 천주교도는 모두 15명이었다. 충주진영에서 변란의 진압과 도피한 자의 체포 등도 담당하였기 때문에 동학교도와 민란가담자 등도 처형되었다.

사형장은 처형된 자들의 시신뿐만 아니라 굶어 죽거나 전염병을 앓다가 죽은 시신들이 몰래 버려지는 곳이었다. 조선시대 사람들은 사람이 죽으면 죽은 장소에 나타난다는 믿음을 가지고 있었기 때문에 사형장은 온갖 원한 맺힌 귀신들이 떠도는 곳이었다. 충주목 도심 외진 곳에 위치한 사형장은 죽은 자와 귀신의 땅으로 인식되었고 해가 진 이후에는 사람들의 발길이 끊어졌다. 사람들의 시체가 계속해서 버려지면서 근처의 물맛이 변했다는 소문이 돌았고 사형장 숲거리 인근은 사람이 거주할 수 없는 곳으로 인식되었다고 한다.

순교자현양비—충주와 인근지역 천주교도의 순교를 기리기 위해 건립된 현양비는 성내동 관아공원에 있다.

달천나루와 주막

충주 시내에서 달천다리에 이르는 현재의 도로는 일제가 시가지를 정비하면서 직선화시킨 도로이기 때문에 조선시대 도로와는 달랐다. 조선시대 읍성에서 달천나루로 가기 위해서는 북문이나 서문을 통과한 다음 두 도로가 합류하여 현재의 충주교 아랫부분의 충주천을 건너야 했다. 숲거리를 따라 현재의 삼원사거리 부분에서 좌로 방향을 돌려 달천평야를 타원형으로 길게 돌아서 달천나루에 도착했다.

일제가 새로이 개설한 현재의 문화회관, 충주교, 케이비에스방송국을 지나 달천다리에 이르는 직선도로는 사직산과 충주천 등 산과 하천 등의 지형과 사회적 조건의 제약에 의해 다소 완화되었지만 침략자의 폭압성을 보여 주는 대표적인 사례라고 할 수 있다. 식민지배의 편의와 효율을 내세운 식민지 개발은 오랫동안 이어져 온 삶의 내력을 파괴하고 단절시키는 과정이기도 했다.

『여지도서』(1765)에 의하면 달천진(達川津)은 "현의 서쪽 8리에 있으며, 보은현 속리산에서 발원하여 세 갈래로 나뉘었는데, 그 하나는 괴산을 거쳐 금천강(金遷江)에 합류한다. 나룻배가 있고 진부(津夫)에게 조세와 부역을 면제하였다. 겨울에는 다리를 놓았다."라고 기록되어 있다. 달천나루는 달천강에 의해 단절된 동래로를 연결하는 기능을 하였다. 진부(津夫)는 조선시대 나룻배를 부리던 사공으로 이들에게는 부역과 조세를 면제해 주는 급복(給復)의 혜택이 주어졌다.

달천진에 도착한 여행객 등은 달천강을 나룻배로 건넌 다음 서울, 음성, 청주 등지로 나가거나 달천에서 배를 타고 서울로 갈 수 있었다. 육로로 서울로 가기 위해서는 대소원, 주덕, 신니, 용안, 숭선, 곤지, 백암, 양지, 용인, 판교, 신원, 한강진, 숭례문을 거쳐야 했다. 단월역에서 달천 사이의 동래로 구간은 현재 경지정리로 사라져 버렸고 건국대를 지나는 새로운 도로가 대신하고 있다. 달천은 서울에서 내려온 여행객들이 충주 읍내로 가거나 경상도와 괴산, 연풍 등 충주 남부 지역으로 나가는 분기점이었다. 달천나루에는 충주 지역 목민관들의 선정비들이 서 있는데 이정로, 엄찬, 이광헌, 이채의 선정비가 있다.

달천나루 선정비—선정비는 관아 입구, 사람들의 왕래가 많은 길가 등에 세워졌다.

달천리에는 주막촌이 형성되어 있었다. 달천리 주막은 남변면 지역에 속했으며 달내 주막이라고도 불렀다. 주막은 여행객에게 식사와 숙박을 제공하고 반대 급부로 경제적 이익을 얻는 상업시설을 말한다. 임진왜란 이후 역의 보조기관이던 원(院)이 쇠퇴하면서 18세기를 전후하여 숙식을 제공하는 주막이 등장하였다. 주막은 장시가 발달하고 교통로를 따라 이동이 활발해지면서 교통의 요충지나 고개 밑, 나루터, 읍의 경계 지점 등

역사도시 충주의 발자취와 기억

에 생겼고 19세기에는 일상 속에 정착되었다. 충주는 육로와 수로의 중요 교통로상에 위치하여 상업이 발달하고 경상도와 서울을 왕래하는 여행객이 많았기 때문에 주막이 입지할 수 있는 좋은 조건을 갖추고 있었다.

1872년에 제작된 「충주목지도」에 의하면 충주목에는 곤지암점·외촌점·대강령점·신주막점·매산점·생동점·모도원점·용안점·이안점·달천점·거곡점·임오점·반천점·무음포점 등 15개의 주막이 있었다. 주막의 대부분은 동래로와 봉화로와 같은 대로변에 위치하였고 후대로 갈수록 계속해서 증가 추세를 보였다.

달천강 변에 위치한 달천리는 드넓은 달천평야가 있어 일찍부터 농경이 활발한 지역이었다. 달천 주막은 교통의 요충지에 설점된 경우이며 경상도에서 충주를 거쳐 서울로 가는 여행객이나 서울에서 내려와 달천을 거쳐 읍내나 경상도로 내려가는 여행객이 주요 고객이었다. 1900년 초 간행된 충주군 양안에 의하면 달천 주막은 김영순이 운영하였으며 주막 토지의 규모는 248.6평이고 건물 규모는 4칸이었다(조혁연, 2015:88).

대부분의 여행객이 걸어서 이동하였기 때문에 주막은 도로를 따라 형성되었으며 소나 기타 동물들과 함께 이동하는 손님들을 위해 일부 주막은 외양간을 갖춰 이용객의 편의를 배려하기도 했다. 술과 음식을 판매하고 숙식을 제공하던 주막은 식민지 근대 문물이 유입되고 있던 도시 지역에서는 다양한 형태로 분화되었고 농촌 지역 주막은 여관 기능을 겸하기도 하였다. 걸어서 이동하는 대신 대중교통이 일반화되는 1970년을 전후하여 주막은 일상에서 자취를 감췄다. 달천리는 다른 지역보다 대중교통의 운행이 일찍 이루어진 지역이기 때문에 주막도 그에 발맞춰 막을 내렸을 것으로 보인다.

달천리 만세운동

3월 1일 서울에서 시작된 만세운동의 열기가 점차 지방으로 확산되던 3월 11일 달천리에서 만세운동이 일어났다. 천도교인들이 주도한 만세 시위는 출동한 헌병에 의해 제지당하고 해산되었으며 지도자인 김흥배(金興培)와 홍종호(洪鍾浩)가 체포되었다.

동학(東學)은 1905년 천도교로 명칭을 변경하였다. 1906년 2월 서울에 천도교중앙총부를 설립하고 지방에는 교구를 조직하였다. 충주교구는 1909년에 설치되었다. 천도교의 포교는 중앙총부의 규약에서 정한 바와 같이 가족단위로 이루어졌다. 신자가 된 사람은 가족은 물론이고 가까운 친척이나 이웃을 중심으로 포교를 했기에 상호간에 밀접한 관계로 결합되어 있었다. 충주지역 천도교인들의 인적구성을 살펴볼 수 있는 『천도교보 관법포충주교회』에 의하면 대소원면 탄용리 13호 73명, 앙성면 모점리 9호 36명, 앙성면 본평리 1호 7명, 강원도 부론면 법천리 1호 10명으로 총 30호 151명으로 구성되어 있어 대소원면 탄용리와 앙성면 모점리를 중심으로 천도교인 집단이 형성되어 있음을 알 수 있다.

달천리 만세운동을 주도한 김흥

천도교보 관법포충주교회─천도교보 관법포 충주교회에는 총 30호 151명의 교인에 대한 인적사항이 수록되어 있다.

배는 1881년 탄용리에서 태어났으며 충주군교구 전교사, 청주종리원 종리사 등을 역임했다. 김홍배는 김해 김씨 횡성공파 후손을 중심으로 포교활동을 전개하여 지역을 대표하는 종교지도자로 성장하였다. 홍종호는 1854년생으로 충주군 달천리에서 태어났으며 충주군교구 강도원, 종리사 등을 역임했다. 천도교 연락망을 통해 만세운동 소식이 전해지자 탄용리, 달천리와 인근의 천도교인들이 합세하여 만세운동을 전개했고 대표자인 김홍배와 홍종호가 체포된 것으로 보인다(전홍식, 2019:15-16).

만세운동의 물결이 전국으로 확산되면서 만세운동을 지원하기 위해 충주지역 천도교인들의 독립자금 모금운동이 전개되었다. 충주교구 교구장 현만협(玄萬協)과 정용진(鄭鎔鎭)이 충주와 제천지역에서 독립자금 모금운동을 하다가 체포되었다.

2. 북문에서 북창나루로

북문 밖 상가

조선 초기 충주 도시 공간은 관아를 중심으로 형성되었다. 북문 밖으로는 교현천을 경계로 주거지가 형성되기 시작하였다. 조선 후기 들어 성내에 장이 열리고 활성화되면서 상업 공간에도 변화가 발생하였다. 장날이면 많은 사람들이 모여들면서 장은 성내에 머물지 않고 4대문 밖으로도 점차 확대되었다. 작은 장이 형성되면서 인근 마을 사람들이 자신들이 재배한 농산물을 가지고 나와 펼쳐 놓았고 크고 작은 수공업품이 거래되었다. 북문은 읍내 사람들뿐만 아니라 단양, 청풍, 제천 그리고 멀리는 경상도 지역 사람들이 충주로 들어오고 나가는 길목이었기 때문에 시장의 형성과 발달을 위한 좋은 조건을 갖추고 있었다. 인구가 증가하고 상업이 발달하면서 성내를 벗어나 북문 밖으로 도시 공간이 확대되었다.

교현천 북쪽의 향교를 중심으로 인근에 촌락이 형성되어 교동으로 성장하였고 북문 밖의 도로를 따라 내리, 야현, 주봉이 도시 공간으로 점차 확대되었다. 북문 인근으로 일반 백성들의 주거지가 확대되었고 도시 공간이 확장되면서 교현천을 넘어 고북문에 이르는 도로변에도 민가와 주막이 분포되어 있었다.

연원역과 마을

조선시대 역참(驛站)은 문서의 전달, 공공물자의 운송, 사신 왕래에 따른 접대 등의 업무를 담당하는 교통기관이다. 역로(驛路)는 목적과 기능에 따라 한 지점에서 다른 지점을 연결하는 경로로 역과 역 또는 역과 지역의 관아로 연결되는 것이 일반적이었다. 역로는 사회·경제적 목적에서가 아니라 주로 군사·행정적인 목적을 위해 계획에 따라 설치되었다. 중앙정부는 전국에 역을 설치하고 역로를 지정한 다음 역의 관리 체계로서 역도(驛道)를 편제하여 운영하였다. 역도(驛道)는 지역의 지형적 조건과 교통로 및 수송체계와 연계성을 고려하여 수개 또는 수십 개의 역을 묶어 편성하였다.

역제는 삼국시대에 전래되어 고려시대를 거쳐 조선초기에 확대 개편되었다. 역이 차지하는 중요성을 인식한 조선왕조는 개국 이후 역체제의 개편과 역원의 충원, 역전(驛田) 지급 등의 정책을 시행하였다. 고려시대에는 수도인 개경으로부터 지방을 연결하는 22역도 520여 개의 역 조직으로 편제되었으나 조선시대 들어 41개 역도에 537개 역으로 개편되었다. 조선 건국 이후 고려의 22역도를 수용하면서 대명 사행로, 왜인 입경로 및 국경의 요지를 연결하는 교통로를 중심으로 새로운 역도가 편제되었고 역도의 수정 또한 빈번하게 이루어졌다. 여말선초에는 외관인 역승 또는 찰방을 파견하여 관할하게 하였으나 중종 이후 찰방체제로 변화되었다.

역은 중앙으로부터 각 지방에 연결되는 주요 도로에 위치하였으며 약 30리 거리마다 설치되었다. 역에는 숙박과 접대를 위한 역사(驛舍)와 역마를 대기시켜 놓는 마구간 시설을 중심으로 촌락이 형성되었다. 역촌에는 역리와 역인들이 역역(驛役)을 담당하며 집단적으로 거주하였다. 역촌은 자연 취락이 아니고 국가 계획에 의해 형성된 관설 취락이었으며 주변에는 역전(驛田)이 분포되어 있었다. 역로는 새로운 지식, 기술, 문화의 통로 역할을 하였기 때문에 역촌은 정보와 문화 교류의 장이며 지역 발전의 거점으로 기능하였다.

조선 정부에서는 중앙집권적인 지배체제를 구축하기 위해 중앙-역도-역으로 이어지는 효율적인 관리체제를 구축하고자 하였다. 세종에서 세조 대에 걸쳐 제도 개혁이 이루어졌으며 충청도의 경우 충청좌도에는 충주 연원도, 청주 율봉도, 직산 성환도의 3개 역도에 41개 역이 설치되었다. 충청우도에는 청양 금정도, 온양 시흥도, 공주 이인도의 3개 역도에 24개 역이 설치되었다. 연원도는 성환도, 이인도, 금정도, 율봉도와 함께 충청도 역제 운영에 있어 핵심적인 역할을 수행하였다.

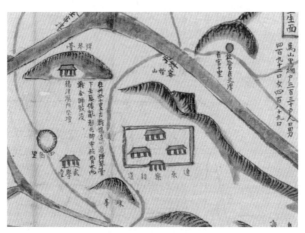

「충주목지도」 연원찰방도

　　충주 연원도는 세종대에는 연원(충주), 단월(괴산), 용안(음성), 안부(연풍), 가흥(충주), 감원(음성), 인산(괴산)의 7개 속역이 있었다. 성종대에는 단월(충주), 인산(괴산), 감원(음성), 신풍(연풍), 안부(연풍), 가흥(충주), 용안(충주), 황강(청풍), 수산(청풍), 장림(단양), 영천(단양), 오사(영춘), 천남(제천), 안음(청풍)의 14개 속역으로 확대되었다. 연원도의 속역들은 충주를 중심으로 음성, 괴산, 연풍, 청풍, 제천, 단양, 영춘 등에 분포하였으며 동래로와 봉화로에 위치하였다.

연원도의 속역(여지도서)

역명	거리	역리	역노	역비	말
연원역	충주	50	155	94	상등마 3필, 중등마 2필, 하등마 9필
가흥역	충주 30리		61	41	하등마 7필
용안역	충주 50리		103	81	상등마 2필, 하등마 2필
단월역	충주 10리		110	89	상등마 2필, 중등마 1필, 하등마 11필

감원역	음성 60리		17	5	상등마 1필, 하등마 5필
인산역	괴산	22	33	7	상등마 1필, 중등마 1필, 하등마 5필
신풍역	연풍 70리		14	21	상등마 1필, 하등마 6필
안부역	연풍 50리		106	28	상등마 3필, 하등마 12필
황강역	청풍 30리		54	50	상등마 3필, 하등마 12필
수산역	청풍 60리		55	45	상등마 3필, 중등마 1필, 하등마 7필
안음역	청풍 60리		2	3	하등마 1필
장림역	단양100리		17	8	상등마 1필, 중등마 1필, 하등마 7필
영천역	단양110리		9	6	하등마 7필
천남역	제천 90리		63	29	하등마 7필
오사역	영춘130리		4	3	하등마 2필

연원도는 충주목 관아로부터 북 5리(현재 연수동 619번지 일대)에 위치하였다. 연원역에서 북창나루로 나가 서울로 가거나 막은대미재를 넘어 용탄나루를 건너 원주와 제천으로 연결되었다. 연원도의 역사(驛舍)는 현재 기록이 남아 있지 않으나 동헌, 내아, 창고, 장청, 형방청, 사령청, 작청, 문루 등의 시설을 갖추고 있었으며 역민들이 각자의 맡겨진 임무에 따라 사무를 보았을 것으로 추측된다. 연원도에는 종6품의 찰방(察訪)이 파견되었으며 서열상으로 현감보다 우위에 있었다. 찰방은 외관직으로 역승과 함께 지방의 역도를 순행하면서 역정을 살폈다. 연원역에는 역리 50명, 역노 155명, 역비 94명, 지인 20명, 사령 6명 등 총 325명의 관원이 근무하였다. 역리(驛吏)는 대대로 세습되었으며 역 운영에 있어 가장 중요한 역할을 수행하였다. 역노비는 전운(轉運), 급주(急走), 조역노비(助役奴婢) 등으로 구성된 천인층이었다. 지인(知印)과 사령(使令)은 아전 중에 최하위 계층으로 역촌에 거주하는 일반 양인 중에서 선발되었다. 연원역 인근의 일반 평민들도 필요시 역촌의 업무를 보조하면서 하나의 공동

체로 존속하였다.

『여지도서』에 의하면 조선 후기 연원리에는 185호에 남자 559명, 여자 553명 총 1,112명이 거주하였으며,『충청도읍지』에 의하면 185호에 남자 690명, 여자 570명 총 1,260명이 거주하고 있었다. 역촌은 일반 촌락과 구별되는 특수부락으로 오랜 기간을 통해 형성된 동족부락의 성격을 띠고 있었다. 양반호는 존재하지 않고 상민호와 천민호가 대부분이었다. 주민들은 역역(驛役)을 부담하거나 역을 도와주는 일을 하였으며 타 분야에 종사하는 자가 없는 농업 취락의 성격을 띠고 있었다. 역의 원활한 운영을 위해 각 역에는 다양한 형태의 토지가 지급되었으며 이러한 역전을 토대로 역의 재정이 충당되었다. 연원역 전체의 역토는 76,428결이었다. 이중 12,843결이 연원마을에 설치되었으며 밭이 많은 비중을 차지하고 있었다.

임진왜란 이후 가혹한 역역과 인구 증가에 따른 역전의 부족, 그리고 권세가들에 의한 역전(驛田)의 침탈이 진행되면서 역의 경제적 기반이 크게 위축되었다. 조선 후기 국가의 역촌에 대한 보호 조치 미흡은 역인층의 몰락으로 이어졌다.

북창나루

연원에서 계명산의 북서쪽 끝자락과 팽고리산으로도 불리는 광명산의 사잇길을 따라 한강 변으로 나가면 현재의 목행천주교 앞에 위치한 북진(北津) 또는 북창나루에 다다르게 된다. 북진은 읍으로부터 북쪽 10리 거리에 있다. 금가면 유송리로 건너가는 나루로 금가면에 있는 북창으로 연결되었기 때문에 북창나루라고도 불렀으며 60여 호의 작은 촌락이 형성되어 있었다. 경상도의 봉화로부터 풍기, 죽령, 단양, 청풍, 한수, 살미, 마즈막재, 읍성동문, 북문, 연원역을 거쳐 북창나루에서 배를 타거나 강을 건너 하연진, 목계, 가흥창, 복성동, 고용당, 장호원, 음죽, 이천, 곤지애, 광주, 송파진을 거쳐서 동대문에 이르게 된다.

고대로부터 한강 수운을 이용한 교역과 물류 운송이 활발하게 이루어지면서 충주는 수로와 육로교통의 중심지로 기능하였다. 한강 유역을 따라 발달한 충주 지역의 교통로는 삼한시대로부터 개척되기 시작하여 병력과 군수물자의 운송, 생활용품의 교역, 조세와 공물의 운반 등에 활용되었다. 조선시대 봉화로는 신라 아달라이사금 5년(158)에 죽령이 열리면서 경상도에서 충청도를 거쳐 한강 하류로 연결하거나 역으로 한강 하류로부터 충청도와 경상도로 진출하려는 고구려와 백제의 전략적 군사적 목적을 위해 개척되기 시작하였다. 통일신라시대, 고려시대를 거쳐 조선 후기에는 전국 10대로 중의 하나로 발전하였다. 경상도에서 죽령을 넘어 충주에 도착한 사신, 관리, 여행객들은 충주 북진에서 배를 타고 서울로 갔기 때문에 북창나루는 봉화로와 한강의 수로가 만나는 연결 지점이었다.

조선시대 충주목의 나루는 『신증동국여지승람』(1530)에 의하면 포탄진(浦灘津), 북진(北津), 달천진(達川津), 신당진(新塘津), 목계진(木溪津), 청룡진(靑龍津), 북강진(北江津), 하연진(荷淵津), 가흥진(可興津)의 9개의 나루가 있었다. 『여지도서』(1765) 단계에 이르면 포탄진(浦灘津), 북진(北津), 달천진(㺚川津), 산계진(山溪津), 청룡진(靑龍津), 하담진(荷潭津), 진포(辰浦), 조돈진(早遯津), 금천진(金遷津), 옥강진(玉江津), 덕은진(德恩津), 앙암진(仰巖津)의 12개 나루로 증가하였다. 충주목의 나루 중에서 달천강 유역의 달천진, 한강 유역의 북진, 목계의 산계진이 다른 나루보다 크고 중요시되었다. 『여지도서』(1765)에 의하면 북진에 대해 "현의 북쪽 있으며, 준암(樽巖)의 하류다. 나룻배가 있고 사공에게는 조세와 부역을 면제하였다."고 기록되어 있다.

북창나루를 통해 서해로부터 한강 물길을 따라 유통되는 소금, 어물 등의 수산물뿐만 아니라 한강 하류 지역에서 생산된 각종 물품이 충주목 읍내로 유입되었다. 또한 충주에서 생산된 쌀을 비롯하여 각종 물품이 북창나루를 통해 서울로 운송되는 거점 역할을 담당하였다. 북창나루는 일제강점기 일본인들의 도시 계획에서 벗어나면서 쇠퇴하기 시작하였다. 1928년 충북선이 충주까지 개통되고 자동차를 통해 마을 곳곳까지 화물 운송이 가능해지면서 수운의 역할이 크게 위축되었다. 해방 후 목행대교가 건설되면서 쇠락한 상태로 일반 나루의 역할만을 담당하다가 1980년 초반 충주댐 공사가 시작되면서 소멸되었다.

용탄 이연경과 기묘사림

용탄(龍灘)은 읍의 10리 조돈진의 하류에 있다. 연원에서 막은대미재(莫隱峴)를 넘어 확골을 거쳐 용탄나루에 도달한다. 배로 한강을 건너 동량, 산척뿐만 아니라 제천이나 강원도 지역으로 나가는 길목이기 때문에 인적 물적 교류가 활발한 편이었다. 포탄, 진포, 용탄을 지나 준암과 북진으로 연결되기 때문에 『여지도서』, 『충청도읍지』, 『호서읍지』 등의 지리서에서 용탄이 북진의 하류에 있다고 기록한 것은 오류인 것으로 보인다.

기묘사화(1519) 이후 충주에는 김세필(1473-1533), 이자(1480-1533), 이연경(1484-1548), 이약빙(1489-1547) 등 기묘 사림들이 은거하였는데 용탄에는 이연경(李延慶)이 낙향하여 살았다. 이연경은 본관은 광주이며, 자는 장길(長吉), 호는 탄수(灘叟)·용탄자(龍灘子)이다. 아버지는 도사 이수원(李守元)이며, 어머니는 남양 방씨(南陽房氏)로 방의문(房毅文)의 딸이다. 1504년(연산군 10) 갑자사화 때 조부 이세좌가 희생되었고 숙부들이 화를 입었으며 이연경 또한 섬으로 귀양을 갔다. 중종 즉위 후 생원시에 합격하여 선릉 참봉이 되었으나 사직하였다. 1514년(중종 9) 이연경은 충주 북촌 용탄에 내려와 살았으며 1518년에는 현량과에 의해 천거되어 조지서사지·공조좌랑·사헌부지평·홍문관교리 등을 역임하였다. 1519년 기묘사화에 연류되었으나 중종이 찬인록(竄人錄)에서 이름을 지워 귀양을 면하였고 현량과가 혁파되자 충주 용탄에 은거하였다.

이연경이 거주하는 용탄 인근 준암(樽巖)에 이약빙(李若氷)이 살았다. 준암은 목행동과 금가면 용교리 사이의 목행다리 아래 강바닥에 있는 바위로 바위 모양이 술통 같다고 해서 술통 준(樽), 바위 암(巖)을 써서 준암이라고 불렀다고 한다. 이약빙은 본관은 광주이며, 자는 희초(熹初), 호는 준암이다. 1513년(중종 8) 수석으로 생원에 합격하고 이듬해 별시 문과에 병과로 급제했다. 1519년 기묘사화가 일어나 조광조가 유배되자 형 이약수(李若水)가 유생 150여 명을 이끌고 조광조의 신원을 호소하다가 옥에 갇혔다. 이약빙은 이조정랑으로서 조광조와 형 이약수의 사면을 주장하다가 파직되었다. 충주 북촌 준암에 은거하였으며 스스로 호를 준암이라고 하였다.

충주에 은거한 이연경, 이자, 김세필, 이약빙, 허초 등의 기묘사림들은 서로 왕래하였다. 힘든 시절 이연경은 충주에서 평생의 동반자였던 이자(李耔)와 깊은 교유관계를 맺었다. 이자는 본관은 한산이고 이색의 5대손으로 자는 차야(次野)이며, 호는 음애(陰崖) · 몽옹(夢翁) · 계옹(溪翁) 등을 사용하였다. 1501년(연산군 7) 진사가 되었고, 1504년 식년문과에 장원급제해 사헌부감찰을 시작으로 한성판윤 · 형조판서 · 우참찬 등에 임명되었다. 기묘사화로 파직되었고 음성의 음애동에 은거하였다. 1528년(중종 23) 충주 토계리 검암으로 옮겨와 몽암(夢庵)을 짓고 살았다. 이연경은 이자를 만나기 위해 용탄에서 배를 타고 한강을 따라 합수머리까지 내려간 다음 다시 달천을 따라 올라가 팔봉으로 가는 수고스러움을 마다하지 않았다. 이자와 이연경은 평생의 지기였기에 뱃길로 오가며 자주 만났고 이연경이 오는 소리가 들리면 이자는 자신이 직접 나가 마당을 쓸었다고 한다. 이연경과 이자 등 기묘사림은 자연을 즐기고 낚시로 세월을 보냈으나 강학도 소홀히 하지 않아 많은 제자를 양성했다. 이자는 노수신을 제자로 받아들였고 노수신은 훗날 이연경의 사위가 되었다. 이연경은 1539년 관직이 제수되었으나 나아가지 않고 용탄에 살았으며 그 의리와 덕망이 널리 알려지면서 많은 선비들 모여들어 문하가 되었다. 이자가 살던 팔봉 몽암은 훗날 팔봉서원이 건립되었으며 이자 · 이연경 · 김세필 · 노수신이 배향되었다.

3. 일제강점과 북문 밖 도시 공간의 변화

북문 밖의 변화와 식민지 자본가

일제강점 이후 일본인이 이주하면서 침략자의 지배구상에 따라 도시구조의 근본적인 변형이 이루어지게 되었다. 시구개정(1913-1916)에 의해 북문과 성벽이 철거되고 그 자리에 도로가 개설되었다. 새로 건설된 도로 북측과 서측 가로를 따라 조선인 상점들이 형성되었다. 상가의 조선인 상인들은 일제강점기 충주 지역 조선인 상인들을 대표하는 자본가로 성장하였다.

일제강점기 이주 일본인들은 성내에서 조선인들을 몰아내고 본정통을 중심으로 대규모 주거지와 상가를 형성하였고 상권을 장악하였다. 본정통은 천영익이 운영하는 상점을 제외하고 전체가 일본인 상점이었다. 1920년대 중반 이후 본정으로 조선인들의 이주가 이루어졌지만 일본인들은 본정통에 조선인들의 입점을 허용하지 않았다. 북문 밖 상가는 행정구역상 본정이지만 대수정길을 경계로 남측 일본인 상가와 구별되는 조선인들의 상업공간이었다. 북문 밖 상가는 일본인들이 주도권을 장악하고 있는 일본인 사회와의 분리 지점이면서 연결 지점이기도 하였다. 조선인

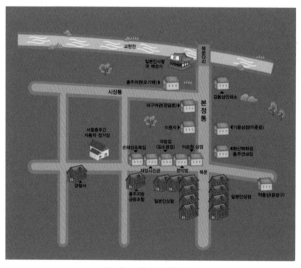

본정 조선인 상가약도

상가는 대수정 시장통과 연결되어 있었기 때문에 일본인 사회와 조선인 사회의 중간지점이며 회색지대였다. 조선인 상점은 이춘웅의 기웅상점, 윤정구의 광홍당대약포(廣興堂大藥舖), 정달호의 대구여관, 이순창상점, 김소광길의 국밥집, 손해성의 포목점, 김동섭의 충주인쇄소, 태양사진관, 화신백화점충주연쇄점 등이 밀집해 있었다.

일제강점기 조선인 상인을 대표하는 자는 기웅상점(起雄商店)을 운영하는 이춘웅(李春雄)이었다. 1920년대 초반에 이춘웅이 설립한 기웅상점은 서양 잡화, 도기, 지물, 농구, 비료

이춘웅이 운영한 기웅상점

등의 잡화를 취급하였으며 성장을 거듭하여 충주를 대표하는 상점으로 발돋움하였다. 이춘웅은 면협의원, 도평의원, 충주번영회장, 충주신사 고문 등을 역임하였고 일제의 식민지배에 적극 협력하였다.

잡화점을 운영하는 손해성은 면협회원, 읍회의원, 농촌진흥위원 등 일제의 식민지배에 협력하였고 학교 설립, 철도 유치 등에 적극 참여하였다. 충주인쇄소를 운영한 김동섭은 읍회의원, 식산조합 감사를 역임하였다. 약국을 운영한 이춘자는 이춘웅의 여동생으로 산파, 보통학교 교원 등을 역임하였다. 이춘자는 뛰어난 미모와 활달함으로 적극적인 사회활동을 전개하였고 해방 후 국회의원에 출마하는 등 정치인으로 활동하기도 하였다. 이순창은 잡화와 포목을 취급하는 대규모 상점으로 유명하였다. 김소광길의 국밥집은 충주 읍내 최고의 음식점으로 명성이 높았다. 일본 명치대학을 졸업한 김소광길의 아들 윤오룡은 해방 후 좌우 대립 속

에서 충주 지역을 대표하는 좌익으로 활동을 하였고 이후 보도연맹에 가입하여 간사로 이름을 올리기도 하였다. 대구여관은 정달호가 운영하였으며 여인숙음식점영업조합장을 역임하였다. 일제강점초기 헌병보조원으로 활동한 정달호는 3·1운동에 참가한 조선인을 체포하고 학대한 혐의로 1949년 5월 반민족행위특별조사위원회 충북지부에 의해 체포되었다. 광흥당대약포를 운영한 약종상 윤정구는 면협의원, 충주상무회회장, 충주군농촌진흥위원, 충주학교후원회회장, 매일신보 충주지국장을 역임하고 학교설립, 철도유치 등 식민지 개발과 지역 정치에 적극 참여하였다.

충주지방금융조합

북문네거리에서 보문당을 끼고 좌편으로 돌아가면 농협은행 충일 지점 건물을 볼 수 있다. 외관상으로 보면 평범한 농협 건물과 다를 바 없지만 농협은행 충일 지점의 발자취를 따라 시간을 거슬러 올라가면 식민지 금융침략의 첨병이자 하위 말단조직인 충주금융조합을 만날 수 있다.

금융조합의 설립은 조선 경제가 식민지적으로 재편되는 과정의 일환이었다. 1904년 8월 22일에 체결된 제1차 한일협약에 따라 재정고문이 된 일본인 목하전종태랑(目賀田種太郎)은 한국의 재정 상황을 조사하고 한국재정을 식민지체제로 전환하기 위해 화폐정리사업과 재정기구의 개편에 착수하였다. 화폐정리사업에 의해 일본 화폐가 자유로이 유통되고 일본 상품과 자본이 진출함으로써 일제가 한국재정을 실질적으로 지배할 기틀을 마련하였다. 그 과정에서 조선의 전통적인 금융기구가 붕괴되고 금융경색이 전국적으로 확산되었다. 경제공황에 직면한 조선의 경제 위기를 일제는 식민지 금융침략의 기회로 이용하였다. 일제는 조선의 전통적인 금융기구를 대신할 식민지적 금융기관으로 한성공동창고회사, 농공은행 등을 설립하였다. 지방금융조합은 농공은행을 보조하여 농촌의 금융경색을 완화하고 점차 확산되고 있던 의병투쟁으로부터 농민을 차단하기 위해 1907년부터 전국 각지에 설치되었다.

지방금융조합의 설립 지역과 관할 구역은 1907년 7월 11일 개정된 탁지부령 제26호 『관세관 위치 및 관할구역』에 의해 일률적으로 정하였다. 금융조합은 세무관 소재지에 설치하게 되어 있었다. 충주금융조합은 1909년 7월 통감부의 설치 허가를 얻어 같은 해 9월 충주와 청풍을 관할 구역으로 하여 설립되었다. 금융조합을 설립하여 농촌을 통제하고 경제적으로 수탈하려는 일제에 대항하여 전국적으로 농민들의 항거가 이어졌기 때문에 금융조합의 설립이 순탄하게 진행된 것은 아니었다. 1907년 군대 해산 이후 전국 각지에서 의병항쟁이 치열하게 전개되어 설립 초기 금융조합은 어려움에 처하였다. 일제는 침략정책의 일환으로 설립된 각종 금융기관과 관련된 친일 조선인이 의병의 공격대상이 되면서 조합원 모집이 어려워지자 금융조합 설립위원에게 모집인원을 할당하여 조합원을 강제로 모집하기도 하였다.

관료와 경찰 등 치안기구로 구성된 식민통치기구만으로 수탈정책을 추진하는 데 한계가 있었기 때문에 금융조합과 같이 지역민과의 접촉을 통해 식민지 수탈을 측면에서 원조하거나 전면에서 대행하는 조직은 필수적이었다. 금융조합은 일제의 보호와 감독하에 농민에 대한 농업자금 대부 외에도 농사개량지도, 부업장려, 위탁판매, 공동 구입 등 다양한 활동을 전개하였다. 병탄 이후인 1914년의 '지방금융조합령'의 제정, 1918년과 1929년의 '금융조합령'의 개정으로 금융조합의 기능과 역할이 강화되었다. 충주금융조합은 1917년 3월 청풍금융조합이 설립됨으로 충주군 일원으로 관할 구역이 조정되었다. 1919년 8월에는 엄정, 산척, 소태, 가금의 4개 면을 조합구역으로 하여 목계금융조합이 설립되었다. 1921년에는 이류, 신니, 주덕의 3개 면을 조합구역으로 하여 대소원금융조합이 설립되었다.

금융조합은 조합장, 이사, 감사, 평의원으로 구성되었고 의결기관으로는 총회와 평의원회가 있었다. 이사는 조합을 대표하였고 조선총독이 임명하였다. 충주금융조합 이사장을 역임한 오소금오(奧小金吾), 실야희대작(失野喜代作), 송하각치(松下角治) 등은 일제의 식민지 지배를 위한 관료양성기관인 대만협회 전문학교 또는 동양협회 전문학교 출신이었다. 이들 학교는 일제가 식민지 지배를 위해 설립한 식민관료 양성기관이었다. 초대 충주 금융조합 이사로 취임한 오소금오(奧小金吾)의 경우 1880년 오이타현(大分縣)에서 태어나 1904년 육군통역관으로 활동하였고, 1906년 지원병으로 입대하였다. 대만협회전문학교를 졸업했으며 1909년 조선으로 건너와 충주금융조합 이사가 되었다.

조합장은 총회에서 조합원의 선거에 의해 선출되었으며 지방장관의 승인을 받아야 했다. 충주금융조합의 초대 조합장 정운하는 농업에 종사하고 기호흥학회 회원 경력이 있다. 2대 조합장 구형조는 전 육군참위이며 기호흥학회 회원이었다. 3대 조합장 윤우영은 사립 용명학교를 설립하고, 신니면장을 역임하였다. 제4대 조합장 조대연은 엄정면장, 면협의원, 도평의원을 역임하였고, 제5대 조합장 이완재는 충주면장을 역임하였다. 조합장은 지역의 유력자들로 면장 등 관료 등이 많음을 알 수 있다. 총독부는 지방의 유력자들을 조합장으로 임명하여 적극 활용하였고 이들 조합장들은 일제의 식민지배 정책에 적극 협력함으로써 지역에서 자신들의 영향력을 확대하고자 하였다. 한대석, 정일, 이기하, 이석연, 유석희, 유석원 등의 평의원도 면장, 면협의원, 도평의원을 역임한 자들로 식민권력과의 유착 관계를 바탕으로 성장한 식민지배의 적극적인 협력자였다. 일제 강점기 금융조합은 식민지 경영의 첨병인 일본인 이사와 지역 유력자 간의 결탁의 결과라고 할 수 있다.

충주금융조합의 기존 사무소가 협소하여 1926년 9월 대수정에 있는 원래의 건물을 철거하고 그 자리에 사무소를 신축하였다. 대지 212평 건평 36평이고 건축비는 9,700원이었다. 오토거천(奧土居天)이 쓴『충주관찰지』(1931)에는 "충주 대수정에 굉장한 건축물이 높고 크게 솟아 발전하

충주지방금융조합

는 대충주 건설의 위력을 보여 주고 있다."고 금융조합을 추켜세우고 있다. 충주 읍내에서 금융조합의 위상과 역할을 어떠했는가를 알 수 있는 글이라고 할 수 있다. 1935년 8월에는 건물의 일부가 썩어서 위험하였기 때문에 2,850원을 들여 개축하였다.

금융조합은 1930년대 전반까지 농업금융과 상업금융을 통하여 식민지 지배구조를 형성하는 데 일익을 담당하였고, 전시동원기에는 강제저축, 대출억제 등을 통해 전시 자금 창구 역할을 하였다. 금융조합의 역할과 기능은 해방 후에도 크게 변하지 않고 유지되었다. 일제 시기 조선금융조합연합회는 해방 이후 대한금융조합연합회로 명칭만 변경되어 이승만 정

권의 농촌통제기구로 이용되었다. 1956년 농업은행으로 개편되었다가 5.16쿠테타 이후인 1962년 농협중앙회로 개편되어 오늘에 이르고 있다.

일제강점기 충주경찰서

충주금융조합이 있었던 농협지점 옆의 중앙시장에는 일제강점기 충주경찰서가 있었다. 우는 아이도 울음을 그친다는 순사에 대한 기억과 식량을 공출한다며 집안을 뒤져 쌀을 빼앗아 가고 징용과 징병을 강요한 폭력과 억압의 상징인 일제강점기 경찰은 조선인들의 삶을 옭아매고 무소불위의 권력을 행사하는 식민지 통치기구였다. 조선을 강점한 일제는 전래의 조선인들의 전통과 관습을 말살하고 새로운 식민지 지배질서를 만들어 내려고 하였다. 경찰 조직은 식민지 지배체제를 유지하는 데 결정적인 역할을 하였으며 조선인들의 일상생활 깊숙이 식민권력을 침투시키고 지배 의도를 관철시키는 중요한 도구였다.

일제는 의병 탄압을 위해 1910년 강제 병탄 이전에는 경찰력의 집중이 필요했다. 무력 탄압기관으로 경찰서가 배치되어 있었고, 이와 더불어 충주주둔 일본군 수비대와 천안헌병 분대 충주관구 충주헌병 분견소가 설치되어 있었다. 충주와 인근 지역에서 의병투쟁이 활발히 전개됨에 따라 헌병과 경찰력이 충주 인근에 집중되어 있었다.

1910년 7월 1일 헌병과 경찰이 통합되면서 경찰기관이 분산적으로 배치되었다. 충주헌병분대로 명칭이 변경되었고 병탄 이후인 1910년 10월 충주헌병분대는 경찰서로부터 사무를 인계받아 업무를 개시하였다. 충주헌병분대 청사는 1913년 6월 준공되었다. 충주헌병분대의 관할구역은 충주군, 단양군, 연풍군이었고 단양과 연풍에 헌병분견소가 배치되었다. 충주군의 대소원, 용원, 연하, 용동, 목계, 송정, 조동, 무릉, 탑평에 헌병분대 출장소가 설치되었다.

헌병경찰은 경찰 본연의 사무 이외에 식민지 행정경찰을 포함한 광범위한 권한을 행사하였다. 도로개수를 위한 부역 등 각종 노역 동원을 거부하거나 식민통치를 비판하고 협조하지 않을 경우 무시무시한 폭력을 행사하였기 때문에 헌병경찰은 공포와 두려움의 대상이었다. 조선인을 괴롭힌 것은 1910년 12월에 공포된 '범죄즉결령'과 1912년 3월에 공포된 '조선태형령'으로 재판도 없이 경찰과 헌병에 의해 가해진 즉결처분과 태형이었다. 헌병경찰의 횡포에 대한 조선인의 반감이 쌓여 갔다. 3.1운동이라는 거족적인 저항에 직면한 일제는 불가피하게 기만적인 유화책으로 문화정치를 표방하고 헌병경찰제를 폐지하고 보통경찰제를 채택하였다. 1919년 8월 경찰제도의 개정에 의해 충청북도에는 경찰서 10개소, 주재소 96개소, 파출소 2개소, 출장소 5개소가 설치되었다.

충주의 경우도 1919년 헌병분대가 폐지되고 충주경찰서가 설치되었다. 충주경찰서는 헌병분대로부터 사무를 인계받고 헌병분대 사무실에서 사무를 개시하였다. 대소원, 용원, 연하, 목계, 송정, 조동, 무릉, 탑평의 헌병 출장소가 폐지되고 그 자리에 이름만 바꿔 주재소가 설치되었다. 충주본서 직할은 충주와 금가면이었고, 대소원주재소는 이류면과 주덕면, 용당주재소는 앙성면, 연하주재소는 노은면, 용원주재소는 신니면, 목계주재소는 소태면과 엄정면, 탑평주재소는 가금면, 송정주재소는 산척면, 조동주재소는 동량면, 무릉주재소는 살미면 일원을 관할구역으로 하였다. 같은 해 6월 20일부로 주재소명을 주재소가 있는 지역의 면명으로 고침으로써 이류주재소, 신니주재소, 노은주재소, 앙성주재소, 산척주재소, 동량주재소, 살미주재소, 가금주재소로 변경되었다.

충주경찰서는 1919년 10월 오처정(吾妻町)에 있는 충주잠업조합건조장에 임시 청사를 마련하고 이전하였다. 1920년 9월 대수정(충주시 성서동 8번지, 현 중앙시장)에 토지를 기부받아 청사 신축공사에 착수하였고, 1921년 일본식 목조건물로 청사를 준공하고 이전하였다.

충주의 경찰 직원 수는 1916년의 경우 1개 경찰서 9개의 주재소에 83명이었다. 1924년 12월 행정과 재정정리로 인하여 본서 30명, 금가 3명, 엄정 5명, 앙성 5명, 이류 7명, 가금 3명, 소태 3

충주경찰서

명, 노은 3명, 살미 4명, 신니 4명, 동량 4명으로 도순사의 정원은 75명이 되었다. 민족별 구성에 있어서는 1910년대에는 일본인 경찰에 비해 조선인 경찰이 많았으나 일제강점 후반기인 1930년대 들어서 일본인 경찰 수가 보다 증가하였다. 상위계급은 대부분 일본인이 차지하였고 하위계급에 조선인이 몰려 있어 민족차별이 심했다.

문화정치라는 이름 아래 제복 착용이 폐지되고 헌병경찰의 태형은 공식적으로는 사라졌지만 경찰기구가 증가하고 1군 1경찰서, 1면 1주재소가 확립되었다. 치안유지법에 의한 민족해방운동요원, 지식인, 학생 등에 대한 감시와 탄압은 더욱 강화되었다. 헌병경찰이 폐지되고 보통경찰로 전환되었다고는 하나 헌병을 면직시키거나 일본으로 돌아간 것이 아니었고 복장만 순사복으로 갈아입었을 뿐이었다. 조선인에게 잔혹하고 가혹한 행위를 일삼았던 일본인 헌병 출신 경찰들이 여전히 한국인을 탄압하였기에 경찰의 억압이 완화되거나 약화된 것은 아니고 오히려 강화되었다고 할 수 있다.

1937년 중일전쟁이 발발하고 전시체제로 재편되면서 경찰의 조직과 역할은 보다 강화되었다. 1938년 경제경찰제도가 신설되어 물가단속, 경제통제, 경제정보 수집, 민심통제 등의 업무를 담당하였을 뿐만 아니라 전시동원을 위해 징병과 징용, 물자 징발과 사상 탄압, 시국 인식 계도 등을 담당함으로써 총동원의 전위조직으로 활동하였다. 일제강점기 경찰에게는 일본인은 보호와 후원의 대상이었지만 조선인은 감시와 탄압의 대상이며 저주와 경멸의 대상이었다.

1945년 8월 15일 해방이 되었지만 충주 읍내 사람들이 모두 모여 해방의 기쁨을 누린 날은 8월 17일이었다. 해방의 날을 기억하는 지역의 어른들은 "내 인생의 가장 많은 사람들을 보았다."고 하였다. "으이쌰, 좋다~"를 외치며 수많은 사람들이 길을 메우고 만세를 부르며 거리를 누볐다. 소나무로 개선문을 만들고 노래를 부르며 만세를 불렀다. 그리고 읍내 사람들이 가장 먼저 한 일이 있었다. 그것은 경찰서를 공격하는 것이었다. 성난 시민들의 습격에 건물이 파괴되었고 충주경찰서의 2인자인 일본인 경부보(警部補)가 우물에 빠져 자살하였다. 진정한 해방의 기쁨은 일제의 경찰 권력을 부정하고 그로부터 해방되는 것이었다. 군청이나 면의 직원 등 관공리와 친일협력자들이 성난 민중의 공격 대상이었지만 그중에서도 경찰이 가장 많은 공격을 받은 것은 그만큼 경찰과 경찰관에 대한 원성이 높았기 때문이라고 할 수 있다.

일제의 경찰이 사라지자 지역 주민들이 자율적으로 치안조직을 만들어 활동하였다. 정부 수립 후 경찰조직이 갖추어지자 자진 해산하였다. 6.25

역사도시 충주의 발자취와 기억

전쟁 중의 폭격으로 경찰서의 본관이 소실되고 상무관과 유치장만이 남았다. 상무관을 수선하여 임시청사로 사용하였으나 이마저 중공군의 남침으로 소실되자 청주지방법원 충주지원청사로 사용됐던 적산가옥으로 옮겼다. 1952년 12월 20일 성내동 374번지에 있는 성광관(星光館)을 개수해서 이전하였다가 1957년 12월 7일 현재의 청사로 신축 이전하였다(김상현, 1959:203).

자동차 정거장

한국 최초의 자동차는 1903년 고종의 즉위 40년을 기념하기 위해 미국 공사에게 부탁해서 들여온 것으로 기록되어 있다. 그러나 1903년 이전에 이미 서울에 자동차가 운행되었음을 보여 주는 사진이나 그림들이 존재하는 것으로 보아 1890년대 후반에 유입된 것으로 보인다. 1911년에 조선 총독 데라우찌가 자동차 2대를 들여와 그중 한 대를 고종에게 선물하였다. 1911년 말에는 진주에 사는 에가와라는 일본인이 자동차영업허가를 받음으로써 자동차운수사업이 시작되었다. 서울에서는 곤도라고 하는 일본인이 자동차 한 대를 들여와 택시 영업을 하였고 오리이라는 일본인이 오리이자동차 회사를 설립하고 진나포-광양만, 사리원-해주, 천안-온양, 충주-조치원-공주, 삼천포-진주, 신의주-의주, 청주-조치원, 평양-진남포, 김천-상주 노선의 영업 허가를 신청하고 영업하였다(김천욱, 1999).

자동차 영업이 가능하게 된 것은 1910년대 도로개수의 결과라고 할 수 있다. 경성-부산 간 1등 도로의 충주-장호원 구간은 1914년에 착공하여 1916년에 준공되었고, 충주-상주 구간은 1914년에 착공하여 1917년에 완공되었다. 2등 도로의 경우 청주-충주 간 도로는 1911년에 착공하여 1913

년에 완공되었고, 충주-강릉 간 도로는 1917년에 착공하여 1927년까지 부분적으로 개수되었다. 도로공사는 조선시대 간선도로를 근간으로 하여 자동차운행이 가능하도록 도로를 확장하거나 직선화하는 작업이었다. 지역을 연결하는 도로가 계속해서 개통되었고 충주 시구개정의 시행에 맞춰 자동차 운행이 시작되었다.

충주와 청주 간 자동차운행은 1914년에 시작되었다. 초기에는 여객의 왕래가 적어서 승객의 요구에 따라 부정기적으로 자동차가 운행되었으나 후에 짝수일에 1회씩 정기 운행되었다. 1917년에는 경성-충주 간 직통 자동차가 운행을 시작하였다. 매일 오전 8시 30분에 경성과 충주 양 지역에서 출발하였으며 8시간이 소요되었다. 경성과 충주 간을 운행한 자동차는 트럭을 개조하여 사용하였고 6인 정도가 탑승할 수 있었다. 승객은 일본인이 대부분이었고 조선인의 경우 부유한 소수가 이용하였다. 1918년 충주-대구 간, 1922년 충주-제천 간, 1923년 충주-상주 간, 1930년 원주-충주 간 자동차가 개통되었다(매일신보, 1917. 3. 11; 동아일보, 1922. 12. 5; 매

서울-충주 간 자동자 운행(매일신보, 1917. 3. 11)

일신보, 1930.11.20).

　일제강점기 충주에서 자동차가 출발하는 정거장은 두 곳이 있었다. 경성으로 출발하는 자동차 정거장은 충인동 407번지 현 아이패밀리 인근에 위치했고, 제천, 단양 등의 지역으로 운행되는 자동차 정거장은 충인동 309번지 인근에 있었다. 해방 이후에도 그 자리에 존속하다가 1974년 12월 15일 현 우체국(문화동 544)으로 이전하였다가 2002년 2월 칠금동으로 이전하였다.

일본인 학교

　일제에 의해 강제로 개항되던 1876년 조선에 정착한 일본인은 54명에 불과하였다. 그러나 일제의 침략이 노골화되면서 일본인의 이주는 지속적으로 늘어나 1890년에 7,245명, 1900년에는 15,829명, 1910년대 17만 명으로 증가하였다. 일본인들의 이주가 증가함에 따라 식민지 지배자에게 가장 시급한 것은 계속해서 이주해 오는 일본인들의 정주요건 개선과 생활환경 향상을 적극 원조하고 안정적인 정착을 위해 학교와 의료기관 등을 건립하는 것이었다. 특히 식민지 조선에서의 일본인 교육은 식민통치를 위한 지배 세력을 재생산하는 성격을 가지고 있었다. 러일전쟁 이후 통감부가 설치되고 조선에 대한 식민지배의 가능성이 점차 증가함에 따라 일본인 교육에 대한 관심도 증가하였다.

　러일전쟁(1904)을 전후하여 충주로의 일본인 이주가 본격화되었다. 점차 증가하던 이주 일본인의 수는 1908년 6월 충청북도 관찰부가 충주에서 청주로 이전하면서 감소하였다. 아이들의 교육문제가 시급했기 때문에 1909년 일본인들이 공립소학교 건립을 경성이사청에 청원하였으나 학령아동의 미달로 각하되었다. 일본인 아동들은 조선인 사립학교인 돈명학교에서 교편을 잡고 있던 원구일이(原口一二)에게 글을 읽고 쓰는 정도의 교육을 받았다. 1910년 병탄 이후 일본인의 이주가 증가하고 학령아동수가 늘어나면서 학교 설립의 필요성이 다시 제기되었다. 일본인 유지들을 중심으로 학교 조합을 설립하였고 1911년 3월 학교 설립 인가를 받아 충주공립심상소학교를 설립하였다. 충주 학교조합은 식민 초기 위생시설인 피병원(避病院)의 설립, 소방조의 조직, 도살장 등을 경영하였기 때문에 학교조합을 통한 학교의 설립은 일본인 사회를 안정시키고 식민지 도시에서 일본인 세력을 형성하고 발전시키는 토대로 작용하였다.

초기 일본인 학교는 남문 밖의 한호농공은행 소유 가옥을 임차하여 사용하였다. 1914년 학생 수가 45명이 되어 2개 학급이 증가하였고 1915년 고등과를 병설하였다. 일본인 이주가 계속 증가하여 학교가 협소하게 되자 1915년 10월 17일 교현천 너머 현 시립도서관 위치에 학교를 신축하였다.

일본인학교

역사도시 충주의 발자취와 기억

일제강점하의 열악한 환경 속에서 교육을 받고 있던 조선인 학생들과 달리 식민지 지배자의 후예인 일본인 학생은 모든 면에서 우월한 조건과 환경에서 공부하고 생활하였다. 조선인 중에서도 선택받은 사람들이라고 할 수 있는 같은 또래의 조선인 보통학교 학생들이 두루마기를 입고 보따리를 메고 고무신을 신고 학교에 갔다면 일본인 학생들은 양복을 입고 가죽 가방을 메고 운동화를 신고 학교를 다녔다. 복장부터 달랐기 때문에 일본인 학생을 단번에 알아볼 수 있었고 서양 귀족 같은 느낌이었다.

1921년 교사 및 부속가옥 증개축, 1928년 운동장 확장, 1930년 국기게양대 건립, 1931년 교실과 강당 건축이 이루어졌다. 교명은 일제 말에 충주본정국민학교로 변경되었다. 일본인 학교는 1945년 일제의 패망과 함께 충주 일본인들이 소리 소문도 없이 도망갈 때까지 지속적인 확장을 거듭한 충주 일본인 사회의 자랑거리였다.

충주사범학교

초등학교 교원 양성을 담당하는 사범학교는 일제강점기부터 설립되기 시작하였다. 일제는 대한제국이 설립했던 한성사범학교 등 사범학교기관을 모두 해체하고 관립보통학교에서 교원양성을 담당하도록 하였다. 1921년 설립된 조선총독부 사범학교가 1922년 경성사범학교로 개편되었고 1929년에는 대구사범학교와 평양사범학교가 설립되었다. 해방 전 남한에는 10개의 사범학교가 있었고 충청북도에는 1941년에 청주사범학교가 설립되었다. 일제 시기 세워졌던 사범학교는 해방 후 새로운 나라의 초등 교육기관으로 변신하였다.

해방 후 초등학교 교원의 40%를 차지하던 일본인 교사들이 사라지면서 교사 부족 문제가 발생하였다. 일제의 억압으로 눌렸던 교육열이 팽창하면서 새로운 시대에 걸맞는 사범교육기관의 증설이 필요했다. 충주를 중심으로 충북 북부 지역, 강원 남부 지역, 경북 북부 지역의 교원양성을 위한 논의가 진행되면서 1946년 7월 2일 충주공립사범학교가 설립되었다. 같은 해 서울사범학교, 인천사범학교, 부산사범학교, 강릉사범학교, 군산사범학교, 목포사범학교, 순천사범학교가 설립되었고, 1947년에는 안동사범학교, 1950년에는 대구사범학교, 1953년에는 제주사범학교가 설립되었다.

충주공립사범학교는 교장 선생님이 발령이 났지만 정작 학교 건물이 건립되지 않아 충주공립여자중학교의 교실 일부를 빌려 교무를 시작하였다. 1946년 8월 14일 강습과 1회 여학생 25명을 모집하고 9월 16일 개교하였다. 일본인학교인 본정국민학교에 주둔하고 있던 미군이 철수하자 본정국민학교를 임시 교사로 사용하였다. 1947년 7월 22일에 1회 졸업식을 거행하였다. 1948년 4월 1일 충주시 성남동 현 충주공업고등학교 부지에 본관 신축공사에 착공하였다. 신축교사의 준공을 몇 개월 앞두고 6.25가 발발하였다. 전쟁 시작 6일 만에 충주 지역으로 후퇴한 국군부대들이 충주 지역의 각급 학교를 임시 막사로 사용하였고 충주사범학교 교사인 현재의 충주예성공원 교정에도 헌병부대가 주둔하였다. 1950년 7월 1일 수업이 중단되었고 7월 4일 소개령과 함께 학무가 중단되었다. 1950년 9월 20일 미군의 폭격으로 신축 건물 및 부속 건물이 전부 파괴되었다. 1951년 임시교사의 건립에 착공하여 1951년 12월 15일 준공하였고 1952년 7월 20일에는 임시 교사 9개 교실 260평을 착공하여 1953년 3월 31일 준공하였다. 6.25 동란의 아픔을 딛고 일어나 연차적으로 학교 시설을 갖추어 감으로써 초등교원을 양성하는 교육기관으로서의 면모를 갖추게 되었다.

충주사범학교

충주사범학교는 다른 사범학교들과 마찬가지로 높은 경쟁률을 보였고 입학시험도 까다로웠다. 충북 북부 지역, 경상도 북부 지역, 강원도 지역의 우수한 인재들이 응시하였다. 초등학교에서 우수한 학생들이 사범학교 병설중학교에 입학하였고 교육 과정이 사범학교에 연계되어 있었기 때문에 병설중학교 출신들의 합격률이 높았다.

그러나 1961년 5.16쿠데타 이후 초등 교원의 질적 향상을 도모하기 위해 사범학교를 2년제 대학으로 개편하기 위한 교육에 관한 특별법이 공포되었다. 동법 6조 규정에 의하여 1962년 3월부터 전국에 10개의 교육대학이 설립됨에 따라 충주사범학교는 1963년 1월 30일 제13회 졸업식을 마지막으로 1963년 2월 28일 폐교하게 되었다. 충주사범학교 부속초등학교 12학급은 충주예성국민학교로 개교하였다. 충주사범학교를 대신하여 1962년 5월 1일 도립 충주공업초급학교가 개교하였다. 충주사범학교는

1946년 9월 6일 개교하여 1963년 폐교할 때까지 16년 7개월의 기간 동안 1,588명의 졸업생을 배출했다. 교현2동 395번지 예성공원 내에 충주사범학교유지기념비가 있다(충주사범학교동문회, 1999).

교현국민학교

1920년대 들어 조선인들의 보통교육에 대한 열의가 폭발적으로 증가하면서 시설 부족에 대한 문제 제기가 계속되었다. 충주공립보통학교의 경우 1922년부터 학년 연장이 실시되어 수업연한이 4년에서 6년으로 늘어나면서 교실 부족 문제가 발생하였다. 보통학교 수업에는 한국 민족의 역사, 문화, 언어가 배제되고 식민지배의 필요에 따라 왜곡된 교육이 이루어졌다. 일제의 역사, 문화, 언어가 강제되는 식민지 교육기관이었음에도 총독부는 보통학교 증설에 소극적이었다. 1923년에 교실 3개를 증축하였지만 부족 문제를 해결할 수는 없었다. 1926년 2년제 고등과가 설치되면서 부족 현상이 가중되었다. 1,000여 명의 학생을 18학급으로 편성하여 운영하고 있었고 학생 수가 계속해서 증가하는 상황에서 증축으로 부족분을 수용하는 데에는 한계가 있었다. 이와 같은 문제를 해결하기 위해 1928년에는 수비대 건물을 빌려 교실로 사용하였다. 조선시대 충주진영(忠州鎭營)청사로 사용되다가 한말 의병 탄압을 위해 일본군 수비대가 주둔하기 시작한 충주진영청사는 일본군 수비대가 1923년 3월 31일 충주에서 철수하면서 비어 있었다. 여자부 8학급이 설치되었고 남학생 1학년과 2학년도 여자부 교사에서 함께 공부하였다.

성내에 있었던 교사는 매우 낡고 좁았기 때문에 새로 신축하자는 여론이 높아지자 일제는 1932년 3월 교현동 339번지에 학교 신축 공사를 시작하여 그해 9월 1일 낙성과 동시에 이전하였다.

충주교현국민학교

일제가 중일전쟁 이후 침략전쟁을 확대하면서 민족적인 고통이 가중되었으며 학교에 다니는 학생이라고 해서 전시동원과 황국신민화의 굴레를 피해갈 수는 없었다. 일제 말기 식민지 교육은 한국인의 민족정신을 말살하고 전쟁 수행을 위한 도구를 양성하는 것이 목적이었다. 전시동원체제 속에서 수업은 뒷전이고 내선일체와 황국식민화의 구호 아래 노동력 제공에 내몰려야 했다.

1937년에 현 남산초등학교인 충주제2보통학교가 설립되면서 충주제1보통학교로 학교명이 변경되었고 구역도 분할되었다. 해방 이후 시내에는 삼원초등학교, 예성초등학교, 단월초등학교, 달천초등학교, 목행초등학교가 설립되었다. 도시화가 진행됨에 따라 남한강초등학교, 성남초등학교, 대림초등학교, 칠금초등학교, 금릉초등학교, 중앙초등학교 등이 계속해서 설립되었다.

성공회 충주성당

성공회는 16세기 영국 종교개혁의 결과 성립되어 전 세계에 전파된 교단으로 영국성공회 또는 잉글랜드교회라고도 한다. 의식 측면에서는 카톨릭의 엄격함을 따르지만 신학의 측면에서는 개신교에 보다 가까운 것으로 알려져 있다. 성공회는 민족적이고 국가적인 성향이 강해서 민족, 국가, 지역에 적합한 신앙을 인정하고 장려하는 특성을 가지고 있다.

영국 성공회의 한국선교는 1890년 9월 29일 영국인 코프(한국명 고요한)주교가 제물포에 도착하면서 시작되었다. 1905년 제2대 단아덕(Arther B. Turner) 주교는 충북 진천을 중부 내륙의 선교 거점으로 선택하였다. 서울 정동교회 주임사제인 영국인 구르니(한국명 : 김우일) 신부를 진천의 관할 사제로 파송하면서 선교가 시작되었고 1907년 진천성공회가 설립되었다. 진천 지역의 선교가 활성화되면서 성교회의 교세는 점차 이월, 광혜원, 무극, 음성, 충주, 청주, 병천 등 인근 지역으로 확산되었다.

1910년에 음성성당이 충북에서 두 번째로 설립되었다. 충주성공회는 1924년에 설립되었으며 성당은 1931년에 건립되었다. 설립 당시 충주 지역 교인 수는 충주읍이 17명이고 산척면 명서리가 20명으로 합계 37명이었다. 성당은 동서를 축으로 하고 서쪽에 출입구가 있으며 북쪽에 제단이 있다. 정면은 3칸이고 측면이 6칸이며 첫 번째 칸 지붕 위에 종탑이 있었다. 벽의 하단부는 시멘트로 마감하였고 상단부는 회반죽으로 마감하였다. 지붕은 함석을 올렸고 실내 바닥은 마루를 깔았다.

성공회성당

성공회 선교 초기에는 한옥으로 성당을 건립하였으나 점차 서양식 성
당 양식으로 변화하였다. 충주성당은 한옥 성당에서 벗어나 서양식 성당
으로 넘어가는 과도기적 형태로 종탑을 설치하고 아치를 사용하는 등 서
양 건축 양식으로 건립되었다(이석봉, 2001:33-35; 61-62). 현재 성당으로
사용되고 있는 건물은 1975년 지어진 건물이고 1931년 건립된 성당은 창
고로 사용되고 있으며 건물의 부식과 균열이 심한 상태이다.

탄금대에서 충주역으로

1. 남한강 수운과 도시발달

조창의 설치와 운영

지방의 조세를 수납하고 수운을 통해 중앙으로 운송하는 것을 조운(漕運)이라 하고 수운의 편의를 위해 강변에 설치한 창고를 조창(漕倉)이라고 하였다. 조운제는 고려 초기 60개의 포구를 중심으로 세곡이 운송되는 60포제가 운영되었고, 이중 중요 지점에 12조창이 설치되었는데 이후 13조창으로 확장되었다. 충주에는 덕흥창이 설치되었고 인근 지역의 조세를 한강 수운을 이용하여 개경으로 운반하였다. 덕흥창은 가금면 창동리 사지 남서쪽 지역에 위치하였던 것으로 추정하고 있다(이은미, 2013:8-9).

고려시대 조운제도는 강운보다 바다를 통해 조세를 운송하는 해운에 중점을 두고 운영되었다. 그러나 고려 말 왜구의 침입이 빈번하면서 새로운 국면을 맞이하게 되었다. 왜구의 침입은 충정왕 2년(1350)부터 활발해졌고 조운과 조창에 공격이 집중되면서 공민왕 21년(1376)에는 조운을 폐지하고 육운으로 대체하였다. 조운이 중단되고 충주 덕흥창이 국가재정을 위한 주요 조창으로 부상하면서 충주로의 수도 천도가 논의되기도 했다. 왜구의 침입으로 조운이 중단된 이후 경상도 지역의 조세는 낙동강 수운과 소백산맥을 넘어 덕흥창에 수납되었다.

고려의 조운제도를 계승한 조선 왕조는 건국 이후 13조창을 9조창으로 개편하고 수운을 강화하였다. 충주를 통과하는 육운이 증가하면서 조세의 보관과 운송에 어려움이 발생하자 태종 11년(1411) 금천에 200여 칸의 경원창(慶原倉)을 설치하였는데 금천창(金遷倉)이라고도 하였다. 『세종실록지리지』에 의하면 "경원창은 주 서쪽 10리 연천에 있으며 경상도의 세곡을 받는 곳이다."라고 기록되어 있다. 경원창은 창동리의 쇠꼬지와 청금대 사이에 형성된 남북 방향의 골짜기에 입지하고 있고 조사결과 건물지와 기와가마 등이 확인되었다(중앙문화재연구원, 2007).

조선 초기 경상도 66개 군현의 세곡이 충주 경원창에 수납되었다. 영주, 풍기, 봉화, 예안 지방은 죽령을 넘었고 그 외 지역은 조령을 이용하였다. 낙동강 하류 지역 고을에서는 사선(私船)과 인력을 모집하여 조세를 운반하고 운송비용을 지불하는 방식이 활용되었다. 경원창이 설치된 지 50여 년이 지난 세조 7년(1461) 창고에 화재가 발생하자 가흥역 주변에 새로운 조창을 설치하였다. 가흥에 조창을 새로이 설치한 것은 금천과 가흥 사이에 있는 막흐레기 여울을 통과하는 과정에서 발생하는 재난의 위험 때문이었다.

창동리에는 오층석탑, 약사여래입상, 마애여래상 등의 문화재가 산재해 있어 남한강을 따라 형성된 오랜 세월의 흔적을 느낄 수 있다.

상업도시 금천의 발달

17세기 이후 전국적인 장시망이 형성되고 도시인구가 증가하였다. 상품에 대한 수요가 증가하면서 소비자의 요구에 맞춰 다양한 상품이 출시되었다. 상업이 발달함에 따라 남한강 유역의 충주·청풍·단양·정선·평창·영월·여주 등에 강항이 형성되었고 서울에서 내려온 경강상인들과 인근 지역의 상인들이 모여들어 다양한 물품과 특산물을 거래하였다. 조선 후기 충주는 남한강과 달천이 합류하고 조령, 계립령, 죽령, 원주, 죽산 등지로 부터 10여 개의 도로가 수렴되는 결절지로 강원도 남부, 경기도 동남부, 충청도 동북부, 경상도 등의 각지 화물이 집산되는 요지로 남한강 유역의 최고 상업중심지로 성장하였다(최영준, 2004:45).

이중환은 『택리지』에서 "의관을 갖춘 벼슬아치들이 모이고 배와 수레가

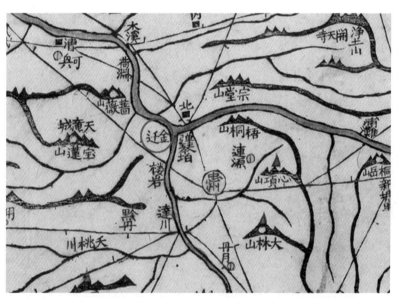

대동여지도 금천

역사도시 충주의 발자취와 기억

운집하고 서울로 가는 길목에 위치하는 까닭에 고을에 과거급제자가 많고 지방 각 도읍으로 향하는 사통팔달의 최적에 위치하니 족히 이름있는 도시 명도(名都)라고 부를 만하다."고 함으로써 충주가 행정도시로의 성장을 바탕으로 경제도시로 발돋움하고 있음을 알 수 있다.

조창을 가흥창으로 옮긴 이후에도 금천에서 괴산군의 대동목 35동(同)이 수납되었다. 『여지도서』에 의하면 금천 하류에 있는 루암에서는 경상도의 포목을 수납하여 상납하는 등 전세는 가흥창, 대동세는 금천, 포목은 루암에서 수납하는 방식으로 기능이 분할되어 있어 조창을 가흥으로 옮긴 이후에도 금천 포구는 활기를 잃지 않았다(김재완, 2000:237-238).

고대로부터 물길과 물길이 만나고 육로와 연결되는 지역에는 사람이 모여들고 유통경제가 발달하였는데 조선 후기 충주의 대표적인 상업중심지는 남한강 변의 금천과 목계였다. 이중환은 『택리지』에서 금천에 대해 "두강이 마을 앞에서 합친 다음, 마을을 둘러 북편으로 흘러나가므로 동남쪽으로 영남의 화물을 받아들이고, 서북쪽으로 한양의 생선과 소금을 교역하는 민가가 빗살처럼 촘촘하여 한양의 여러 강 마을과 흡사하다. 배의 고물과 이물이 잇닿아서 하나의 큰 도회(都會)가 되었다."고 묘사하고 있다. 남한강과 달천이 합류하여 북으로 흘러가는 강변에 위치한 금천은 물길을 이용한 물품 교역을 토대로 상업도시가 형성되었고 객주, 여각, 주막 등에 종사하는 주민들이 유통경제의 주역으로 성장하면서 도시가 번성하였음을 알 수 있다.

2. 탄금대의 지형과 유적

탄금대의 지형과 유래

탄금대는 대문산(大門山) 또는 견문산(犬門山)으로 불리는 작은 구릉이다. 한강과 달천강이 합류하는 지점에 위치한 탄금대는 남측 부분은 산세가 비교적 완만하나 한강이 흘러가는 북측 부분은 높은 절벽과 소나무숲이 어우러져 뛰어난 경관을 자랑하기 때문에 예로부터 지역을 대표하는 명소로 널리 알려졌다.

충주 시내에서 서북 방향으로 3㎞ 지점에 위치한 탄금대는 산의 최고 지점은 약 105m이고 최저 지점은 약 65m이다. 산은 동서로 길게 뻗어 있고 남북이 짧은 타원형을 이루고 있다. 동서 길이가 약 1,000m이고 남북 길이가 약 500m로 추산되며 동서남의 능선은 비교적 높고 북쪽으로 낮아

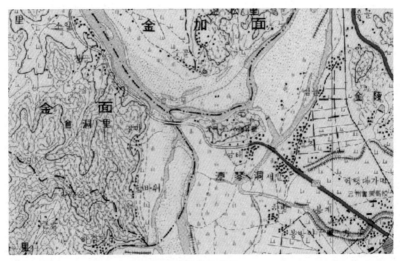

1970년대 탄금대 부근

지는 지세이다. 탄금대는 속리산에서 발원하는 달천이 충주천을 받아들인 다음 한강에 합류하는 지점에 솟아난 산이다.

탄금대는 강물의 자연스러운 흐름과 범람에 의해 형성된 샛강이 탄금대를 감싸면서 형성된 두물 사이의 섬이었으나 샛강을 메우고 제방과 공원시설을 만들면서 섬의 모습을 찾아볼 수 없게 되었다. 탄금대라는 지명은 신라시대 가야 출신의 우륵이 이곳에 와서 망국의 한을 품고 가야금을 연주했던 것에 연유한다. 우륵은 제자 계고(階古)에게는 가야금을, 법지(法知)에게는 노래를, 만덕(晩德)에게 춤을 가르쳤으며 바위에 앉아 가야금을 치며 여생을 보낸 것으로 전해지고 있다. 탄금대 인근에는 가야금과 관련된 지명이 많이 남아 있다. 탄금대에 대해 『신증동국여지승람』에는 "견문산에 있는데 푸른 벽이 낭떠러지로 높이가 20여 장이요, 그 위에 소나무와 참나무가 울창하며, 양진명소(楊津溟所)가 굽어 보인다. 우륵이 가야금을 타던 곳이라 하여 뒷날 사람들이 그곳을 탄금대라고 하였다."라고 하여 탄금대가 우륵과 관련되어 붙여진 이름임을 밝히고 있다. 탄금대는 우륵과 관련된 유서 깊은 유적지로 1977년에 건립된 「악성우륵선생추모비」, 1989년에 건립된 「탄금대유래비」 등의 기념비가 있다. 충주 시내에는 우륵당과 우륵 선생의 동상이 세워져 있으며 우륵문화제가 해마다 열려 우륵 선생을 추모하고 그 뜻을 기리고 있다. 이외에도 탄금대에는 「신립장군순절비」, 「충혼탑」, 「감자꽃」 노래비, 「팔천고혼위령탑」 등이 있다. 탄금대는 1976년에 충청북도 기념물 제4호로 지정된 후 2006년에 명승 제42호로 변경되었다.

탄금대 안내도

탄금대 토성

탄금대에는 우륵과 관련된 지명, 기념비 등이 있고 지역의 중요 축제로 우륵문화제가 매년 열리고 있기 때문에 탄금대의 역사가 우륵으로부터 시작된 것으로 생각하는 것이 일반적이다. 그러나 1970년대 탄금대 토성이 발견되고 1991년, 2002년, 2009년에 걸쳐 정밀조사가 이루어지면서 선사시대 탄금대에 대한 새로운 사실들이 드러났다. 조사 결과 토성의 축조 사실과 무문토기를 비롯하여 돌칼, 돌도끼 등 선사시대 유물과 백제 토기 편들이 발견되어 청동기시대부터 취락이 형성되었고 마한의 소국(小國)이나 백제 세력하에 있을 시기의 중심지로 기능하였을 가능성이 제기되었다(중원문화재연구원, 2009:19).

토성은 탄금대의 북측 가장 높은 곳에 위치하고 있다. 급경사를 이루고 있는 북쪽의 절벽 부분은 축성이 필요치 않은 구간이며 토성의 동쪽, 남쪽, 서쪽에 성벽을 쌓았고 동북쪽 높은 지점에서 서향으로 점점 낮아지는 사면을 따라 축성되었다. 토성은 전체적으로 도로, 묘지, 사찰, 비각 등 탄금대 공원 조성 과정에서 원상이 많이 훼손된 상태이다. 토성은 동서로 늘어진 불규칙한 타원형이고 동서 150m, 남북 100m 정도이며 둘레는 400m 정도이다. 성벽이 온전하게 남아 있는 부분은 동벽으로 현재 탄금정으로 이어지는 탐방로의 계단이 시설된 지점으로부터 성벽이 서쪽으로 회절하는 지점까지 67m가 남아 있다. 동벽 남단에는 너비 4m 정도의 통로가 있다. 남벽은 대흥사 뒤편으로 이어지는 110m 구간으로 일부분을 제외하고 토성의 안쪽은 겹축의 흔적은 확인되지 않고 있다. 서쪽 성벽은 남쪽 성벽의 서쪽 끝에서 북서쪽으로 이어지는 구간으로 약 61m이다. 성벽은 신립장군순절비와 비각 등이 세워지면서 훼손된 상태다. 성 내부의 중앙 부분에는 민묘가 있고 민묘 뒤편으로 탄금대기비(彈琴臺記碑)가 있으며 그 서쪽에 탄금정(彈琴亭)이 있다.

출토된 유물을 살펴보면 토기로는 원저단경호, 심발형토기, 장란형토기, 대형 옹기류 등이 출토되었다. 철기류에는 저수시설의 매몰토 최하단부에서 철정이 출토되었다. 철정은 5매 단위로 포개어져 출토되었고 총 수량은 40매이다. 최근 탄금대 남쪽 사면에서 제철유적이 발굴되고 있기 때문에 토성에서 출토된 철정은 탄금대 주변의 제철로에서 생산된 철로 제작된 제품일 가능성이 높다. 탄금대는 수운의 편리한 교통조건으로 인해 청동기시대부터 취락이 형성되었으며 출토된 유물로 보아 토성은 철을 생산하고 제품을 제작하는 기술을 가진 백제 세력에 의해 축성된 것으로 추정할 수 있다(최일성, 2010:270-278).

양진명소사

조선왕조는 건국 이후 고려 말의 정치·경제·사회의 혼란과 불안을 일소하고 새로운 지배체제를 구축하려는 노력의 일환으로 국가 차원에서 의례를 정비하고 시행하였다. 태종대에 국가제례에 대한 전반적인 개편이 이루어져 고려의 체제에서 벗어나 새로운 예제가 확립되었고 세종대에 본격적인 시행과 함께『세종실록』「오례」로 정리되었다. 제례는 중요도에 따라 대사(大祀)·중사(中祀)·소사(小祀)로 나누어 제사를 지냈으며 국가에서 선정한 제사처가 아닌 곳에 제사 지내는 것을 음사(淫事)로 규정하고 억압하였다.

태종 14년 예조에서 산천에 지내는 제사에 대해 상정하였는데 명산대천제(名山大川祭)는 국가에서 시행하는 소사(小祀)로 전국 23개 처에서 중춘(仲春)과 중추(仲秋) 초에 제사 지냈다. 명산대천제를 지내는 23처는 경성(京城)의 목멱(木覓), 경기의 오관산(五冠山)·감악산(紺岳山)·양진(楊津), 충청도의 계룡산(雞龍山)·죽령산(竹嶺山)·양진명소(楊津溟所), 경상도의 우불신(亏弗神)·주흘산(主屹山), 전라도의 전주 성황(全州城隍)·금성산(錦城山), 강원도의 치악산(雉嶽山)·의관령(義館嶺)·덕진명소(德津溟所), 풍해도의 우이산(牛耳山)·장산곶이(長山串)·아사진(阿斯津)·송곶이(松串), 영길도(永吉道)의 영흥성황(永興城隍)·함흥성황(咸興城隍)·비류수(沸流水), 평안도의 청천강(淸川江)·구진익수(九津溺水) 등이었다(중원문화재연구원, 2009:122-131; 최일성, 2010:270-278).

양진명소는 탄금대 아래 대홍사 인근의 금휴포(琴休浦)에 있었다고 전해지고 있다. 금휴포는 우륵이 가야금을 타다가 쉬었던 곳이라고 전해지는 곳으로 이곳에 사당을 짓고 제사를 지냈다. 고려나 조선시대 명산대천

양진명소사

은 천신과 지기가 깃들어 있는 곳으로 신앙되었으며 고대의 원시적인 종
교 형태로 시작하여 전승되는 사례가 많았다. 양진명소는 기록상으로는
고려시대부터 천신과 지신에게 제사 지내는 공간이었으며『고려사』에는
양진명소와 함께 양진연소(楊津衍所)가 기록되어 있다. 조선왕조는 산천
에 대한 제사를 유교적인 질서 속에 수용하는 방향으로 재편하였으며 무
속적인 내용은 제거하였다.

『호서읍지』충주목 읍사례에 의하면 양진명소제(楊津溟所祭)는 봄에 2
차례, 가을에 1차례 행하고, 헌관(獻官) 1원(員)이 친행했다. 대축(大祝)
은 1원(員)으로 연원찰방도(連原察訪道)가 예에 따라 행하고, 집사는 6원
(員)으로 저녁 한때는 관청에서 제공했다. 제사의 헌관(獻官)은 충주목사
가 맡았으며 산제(散齊)는 2일, 치제(致齊)는 1일로 3일 동안 진행되었다.
양진명소제(楊津溟所祭)는 매년 지내는 정기적인 제사뿐만 아니라 기우
처(祈雨處)로 중요시되었다. 전통 사회에서 가뭄은 흉년으로 이어졌으며

백성들의 굶주림과 재정 궁핍의 주요 원인이 되었다. 정부는 죄수를 방면하고 기우제를 지냈으며, 각종 가뭄에 대한 대비책을 마련하여 재난을 극복하려고 하였다. 첫 번째 기우제는 사직단에서 제사 지냈으며, 두 번째는 양진명소사에서, 세 번째는 용담(龍潭)에서, 네 번째는 월악(月岳)에서 지냈다. 국가에서는 양진명소제에 향(香)과 축문(祝文)을 내려 제사 지내게 했다. 이규경의 『오주연문장전산고(五洲衍文長箋散稿)』에 "~호랑이 머리를 던져 비 내리기를 빌면 효험이 있다."는 기록으로 보아 전통 사회의 비에 기원이 얼마나 간절했는지를 알 수 있다. 양진명소사는 고대로부터 제의가 끊임없이 이어진 신성 공간이며 1970년대에는 오룡굿이 시연되기도 하였다.

3. 옷갓의 유래와 독립운동

안동 권씨 입향과 옷갓 만석꾼

칠금동은 옷갓, 안골, 금대, 섬들, 새말 등의 자연촌락으로 이루어져 있다. 옷갓은 칠금동의 중심 마을이며 안동 권씨 총제공파의 동성마을이다. 안동 권씨 시조 권행의 16대손 양촌 권근의 장자 총제공 권천(權踐)이 죽자 그의 부인 단양 우씨가 4남 2녀를 데리고 친정인 충주에 낙향해서 능암에 터를 잡았다. 단양 우씨가 여섯 자녀를 훌륭히 길러내고 이후 후손들이 번창하면서 이웃 동네 옷갓(칠지)까지 영역이 확대되어 칠금동 일대는 안동 권씨 추밀공파 자손의 세거지가 되었다. 총제공의 4남 2녀 가운데 2남인 첨(瞻)은 현감을 지냈으며, 그의 장남 19대 언(躽)은 무과에 급제하고 벼슬이 좌찬성 겸 병조판서에 이르렀다. 언(躯)은 복성군(福城君)에 책봉되었으며 사당은 금릉동 능암마을에 있다.

옷갓 권씨가 세상에 이름을 알린 것은 31세손 월립(月竝) 병섭(丙燮) 때부터이다. 권병섭은 1894년 봄에 실시된 조선왕조 마지막 과거시험의 소과에 합격하여 진사가 되었다. 1902년 승지(承旨)가 되었는데 실제로 근무를 한 것은 아니었고 직함만을 하사받았다. 국가재정이 부족할 때 재산을 헌납하는 자에게 관직을 내려 재정에 충당하는 제도를 통해서 승지가되었고 이때부터 사람들은 권승지 댁이라고 불렀다.

한강이 탄금대를 향해 흐르고 옷갓과 탄금대 사이에는 샛강이 흐르고있었다. 권승지는 능바위 강변으로부터 시작해서 늪지를 따라 무성하게자라고 있는 옷나무의 진을 내어 한강 수로를 통하여 서울 마포에 판매하였다. 마을 이름이 옷나무가 사는 시냇가라는 뜻의 옷갓이 될 정도로 옷나무가 많이 생산되었다. 이곳에서 나는 옷나무 진이 나전칠기에 쓰이는전국 최고 양질의 재료로 인정받으면서 많은 돈을 벌었다. 서울에서 돌아올 때는 생활용품을 충주로 들여와서 판매함으로써 막대한 부를 축적하였고 그 자금으로 전답과 임야를 매입하여 만석꾼이 되었다. 자산 운용을통한 수익 창출과 근검절약으로 축적한 권승지의 재산은 옷갓 권씨 다음세대들이 다양한 사회활동을 하는 밑바탕이 되었다(김예식, 2006).

옷갓의 독립운동가

① 독립자금을 모금한 권태은(權泰殷)

권태은은 3·1운동의 연장선상에서 조선 독립을 위해 시위운동을 계획하고 동지규합 및 독립자금 모금을 목적으로 활동하다가 일경에 체포되었다. 1898년 칠금리 옷갓에서 태어난 권태은은 어린 시절 부모를 따라 서울로 이주하였다. 1919년 3월 1일 서울에서의 만세운동이 전국으로 확산되자 고향 충주로 내려왔다. 권태은은 4월 초순 충주면 칠금리에 있는 권중수의 집에 거처를 정하고 김종부, 오언영, 장양헌, 최명희 등과 만세운동을 준비하다가 일경에 탐지되어 동지들이 체포되었음에도 계속해서 동지규합 및 독립운동 자금 모금을 위해 활동하였다.

권태은은 충주군 살미면 설운리에 사는 최봉기(崔琫基)와 독립운동 자금 모금을 계획하였다. 10월 초순경 충주면 읍내 신영근(辛榮根)의 집에서 독립운동자금 지원을 권유하는 권유문의 초고를 최봉기에게 건네 주었다. 최봉기는 이를 가지고 경상북도 문경군 문경면으로 가서 준비에 착수하였고, 10월 중순경 신북면 팔령리의 산속에서 「조선독립운동비에 관한 건」이라는 독립자금 지원을 권유하는 통지서를 작성하였다. 최봉기는 이 문서를 가지고 문경군 내의 부호들을 방문하는 등 독립자금 모금을 위해 활동하였다. 충주군 살미면 설운리에 사는 박찬병(朴燦秉)은 이와 같은 모집 활동으로 모은 독립운동 자금 278원을 동지 손태근(孫泰根)에게 전달하다가 체포되었다.

권태은은 보안법 위반과 대정 8년 제령 제7호 위반으로 재판에 회부되었다. 4월 8일 충주 읍내 만세운동 계획 가담 부분에 대해서는 증거가 충분하지 않다며 무죄를 선고했으나, 보안법 위반 부분에 대해 최봉기와 함께 징역 6개월에 집행유예 3년이 선고됐다(권태은 외 판결문, 1920. 2. 27).

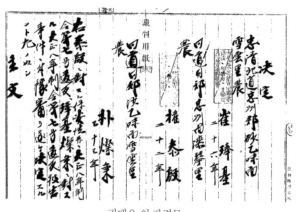

권태은 외 판결문

② 3.1운동을 후원한 권중수(權重秀)

권중수는 권병섭의 맏아들로 태어났다. 3.1운동이 일어나자 권중수는 만세운동을 적극 지원했다. 1919년 4월 8일 김종부, 장양헌, 오언영, 최명희 등이 칠금리 옷갓 권중수(權重秀)의 집에 모여 만세운동을 준비하다가 일제의 감시망에 발각되어 체포되었고 김종부·장양헌·오언영·최명희 등의 독립운동가가 옥고를 치렀다.

『김종부 외 판결문』, 『3.1운동사』 등에는 권태은의 집에서 만세운동을 계획한 것으로 기록되어 있으나 권태은은 어린 시절 부모를 따라 서울로 이주하였으며 일시적으로 충주에 내려와 당숙인 권중수의 집에 머무르면서 동지들과 만세운동을 준비하였다. 어떤 연유로 권중수의 집이 권태은의 집으로 기록됐는지는 알 수 없으나 권중수는 자신의 집을 만세운동의 준비 장소로 제공하고 만세운동을 적극 지원하였다.

권중수는 조카 권태은이 독립자금을 모금하다가 체포되어 대구형무소에 갇히자 면회 등 옥바라지를 하다가 병을 얻어 1919년 31살의 젊은 나이에 세상을 떴다. 만세운동을 계획한 칠금리 권태은 선생의 집, 즉 권중수 선생의 집은 최근 도시계획에 의해 도로에 편입되면서 흔적을 찾을 수 없게 되었다.

③ 항일 시인 권태응(權泰應)

권태응 선생은 1918년 4월 20일 옷갓에서 아버지 권중희와 어머니 민경희의 2남 중 장남으로 태어났다. 열 살 되던 해에 부친 권중희가 사망하자 할아버지 권병억의 슬하에서 성장했으며 8살까지 조부로부터 한문을 배웠다.

1927년에 충주공립보통학교(현 교현초등학교)에 입학한 권태응은 1932년에 졸업하고 서울로 올라가 경성제일고등보통학교(현 경기고등학교)에 입학했다. 전 과목에 걸쳐 성적이 우수했고, 특히 문학과 음악 그리고 체육에 뛰어난 재능을 보였다. 권태응은 학교 내 UTR구락부 회원으로 활동하였고 이는 민족의식을 키우는 계기가 되었다. 졸업 앨범 사진 기부 문제에 대하여 논의 중 "우리가 졸업하게 된 것은 천황폐하의 홍은이므로 교사에게 사진을 무상으로 기증해야 한다."는 발언을 한 학생과 언쟁이 발생하였다. 졸업식 날 친일성향을 보인 민병선, 윤재중, 최상린을 화학실로 불러 내 염홍섭, 최인형, 이병덕, 이강혁, 고홍엽, 이해종, 이재형, 김재호 등 동료 학생들과 함께 구타하였다. 권태응은 이 사건으로 종로경찰서에서 조사를 받고 15일간 구금되었으나 경성지방법원 검사가 가해 학생들이 상급학교를 지망하고 개정의 정이 있다며 기소유예 처분함으로써 마무리되었다(경기도경찰국, 京城公立第一高等普通學校 卒業生의 暴行에 관한 件, 1937).

1937년 3월 제일고보를 졸업하고 그해 4월 일본으로 건너가 와세다대학 정경학부에 입학했다. 권태응은 제일고보 동기들과 33회라는 비밀결사를 조직하고 조국독립을 위한 활동을 했다. 독서회를 조직하여 사회주의 성향의 책을 읽고 토론하였으며 조국의 독립과 사회주의 사회 실현 방안에 대해 논의하는 등의 활동을 하다가 체포되었다. 1939년 5월 치안유지법 위반과 내란음모 예비 혐의로 3년형을 언도받고 도쿄 스가모형무소에 투옥되었다. 감옥에 갇힌 지 1년 만인 1940년 5월 14일 폐결핵에 걸려 목숨이 위태롭게 되자 병보석으로 풀려났다. 도쿄에 있는 제국갱생원에 입원하면서 거주지를 제한당했고 와세다대학으로부터도 퇴학 처분됐다.

1941년 귀국하여 인천 적십자요양원에서 치료를 받던 중 만난 간호사의 간호로 병세가 회복되었고 그 인연으로 1944년 그녀와 결혼했다. 고향 충주로 귀향하여 농업에 종사했고 평소 관심을 가지고 있던 한글 야학에 적극 참여했다. 각본을 만들어 소인극 등을 공연했으며 특히 아동문학에 깊은 애정을 갖고 동요 창작 활동에 매진하였다. 탄금대에는 1968년 새싹회의 후원으로 지방 유지들이 성금을 모아 세운 감자꽃 노래비가 있다. 기다리고 기다리던 해방이 되었지만 분단되고 갈등하는 소용돌이 속을 바라보는 심경을 잘 보여 준 시가 「북쪽 동무들」이다.

북쪽 동무들

북쪽 동무들아
어찌 지내니?
겨울도 한발 먼저

찾아 왔겠지.

먹고 입는 걱정들은
하지 않니?
즐겁게 공부하고
잘들 노니?

너희들도 우리가
궁금할 테지
삼팔선 그놈 땜에
갑갑하구나

한국전쟁의 발발로 약을 제때
구하지 못하면서 병세가 더욱
악화되어 1951년 3월 33세의 짧
은 생을 마감했다. 칠금리 381
번지에서 출생하였지만 여덟 살
이후부터 대부분의 시간을 보낸
곳은 362번지였다. 권태응 시
인은 두 권의 동요집을 발표하
였는데 첫 번째 시집은 1948년
발표된 감자꽃이고, 두 번째 시
집은 세상을 떠난 지 44년 만인

권태응 생가터

1995년에 같은 이름으로 창작과비평사에서 출간됐다. 2005년에 독립유공자로 인정받아 정부로부터 대통령 표창을 받았다.

4. 일제의 탄금대 노선 개설과 공간 변화

탄금대 노선 개설과 합수나루

일제의 도로건설은 식민지 지배구조의 강화, 경제 수탈체제의 확립을 위해 추진되었다. 지역에서는 일본인의 이권수취, 자원수탈, 치안유지를 목적으로 도로가 개설되었다. 도로는 일제의 경제적, 군사적 요구에 의해 등급이 구분되었으며 도로공사의 완급 또한 조정되어 시행되었다. 도로의 기능에 따라 1등 도로에서 3등 도로 및 등외도로로 나뉘었고 각 등급마다 다른 건축규칙이 적용되었다. 1, 2등 도로는 조선총독이 관리하였고 3등 도로는 도지사가 관리하였다. 등외도로는 부윤(府尹), 군수(郡守), 도사(島司)가 관리하였다. 도로의 수선 및 유지 수선에 소요되는 비용의 경우 1, 2등 도로는 국비, 3등 도로는 도지방비, 등외도로는 부(府) 또는 관계 부락의 부담으로 하였다.

일제강점 초기인 1910년대 이주 일본인들은 자신들이 사는 지역으로의 도로건설을 적극 청원하였고 자신들의 이익에 부합하는 노선 설정을 위해 적극 활동하였다. 일제의 식민지 지배정책과 일본인들의 요구가 상호작용하면서 식민지 지방도로의 기본 틀이 형성되었다. 탄금대 노선은 충주군 소재지를 연결하는 3등 도로로 1908년 도청 이전 이후 새롭게 부상하고 있는 청주와 충주를 연결하는 2등 도로에 한강 수운을 연결하기 위

해 건설되었다. 구간은 충주교로부터 한강 유역의 탄금대까지이며 거리
는 약 3.5㎞이고 직선의 신작로였다. 탄금대 노선이 개설되면서 북문에서
북창나루에 이르는 봉화로 구간이 도시구역에서 배제되었다.

탄금대 노선

조선시대까지 서울로 연결되는 남북 축선을 중심으로 도시 공간이 발
달하였다면, 일제강점 이후 청주로 연결되는 동서 축선이 발달하기 시작
하였다. 탄금대 노선은 일제의 식민지 지배와 자원수탈의 통로로 개발되
었다. 일제는 탄금대 노선을 개설하면서 탄금대 서측의 한강과 달천이 합
류하는 지점에 합수나루를 설치하였는데 탄금대나루라고도 불렀다.

탄금대 노선은 1912년 충주 일대가 황색종엽연초 경작지로 선정되면서
충주 지역에서 생산되는 황색종엽연초를 탄금대 나루로부터 수운을 이용
하여 서울의 담배제조 공장으로 운반하거나 충주 지방에서 생산되는 철
과 활석 등 각종 광물과 자원을 수탈해 가는 통로로 이용되었다.

역사도시 충주의 발자취와 기억

일제강점기 한강에 진출한 대표적인 일본 자본은 내국통운주식회사였다. 충주에 출장소를 두고 1913년부터 서울 용산에서 충주 탄금대 나루 구간까지 화물 운송을 하였다. 내륙통운주식회사는 일선형범선(日鮮形 帆船 : 돛단배)을 운항하였는데 충주에서 나가는 물품은 곡물, 땔감, 숯 등이었고, 들어오는 물품은 소금, 명태, 석유 및 잡화 등이었다.

일제의 탄금대 노선 개설과 함께 기억해야 할 것은 오유충『청숙비』의 행방이다. 선정비와 함께 숲거리에 있던 오유충『청숙비』는 일제가 탄금대 노선을 개설하면서 철거하였다. 친일군수 서회보의 공덕비처럼 도로 개수 과정에서 장소를 이전하지 않고 오유충『청숙비』를 철거해 버린 것은 임진왜란 때 명나라 장수 오유충이 일본군을 물리쳤다는 기록이 비문에 들어가 있어서 의도적으로 철거했을 것으로 추측된다. 임진왜란 당시 의병장인 조웅 장군의 사당을 부숴 버린 예에서 보듯 일제는 임진왜란 당시 일본군의 만행이나 조선군의 승전을 담은 기록이나 유물에 대해 민감한 반응을 보였다. 시구개정을 하면서 도로개수에 방해가 된다거나 위생상의 문제를 들어 조선인들의 문화와 삶터를 파괴하고 강제로 이전하여 장소성을 없애 버리는 행위를 서슴지 않았기 때문에『청숙비』는 도로개수를 이유로 철거하기에 적합한 대상이었을 것이다.

한강 수운의 지속과 변화

개항 이후 철도의 개통과 확산은 한강 수운을 중심으로 형성된 사회경제 구조에 결정적인 변화를 가져왔다. 전통 사회에서 단거리 운송은 지게와 등짐의 예에서 보듯 사람과 소의 힘에 의존하는 것이 일반적이었고 원거리 대량운송은 수운에 의해 이루어졌다. 1905년 경부선이 개통되면서 철도에 의한 화물 운송이 본격적으로 시작되었고 한강 수운은 점차 철도 운송으로 대체되었다. 한강 수운은 철도와 화물자동차의 침투가 아직 미약한 1920년대까지만 해도 철도 운송보다 운임이 저렴하다는 장점을 바탕으로 어느 정도 경쟁력을 유지하고 있었다. 그러나 1928년 충북선이 충주까지 연장되면서 쇠퇴하기 시작하였고 철도를 보조하는 운송수단으로 기능이 변화하였다.

철도개통에 따른 한강 수운의 기능 변화를 잘 보여 주는 사례는 광물 운송이다. 일제강점기 충주 지역에서 채굴되는 금, 은, 중석, 철, 활석 등의 광물에 대한 일제의 수탈이 활발했는데 특히 활석의 운송 과정은 남한강 수운의 변화를 잘 보여 주고 있다. 조선시대 충주 활석은 도자기 원료, 약재, 화장품, 공예품 등에 사용되었다. 지역을 대표하는 특산물로 왕실에 약재로 진상되었고 동의보감에 소개될 정도로 명성이 높았다. 충주활석은 고대로부터 충주읍 동편에 위치한 남산 기슭의 살미면 곱도실에서 생산되었다. 활석의 수취는 관의 주도하에 광부를 고용하여 채광하였고 급료를 지불하였다. 채광된 활석은 광산에서 가까운 무음나루에서 배편으로 목계로 운반되었고 전세와 공물의 징수를 담당하는 관리인 감고(監考)를 통해 상납되었다. 남한강 수운을 통해 충주에서 서울까지 운반되었고 왕실, 중앙관서, 내의원, 군영 등에 전달되었다.

일제강점기 활석광산은 1910년대 불법과 편법으로 조광권을 차지한 일본인들에 의해 개발되기 시작하였으나 여건의 미비로 인해 채광이 활발하게 전개되지 못했다. 1926년에 광업법의 개정으로 활석의 광물 인정, 1928년 충북선 충주역 개통, 1931년 일제의 만주 침략 이후 전시동원체제가 강화되면서 광업이 활기를 띠기 시작하였고 활석 수요의 증가와 함께 활석 산업이 활성화되었다. 일제강점기에는 충주 목벌리 광산과 함남 이원 활석이 유명했다. 충주활석 광산은 매년 2천 톤가량을 생산했고 전량 일본으로 반출되었다.

활석광산—활석은 조선시대 충주 고유의 특산물로 왕실과 중앙관서 및 군영에 약재로 진상되었으며 일제강점기에는 일본인들에 의해 개발되었다.

선광장과 마차 운반—사진에 보이는 마차에 실려 가파른 산비탈을 내려가 무음나루로 운반되었다.

광산의 개발은 탐사, 채광, 선광, 운반과 유통 과정에 따라 진행되는데 채광된 활석은 갱도 밖으로 운반되었다. 갱도 밖 마당에서 선별과정을 거친 활석은 가마니에 담겨서 마차로 남한강변의 무음나루로 운반되었다.

무음나루에서 활석운반선에 실려 탄금대나루로 운반되었다. 탄금대나루에서 우마차에 실려 충주역까지 운반되었고 역광장에 모아 두었다가

활석운반선과 탄금대나루─활석운반선으로 약 16㎞ 거리의 탄금대나루까지 운반했다.

우마차와 활석 운반─충주역까지 활석을 운반하기 위해 모여 있는 마차꾼들의 모습

충북선에 실려 조치원에서 경부선을 갈아타고 부산으로 운반된 다음 일본 오사카로 반출되었다. 겨울철에 한강이 얼면 활석 운반선이 운행할 수 없기 때문에 사람이 등짐으로 마즈막재까지 옮겼고 이어 마차로 충주역까지 운반하였다. 1928년 충북선 충주역 개통으로 철도가 중요 운송수단으로 자리 잡았고 한강 수운은 점차 철도에 종속된 보조적 수단으로 격하되었다. 철도와 수운을 연결하기 위해 탄금대 노선의 예에서 보듯 신작로가 개설되고 우마차가 이용되었다.

1920년대 후반부터 화물자동차가 본격적인 영업을 개시하였고 빠른 성장세를 보였다. 화물자동차는 철도와 경쟁하였으며 남한강 수운을 위축시키는 요인으로 작용하였다. 1950년대 들어 목벌 광산에서 충주역까지의 활석 운반에 트럭이 도입되면서 활석 운반선에 의한 운반은 사양길에 접어들었다.

고대로부터 장거리 운송의 중심 역할을 담당하던 수운은 철도가 부설되면서 쇠퇴하기 시작하였고 철도 운송을 보조하는 역할을 담당하였다. 자동차 운송이 확대되면서 수운의 기능은 보다 위축되었고, 댐이 건설되면서 최종적으로 중단되었다.

충주공립농업학교

1910년대 식민지 근대교육에 대한 반감으로 저조했던 보통학교 입학률은 1920년대 들어 급격하게 증가하였다. 보통학교 졸업생의 수는 증가하고 있었으나 조선총독부가 중등교육을 억압했기 때문에 중등교육 시설의 부족으로 중등학교 진학기회는 지극히 열악한 수준에 머물러 있었다. 충주 지역에는 1920년대까지 중등교육 기관이 없었기 때문에 서울, 청주 등으로 유학을 떠나는 실정이므로 실업학교 설립은 지역의 중요 현안이었다.

일제강점기 실업학교 설립은 일제의 식민통치와 조선인의 식민지 교육에 대한 기대와의 상호 작용에 의해 추진되었다. 충주 지역 실업학교 설립 운동은 장기간에 걸쳐 진행되었다. 1924년 3월 충주·음성·제천·단양 군민대표 200여 명이 충주공립보통학교에 모여 회합을 갖고 충청북도공립실업학교기성동맹회를 결성하고 충주공립실업학교를 설립하여 줄 것을 요청하였다. 1928년 1월 군수 최지환을 비롯하여 영목정일(鈴木政一), 윤정구(尹政求), 원구일이(原口一二), 이춘웅(李春雄) 등이 도에 실업학교 설립을 진정하였다. 충청북도가 예산 부족을 들어 학교 설립을 거부하자 1928년 2월에는 충주면민대회를 개최하여 결의문을 채택하였고 충주군 공직자들이 사직서를 제출하기도 하였다.

1928년 후반부터 학교 설립으로 방향이 정해졌고 1929년 2월 토지제공 실행위원이 구성되었다. 위원장은 영목정일(鈴木政一), 부위원장 윤정구(尹政求)이었고 위원은 한인석(韓仁錫), 유석희(劉錫禧), 손해성(孫海成), 대화전희(大和田熙), 유석원(劉錫源), 정일(鄭逸), 한의석(韓義錫), 수야미길(水野彌吉), 한대석(韓大錫), 염전정개(鹽田貞介), 중천용장(中川龍藏), 대석장작(大石長作), 우야좌평(宇野佐平), 이종호(李種浩), 원구일이(原口一二), 이춘웅(李春雄), 김선수(金善壽) 등이었다.

실업학교 설립운동은 충주 지역 일본인들과 식민지배에 협력한 조선인 유력자들이 주도하였다. 일제는 1929년 11월 11일 충주면 봉방리에 충주공립농업학교를 인가하였고 1930년 5월 5일에 개교했다. 시내에서 적합한 부지를 물색하였으나 교사와 실습지를 수용할 수 있는 토지를 찾을 수 없어 도시 외곽인 탄금대 노선에 학교를 설립하는 안이 최종 결정되었다.

실업학교 설립은 중등교육 수요 충족이라는 긍정적인 효과를 갖고 있었지만 식민지배에 동화되고 지배체제를 강화하는 한계를 안고 있었다. 일제강점기 농업학교는 식민지배의 필요에 의

충주공립농업학교

해 설립된 농업 수탈과 생산성 향상을 위한 교육기관이었다. 졸업생들은 대부분 식민지의 하위 관공리로의 삶을 사는 경우가 많았고 회사나 농업 계통에서의 활동도 활발했다. 학교운영은 조선인과 일본인 공학으로 무차별을 원칙으로 하였지만 학사 운영과 학교 생활 과정에 다양한 민족 차별이 존재했다.

충주 지역 최초의 중등교육기관인 공립농업학교는 3년제 농업학교로 출발해서 1937년에는 5년제로 개편되었고 1943년에는 4년으로 변경되었다. 해방 후인 1947년에는 6년제로 개편되고 교명도 충주공립농업중학교로 변경되는 과정을 거쳐 지역의 명문으로 성장하였다. 1951년 8월 3년제 충주농업고등학교로 개편되었고 중학교는 교명을 충일중학교로 정하고 병존하다가 안림동으로 이전하였다.

제3장

서문 밖의
역사와 기억

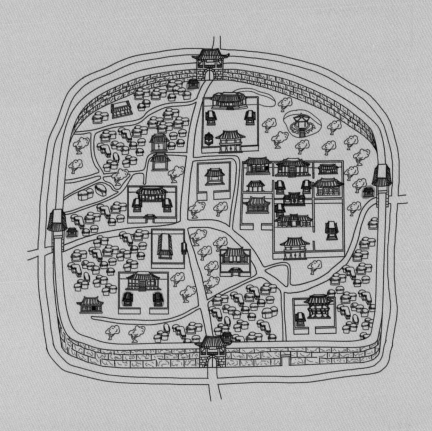

서문에서 충주천으로

1. 서문 밖의 마을과 시장

서문 밖 마을 서부리

충주 읍성 서측 성벽은 지금의 문학사 앞 도로에서 제2로타리에 이르는 구간에 있었고 길이는 약 270m이다. 서문(西門)은 성서동 351번지 사거리에 위치하고 있었던 것으로 추정된다. 서문은 1869년 읍성 개축 이전에는 망경루(望京樓)라는 2층 문루가 있었다. 임금이 있는 한양을 바라본다는 의미의 망경루(望京樓)라는 누각 이름에서 알 수 있듯이 한양으로 나가는 길과 연결된 성문이었다. 서문을 나서서 충주천을 건너 달천에서 동래로와 연결되어 서울로 향하게 된다. 읍성 개축 후에는 휘금문이라는 편액을 걸었다. 서문의 문루는 정면 4칸 측면 2칸의 팔작지붕이었다. 서문의 문루와 수문청은 1896년 을미의병 전쟁 과정에서 불에 타서 소실되었고 성문과 성벽은 일제강점기 시구개정에 의해 철거되고 도로로 변화하였다.

서문 밖의 마을 이름은 서부리이다. 관아가 있는 읍성을 중심으로 동서

남북 문 밖의 마을을 동부리, 서부리, 남부리, 북부리라고 불렀다. 읍성이 철거되어 사라졌음에도 불구하고 1960년대까지도 주민들에게 동부, 서부, 남부, 북부라고 친숙하게 불렀다고 한다. 해방 후 일본식 지명인 금정을 성서동으로 변경하면서 서부리라는 지명은 점차 사라지게 된 것으로 보인다. 서문을 나온 길은 북문에서 나온 길과 합쳐져서 달천나루로 연결되거나 서부리를 통과하여 충주천을 건너 빙현이나 사직산 너머의 마을들과 연결되어 있었다.

서부리는 서문에서 충주천에 이르는 지역으로 성내로부터 서문 밖으로 도시가 확장되면서 발전된 지역이었다. 『여지도서』에 의하면 서부리에는 82호에 남자 243명, 여자 319명으로 562명이 거주한 것으로 기록되어 있고, 『충청도읍지』에는 67호에 남자 194명, 여자 280명으로 기록되어 있다. 『여지도서』보다 『충청도읍지』에서 인구수가 감소한 것으로 나타났는데 이는 도시의 성장으로 인한 조선후기 동리의 분화로 인구가 분리된 결과라고 할 수 있다.

조선 후기 서부리에 장이 서면서 농업보다는 상업에 종사하는 사람들과 수공업 등에 종사하는 사람들이 모여들어 거주지를 형성하였고 도시 외곽이나 다른 지역에서 유입된 사람들이 일거리를 찾아 정착한 것으로 보인다. 마을 외곽으로 특수계층의 사람들이 거주하였는데 대표적인 것이 피촌(皮村)이라고 불린 백정들의 거주지이다. 백정은 농업에서 배제되어 도살(屠殺), 제혁(製革), 수육판매(獸肉販賣), 골세공(骨細工) 등에 종사하였다. 일반 생활뿐만 아니라 관혼상제, 교육 등 사회생활 전반에 걸쳐 신분 차별을 받았고 거주 지역이 제한되었다. 빙현다리에서 성서동으로 연결되는 도로의 양편으로 거주지가 형성되어 있어서 이 도로를 피촌

거리라고 불렀다고 한다. 백정의 거주지에는 일반 백성들의 출입 또한 제한적이어서 특수 집단으로 존재하였다. 조선 후기 각종 가뭄과 홍수 등 재난 재해로 농토를 잃은 유민들이 몰려들어 상공업이나 일시 노동에 종사하면서 서부리에는 다양한 계층의 사람들이 모여들어 주거지를 형성하였던 것으로 보인다.

서문외장

15·16세기에 걸쳐 개설되기 시작한 장시(場市)는 17세기 이후 그 수가 증가하였고 전국적으로 확대되었다. 18세기 이후 서울이 전국적 유통권의 중심으로 발전하면서 서울과 충주 사이의 상품유통이 활발해졌다. 한강 수운을 이용한 소금, 해산물, 지역 특산물 등의 광범위한 유통은 충주 지역의 상업 발달을 촉진하는 중요한 요인으로 작용하였다.

한강 하구에서 충주까지 대선(大船)의 운행이 자유로웠고 상류 지역으로는 소선(小船)의 운행이 많았다. 생산력의 향상으로 다양한 물품이 상품으로 거래되었다. 신속하고 편리하며 장거리 이동에 적합한 선박 운송에 대한 수요가 증가하였고 포구가 상업의 중심지로 성장하였다. 충주는 서울 포구에서 운송되는 대규모의 상품을 소비할 수 있는 인구와 넓은 시장을 갖추고 있어서 금천, 가흥, 목계 등의 대포구가 발달하였다.

조선 후기 남한강 유역의 최고 상업중심지로 성장한 충주 읍내장은『동국문헌비고』(1770) 단계에서 2·4·7·9일로 12회 개시하던 것이『임원경제지』(1830) 단계에서는 2·7일에 개시하는 성내장과 4·9일에 개시하는 서문외장으로 분설되었다.

『임원경제지』에 의하면 서문외장에는 대추, 감, 복숭아 등의 과일이 판매되고 있었고 직물로는 면화가 유통되고 있었다. 경기 및 충청도의 서해 연안에서 출하되어 한강 수운을 통해 유입된 해산물로는 문어, 전복, 해삼이 거래되었다. 광물로는 활석이 거래되었다. 거래 물품은 시기와 상황에 따라 변동되었을 것

『임원경제지』의 서문외장

으로 보이며 성내장의 물품도 서문외장과 커다란 차이가 없으나 일부는 수용자의 요구를 반영한 상품이 유통되었을 것으로 판단된다.

18세기에 이르면 전국적으로 장시의 수가 증가하고 한 달에 6회 열리는 5일장이 점차 정착되어 갔다. 장시의 수적인 증가와 더불어 장시 내부의 질적인 발전이 이루어지면서 인근 지역의 장시와 연계하여 시장권을 형성하였다.

2. 충주제일감리교회의 설립과 독립운동

제일감리교회의 설립과 발전

성서동 골목을 따라 들어가면 나타나는 영화관 메가박스는 서문 밖 교회로 시작하여 충주읍교회를 거쳐 발전을 거듭한 제일감리교회의 옛터이다. 서문 밖 교회로부터 충청북도 감리교 선교가 시작되었으며 제일감리교회가 일제강점기 충주 지역 독립운동과 민족운동의 산실이라는 역사적

사실을 아는 사람은 많지 않다. 철도가 개통되기 전인 20세기 초만 하더라도 충주는 남한강 수운과 육로교통의 요충지였기 때문에 복음을 전하는 전도자의 발길이 닿기 좋은 요건을 갖추고 있었다. 또한 1895년 8도에서 23부가 되면서 충주부가 되었고, 1896년에 13도체제에서 충청북도 도청소재지가 되었기 때문에 전도의 거점으로서 충분한 조건을 갖추고 있었다.

충주 지역에 기독교가 전파된 것은 1895년에서 1896년 사이로 추정된다. 그러나 초기의 활동은 올바른 전도가 아니었기에 서울의 선교사들은 충주에 올바른 복음을 전할 필요가 있다고 판단하고 정식으로 전도자를 파견하였다. 1901-1903년까지 스웨어러(W.C. Swearer) 선교사가 충주 지역에서 활동하였고, 이후 박정평, 한창섭, 김정현, 이문현 전도사의 활동으로 점차 자리를 잡아갔다. 1905년 김정현 전도사에 의해 초가 8칸의 서문 밖 교회가 세워짐으로써 본격적인 선교의 첫발을 내딛게 되었다.

제일감리교회는 1915년 33㎡ 규모의 교회를 처음 건축하였고, 1923년에 증축하였다. 1930년에는 건평 132㎡의 기와지붕 단층 벽돌 교회를 건립했고 1949년, 1969년, 1977년, 1979년에 증축되었다. 1993년 11월

1920년대 충주제일감리교회

28일 현재의 충주시 연수동 1303번지(계명대로 171)에 건평 5,940㎡의 지하 2층, 지상 3층 교회를 짓고 이전하였다. 제일감리교회는 충주의 감리교회와 장로교회의 모교회로 제일감리교회로부터 20여 개의 교회가 퍼져 나갔다.

장춘명 목사와 민족교회

제일감리교회가 독립운동의 산실로 성장한 데에는 8대 장춘명 목사의 영향이 컸다. 장춘명 목사는 1856년 경기도 이천군 설성면 송계리에서 출생하여 여주군 가남면 삼군리에서 성장했다. 키가 장대하고 체격이 우람하며 음성이 우렁차서 장춘명 앞에서는 누구나 위압감에 사로잡히지 않는 이가 없었다고 한다. 그렇지만 호탕하고 의협심이 강하여 불의를 참지 못하는 성격의 소유자인 장춘명은 성격이 활달하고 달변가였기에 많은 사람이 따랐다. 1895년 8월 20일(양력 10월 8일) 일본에 의해 민비가 시해되고 단발령이 내려지자 1896년 1월 봉기한 구연영 의병장의 을미의병 부대에 합세한 장춘명은 이천 넋고개 전투와 광주 이현 전투를 거쳐 남한산성 전투에 참전했다.

1896년 여름 을미의병이 해산한 후 그는 의병동지였던 구연영(구춘경)과 함께 1897년 기독교 신자가 되었다. 장춘명 목사는 1899년 이천 덕뜰교회(현 이천시 오천면 덕평리 덕평교회)에서 의병동지 구연영과 함께 세례를 받은 후 성경, 찬송가, 교리 서적을 팔며 전도하는 권서(勸書)가 되었으며 이후 이천, 장호원, 용인, 양지, 양평, 죽산, 음죽, 진천, 충주, 원주, 제천, 여주 등 83곳에 교회를 건립한 신화적인 인물이었다.

장춘명 목사는 전도뿐만 아니라 가난하고 억울한 자들의 입장을 대변

하는 의로운 인물로 기억되고 있다. 장
춘명 목사가 부임하면서 충주교회는
민족교회로 성장하는 기틀을 다지게
되었다. 독립정신에 입각한 장춘명 목
사의 설교와 지도는 충주교회 감리 교
인들에게 지대한 영향을 끼쳤다. 장춘
명 목사로부터 감화받은 감리교회의
민족교회 성향은 3.1운동이 일어나자
독립운동의 불꽃으로 빛을 발하게 되
었다.

장춘명목사 공적기념비—여주중앙감
리교회에 있다.

제일감리교회와 3.1운동

1919년 3.1운동 당시 감리교회의 담임자는 장춘명 목사였으나 연로하
셔서 전면에서 활동할 수 없었고 대신에 양손자(養孫子)인 장양헌(1898-
1975) 전도사가 전면에 나서서 활동하였다. 여주군 소개면 삼포동에서 장
운보(張雲甫)의 아들로 태어난 장양헌은 어려서 장춘명 목사의 양손자로
입적되었다. 장춘명 목사의 영향을 받아 목회자가 되기 위해 서울 서대문
에 있는 피어선성경학원에 입학하여 신학 공부를 하던 중 3.1운동이 일어
났다. 장양헌은 3월 5일 서울에서 학생연합 만세운동에 참가한 후 학교가
휴교 상태가 되자 경고문을 지참하고 충주로 내려와 교회 등사기로 수백
매를 인쇄하고 동지 규합에 나섰다.

4월 8일경에 김종부, 장양헌, 오언영, 최명희 등이 칠금리 권중수의 집
에서 충주공립보통학교 학생을 동원하여 대대적인 만세운동을 할 것을

결의하였다. 최명희는 금가면 도촌리 엄용복에게, 최명희와 장양헌은 엄정면 목계리의 김종태에게 독립만세운동에 참여할 것을 권유하였다. 이들은 충주공립보통학교 여교사 김연순에게 부탁하여 공립보통학교 여학생을 동원하기로 하였으나 일본 경찰에 발각되어 체포되었다. 충주 지역 4월 8일 만세운동은 감리 교인들이 중심이 되어 준비하였고 만세운동을 추진하는 과정에서 충주 지역 교회와의 밀접한 유대관계 속에 전개되었기 때문에 교회가 독립운동의 구심적 역할을 하였다.

장양헌 선생의 일제감시대상 인물카드

1919년 4월 1일 음성군 소이면 한천시장에서 만세운동이 일어났고 제일감리교회 교인인 추성렬(1887-1970)이 참가하였다. 소이면은 충주 지역인 소파면과 사이포면이 합쳐서 신설된 면으로 1914년에 음성군에 편입되었다. 충주 읍내에서 잡화상을 하던 추성렬은 교현동에 사는 이교필(李教必)과 함께 한내 장터에 갔다가 만세운동에 합류하였다. 한내 장터 시위는 김을경과 이중곤이 주도하였다. 수백 명의 시위대가 소이면 면사무소를 습격하고 면장 민병식을 끌어내 "너도 조선 사람인즉 함께 독립 만세를 부르자, 만일 불응하면 죽이겠다."고 위협하여 면장으로 하여금 만세를 부르게 하였다. 김을경과 이중곤이 현장에서 경찰에 체포되어 연행되자 권재학과 이용호 등이 주재소로 가서 석방을 요구하였다. 이때 추성렬과 이교필이 "구금자를 탈환하자."며 주재소로 몰려가 대대적인 시위를 벌였다. 이날 한내 장터 만세시위를 주도한 6명이 체포되어 재판에 회부되었고 추성렬과 이교필은 징역 6개월을 선고받고 복역하였다.

추성렬이 감옥에 가 있는 동안 감리교회 교인들은 위로금을 모금하여 전달했다. 추성렬은 위로금을 쓰지 않고 저축해 두었다가 교회가 재정난으로 종을 마련하지 못한다는 사실을 알고 성금 40원을 교회에 내놓았다. 교회는 그 돈으로 큰 종을 구입하고 교인들의 헌금으로 종각을 세웠다. 추성렬 속장의 독립정신과 고난을 함께했던 교인들의 민족정신이 담긴 종은 일제 말기 강제 공출에 의해 사라지고 말았다.

1920년대 들어서도 감리교회의 신앙을 통한 민족운동과 사회운동은 계속되어 충주유치원의 설립과 운영, 청년회 활동 등으로 이어졌다. 그러나 일제가 1937년 중일전쟁과 1940년 태평양전쟁에 빠져들면서 내선일체와 황국신민화의 광풍 속에 교회 목회자와 일부 교인들이 친일협력의 길에 발을 들여 놓았다. 제일감리교회에서 시국강연회가 열렸고 목사가 시국성명서를 낭독하였다. 교인들과 함께 일본천황과 일본군을 위해 만세삼창을 외치는 등 민족교회의 본질을 망각한 친일행위를 하였으며, 이에 실망한 교인들이 교회를 떠나는 아픔을 겪기도 하였다(이덕주, 미간본).

3. 제사공장 노동쟁의

충주 지역 제사공장의 실태

제1차대전 이후 일본 제사자본은 저임금과 값싼 원료를 찾아서 식민지 조선에 진출하였다. 일본 국내의 인건비 상승으로 인한 생산비용의 증가와 생산 원료인 누에고치 수급에 어려움을 겪으면서 식민지 조선으로 제사자본의 진출이 점차 증가하였다. 조선총독부는 제사자본의 초과이윤을 보장하고 양잠업을 확대하기 위한 식민농정을 적극 추진하였다.

충주는 조선 후기부터 일제강점기까지 양잠업이 성행하였고, 충주와 인근 지역은 인구밀도가 높고 과잉노동력이 존재하였기 때문에 제사업에 필요한 저렴한 여성노동력을 용이하게 공급할 수 있는 조건을 갖추고 있었다. 충주에는 1910년대 후반부터 저렴한 인건비와 원료수급의 편리성을 쫓아 소규모 제사자본이 공장을 설립하고 운영하고 있었다.

1932년을 기준으로 충주 읍내에는 6개의 제사공장이 존재하였다. 충북 지역에는 청주 2곳, 보은 1곳, 영동 1곳, 제천 1곳, 괴산 2곳, 단양 1곳의 제사공장이 있었기 때문에 비록 청주의 군시제사공장과 같은 대규모 공장은 없다고 하더라도 다른 지역에 비해 많은 수의 공장이 진출해 있음을 알 수 있다. 충주 읍내의 제사공장은 본정에 4곳, 금정에 2곳이 위치하였고 공장주는 모두 일본인이었다. 1917년에 건립된 송천제사공장을 제외하고 대부분이 1920년대에 공장을 건립하고 생산을 개시하였다.

1932년도 충주 지역 제사공장 현황

공장명	공장 위치	창업 연월일	공장주
송천제사공장	금정	1917. 9.	松川武夫
중촌제사공장	본정	1920. 9.	中村藏一
궁택제사공장	금정	1926. 6.	宮澤寅男
우야제사공장	본정	1920. 9.	宇野伊三郎
소천제사공장	본정	1924. 6.	小川豊吉
궁원제사공장	본정	1923. 7.	宮元興三郎

　충주 지역 제사공장의 직원 수는 5인 이상 50인 이하의 작업장으로 200
인 이상의 청주군시제사공장에 비해 소규모 공장이었지만 지역적으로는
다수의 제사공장에서 여직공이 활동하고 있었으므로 새로운 활력을 불어
넣기에 충분했다. 제사공장 노동자의 90%가 여성이라고 할 정도로 대부
분이 여성 노동자였다. 일본인 공장주들이 저임금과 순응적인 노동자를
양성하기 위해 나이 어린 노동자를 선호했기 때문에 대부분의 여직공들
이 13세 이상 20세 미만이었다. 여성의 사회활동이 여의치 않았던 일제강
점기에 제사공장에 다니는 것은 선망의 대상이었다. 제사공장에 취업하
는 것은 쉬운 일이 아니어서 문맹을 면할 정도의 지식을 요구하였다. 경
쟁이 치열한 공장에 취업하려면 보통학교를 졸업해야 했다. 제사공장 여
공들은 아는 사람의 소개나 공개 채용을 통해 입사하였다. 대부분의 여직
공은 충주읍과 인근 지역 출신이었다. 여공들은 공장과 기숙사 생활이라
는 집단 생활을 통해 전통사회와 다른 삶을 경험할 수 있었고 이는 새로
운 자아의식을 형성하는 계기가 되었다(윤정란, 2006;39-47).

노동쟁의

많은 사람들이 선망하고 주변으로부터 부러움을 사는 공장 생활이었지만 현실은 녹록하지가 않았다. 제사공장 여공들의 임금은 민족별, 성별, 연령별로 차등적으로 지급되었고 일급제, 성과급제, 절충 급제를 통해 노동을 착취하였다. 작업 시간에 있어서도 제사공장 여공들은 하루 12시간 노동, 연 320일이 넘는 장기간 노동에 혹사당하는 열악한 환경에 노출되어 있었다. 작업장에서 벌어지는 폭력과 억압에 의한 통제는 감당하기 어려운 고통이었다. 여직공들의 장시간 노동과 열악한 근로 조건에 대한 저항은 노동쟁의로 나타났다.

1929년 10월 2일 충주읍 금정에 있는 송천제사공장(松川製絲工場)의 여직공 30여 명이 동맹파업을 단행하였다. 파업의 발단은 공장주 송천무부(松川武夫)의 부인이 충주읍 연수동에 사는 여직공 엄효춘(18세)을 꾸짖자 이에 대항하여 여직공들이 파업을 단행하고 귀가하였다. 여직공들은 요구 조건으로 근무시간에 대하여 오전 5시에 작업을 시작하기로 정한 규약을 준수할 것, 임금에 관해서는 다른 공장의 여직공 임금과 동일한

송천(松川) 제사공장 여직공 동맹파업(중외일보, 1929. 10. 7)

수준을 보장할 것, 대우(待遇)에 대해서는 직공에게 친절하게 대하고 감정이 생기지 않도록 주의할 것 등이었다.

일제강점기 대부분의 제사공장이 그러하듯이 송천제사공장의 여직공들은 정해진 노동시간을 넘어 장시간의 노동시간에 시달려야 했다. 생활보장도 되지 않는 저임금에 혹사당하고 있었으며, 공장주의 억압, 통제, 부당한 대우로 고통받고 있었다. 송천제사공장 파업은 송천무부(松川武夫)가 요구 조건을 수용함으로 4일 만에 마무리되었다.

10월 7일에는 본정에 있는 소천제사공장(小川製絲工場)에서 파업이 일어났다. 여자 직공 27명은 교대한 뒤에 먹던 점심을 점심시간이 아닌 11시에 먹었다. 이를 본 일본인 공장주 소천(小川)의 부인이 꾸짖자 18명의 직공은 파업을 단행하고 공장에서 나왔다. 공립보통학교 뒷마당에 모여 이후의 일을 논의하였다. 다음날 3명이 복귀하였으나 나머지 15명은 파업을 계속 진행하였다. 결과적으로 파업을 주도한 4명이 해고되었고 나머지는 복귀하는 것으로 마무리되었다. 송천제사공장과 소천제사공장 여직공들의 파업은 일본인 공장주의 부당한 대우와 차별에 대항한 노동운동이요 민족운동이었다.

금정 송천제사공장은 1938년 본정에서 제사공장을 운영하던 중촌장일(中村藏一)이 인수하면서 강신사제사공장(江神社製絲工場)으로 명칭이 변경되었다. 궁원제사공장이 음성으로 이전하였고 궁택제사공장은 폐업 또는 이전하였기 때문에 일제 말에 충주 지역 제사공장은 3곳이 되었다. 해방 후 강신사제사공장은 삼성제사공장으로 변경되었고 귀속재산 처리 절차에 따라 민간에 불하되었다. 1990년대 초반까지 운영되다가 폐업하였고 그 자리에 현대타운이 건립되었다.

4. 충주 지역 아나키즘 활동과 문예사운동

아나키즘의 수용과 활동

3.1운동 이후 독립운동 진영은 공산주의·아나키즘 등 다양한 사상을 수용하여 민족해방운동을 전개하였다. 새로운 사상은 중국과 러시아로 이주해 간 독립운동가들과 일본에 건너간 동포와 유학생들에 의해 적극 수용되었다. 정부나 권력이 없는 사회 건설을 지향하는 아나키즘은 해외 한인에게 수용되어 식민권력에 대한 투쟁과 저항을 통해 해방을 추구하는 독립국가 건설 이념으로 자리 잡았다. 아나키스트들은 진화론에 입각한 제국주의의 우승열패 상호 경쟁의 논리를 상호 부조의 논리로 극복하고 권력과 지배가 없는 새로운 사회를 건설하려고 하였다.

1910년대 후반 일본에 유학 온 학생들과 노동자들은 일본 사회운동의 영향과 사회주의자들과의 접촉을 통해 사회주의 사상을 받아들였으며 1921년 흑도회(黑濤會)를 결성하였다. 흑도회는 1922년 일본 사회운동계의 아나키즘과 공산주의 계열의 아나-보르 논쟁을 계기로 공산주의 계열의 북성회(北星會)와 아나키즘 계열의 흑우회(黑友會)로 분열되었다.

흑도회 해산 이후 박열은 흑우회를 결성하였는데 김중한(金重漢), 장상중(張祥重), 한현상(韓峴相), 서동성(徐東星), 서상경(徐相庚), 정태성(情態成), 홍진유(洪鎭裕), 최규종(崔圭悰), 육홍균(育洪均), 김정근(金正根), 신영우(申榮雨), 이윤희(李允熙), 이홍근(李弘根), 원심창(元心昌) 등이 참가하였다. 별도의 비밀결사 단체인 불령사(不逞社)가 결성되었는데 회원의 대부분은 흑우회 회원 중 박열의 숙소에서 함께 생활하는 학생들이었다. 불령사는 1923년 8월 내부 분란으로 해산하였다.

9월 1일 관동대지진이 일어나자 박열과 불령사를 계속해서 감시하던 일본 경찰은 폭동 방지를 이유로 회원들을 예비 검속한 데 이어 회원 대부분을 구속하면서 흑우회는 와해되었다. 국내에 아나키즘이 수용된 것은 1910년대부터이다. 사회주의자들이 신문·잡지의 기고와 강연회를 통해 아나키즘을 소개하였고 재일본 한인 아나키스트의 영향으로 1923년 1월 흑노회(黑勞會)가 결성되었다. 회원을 모으고 조직을 확대하였으나 1923년 3월 24일 천도교회관에서 개최된 강연회를 일본 경찰이 습격하는 사건이 발생하면서 중심 인물들이 흩어졌고 흑로회는 와해되었다(김명섭, 2000).

흑기연맹 사건

1920년대 국내 아나키즘운동은 일본에서 활동하던 서상경(徐相庚), 신영우(申榮雨), 방한상(方漢相), 서동성(徐東星) 등의 아나키스트들이 귀국하면서 활동을 재개하였다. 불령사 사건 이후 조직이 와해되자 일본에서 귀국한 서상경은 서천순, 서정기, 곽윤모 등과 함께 1924년 12월부터 충주와 서울에서 회합을 갖고 동지를 규합하였다. 이들은 충주 서상경의 집에서 수차례 회합을 갖고 지역의 지식인에게 아나키즘을 선전하였다.

1925년 3월 이후 서상경, 서천순, 곽윤모 등이 순차적으로 서울로 상경하였고 서울 낙원동 수문사에서 수차례 회합을 갖고 단체를 조직할 것을 결의하였다. 1925년 4월 21일 아나키즘을 실천하기 위해 흑기연맹 발기회를 개최하고 "오인은 자유 평등을 유린한 일본 정치 경제조직을 근본부터 파괴한다."는 강령을 제정하고 취지서를 작성하였다(동아일보, 1925. 4. 26). 흑기연맹원들은 창립대회와 전조선 아나키스트 대회를 1925년 5

월 23일 서울에서 개최하기로 하고 결성 준비에 착수하였지만 일본 경찰에 탐지되어 체포되었다. 서상경(저술업 26세), 서천순(무직 25세), 곽윤모(무직 24세), 이복원(무직 24세), 홍진유(농업 29세), 신영우(무직 23세), 이창식(무직 25세), 한병희(무직 23세), 서정기(농업 28세) 등이 1년간 옥고를 치렀다.

흑기연맹 사건(시대일보, 1925. 10. 28)

문예사운동과 금성여관

흑기연맹 사건으로 서대문형무소에서 옥고를 치르고 출옥한 서상경 등은 아나키스트 진영을 다시 규합하였고 1929년 2월에는 충주에서 문예운동사를 조직하였다. 2월 18일경에 충주군 충주면 금정(錦町)에 있는 금성여관에서 8-9명이 모여 문예운동사를 발기하고 창립총회를 개최하였다. 서상경, 서정기, 서천순, 권오돈, 안병규, 김학원, 정진복, 유석현, 김악 등이 참여하였으며 2월 하순경에 김현국이 가입하였다. 사무조직으로 경리부, 편집부, 출판부를 두었고 사무소는 음성의 음성인쇄소로 하였다.

문예운동사는 표면적으로 문예잡지 문예운동의 간행을 내세웠지만 내부에 별도의 동인회를 조직하여 문예운동사를 지도하고 잡지 문예운동을 통해 아나키즘을 선전하고자 하였다. 문예운동사는 구신년간친회(舊新年懇親會)라는 명목으로 척사(擲柶)대회를 개최하여 아나키즘을 선전하는 활동을 하였지만 본격적인 활동을 하기도 전에 일제의 탄압에 의해 와해되고 말았다. 치안유지법 위반으로 5월 9일 이후 서천순 외 7명이 검거되었고, 5월 14일에는 심영섭 외 1명이 검거되어 10명이 조사받았다. 서천순, 유석현, 김영덕 등 6명은 석방 또는 면소되었으나, 서상경, 서정기, 권오돈, 안병규, 김학원, 정진복 등은 징역 5년, 김현국은 징역 2년에 처해졌다.

충주문예운동사 회원의 인적사항과 재판 결과

이름	주소	직업	연령	형량
서상경	충북 충주군 용산리	신문기자	31세	5년
서정기	충북 충주군 이류면 대소원리 279	농업	31세	5년
정진복	충북 음성군 음성면 읍내리	인쇄업	30세	5년
안병규	충북 청주군 청주면 본정4정목 300	회사원	27세	5년
김학원	충북 청주군 청주면 본정4정목 96	신문기자	26세	5년
권오순	경기도 여주군 점동면 덕평리 85	무직	30세	5년
김현국	충북 충주군 노은면 연하동	정미업	25세	2년

충주 문예사운동의 결사 장소인 성서동 금성여관은 최근까지 음식점 등으로 사용되다가 상가 개축과 함께 철거되었다. 건물에 대해 묻자 음식점을 오랫동안 운영했던 영업주는 "오래된 건물인 것은 알았지만, 그런 의미 있는 건물인 줄은 몰랐다."고 답했다.

5. 식민지배와 공간의 변용

시구개정과 공간 개편

일제강점기 지방의 도시 공간에 변화가 일어나기 시작한 것은 일본인들이 이주하면서부터이다. 도시에 침투한 일본인들은 자신들의 욕구를 드러내고 그들의 편리에 적합한 형태로의 공간 변형을 요구하였다. 일제는 이주 일본인들의 요구를 수용하면서 식민지배의 기반을 다지는 기초 작업으로서 일종의 시가지 개수 사업인 시구개정을 적극적으로 추진하였다. 조선왕조가 근대 문물을 받아들여 주체적으로 수용하지 못한 상태에서 일제에 의해 식민지적 근대가 진행되면서 도시의 급격한 변화가 이루어졌다. 일제의 독단에 의해 폭력적으로 진행된 시구개정은 일본인이 주도하는 식민지 도시를 건설하고 토지 침탈을 통해 일본인들의 경제 기반을 확고히 하려는 목적을 가지고 있었다.

일제강점 초기인 1913-1916년 사이에 시행된 충주 시구개정은 서문 밖의 경관을 근본적으로 파괴하고 변형시키는 계기가 되었다. 서문과 성벽이 철거되고 그 자리에 도로가 개설되었다. 일본인들의 요구를 충실한 반영한 시구개정으로 일본인들이 도시 공간의 주도권을 장악하게 되었다. 조선인들은 외곽으로 밀려나거나 일본인들의 등살을 피해 많은 사람들이 다른 곳으로 이주해야만 했다. 거칠고 폭력적일 뿐만 아니라 조선인을 업신여기고 함부로 대하는 일본인들과 같이 산다는 것은 쉽지 않은 일이었다.

일제는 시구개정으로 형성된 직선 도로에 금정(錦町), 천기정(川崎町), 금평정(琴平町) 등의 지명을 붙였다. 시구개정은 도로개수를 중심으로 진

행되었으며 새로 만들어진 도로를
따라 일본인들의 주택, 편의시설
등이 들어섰다. 위생 등의 이유를
들어 서문 밖에서 열리던 읍내장은
북쪽 교현천변으로 강제 이전되었
다. 일제강점 초기인 1910년대에
는 일본인들이 열어 놓은 상설점포
를 중심으로 몇몇 사람들의 모습이
보일 정도로 한적한 거리였다.

1920년대 들어 조선인들이 도시
외곽뿐만 아니라 농촌 지역에서 새

昔江戸の錦繪を偲ぶ錦町
通りは忠州の花術にして、
紅欄大厦妍を競ひ、闌燈の
下絃歌湯き、歓聲流れ、瀟洒
な妖艶の氣が漂うて居る。

1910년대 금정(錦町)

로운 삶을 찾아 모여들었다. 그러나 일본인들이 주도하고 있는 식민도시
에서 새로운 활로를 찾기는 쉽지 않았다. 대부분의 사람들은 조선인을 상
대로 잡화를 판매하거나, 일본인 상점의 점원이나 서비스업, 일용직에 종
사하는 하층민에 머물러 있었다. 서문 밖은 1929년에 일제가 12개의 정에
서 4개정으로 개편할 때 금정(錦町)이 되었다.

식민지 요리점의 기억과 퇴폐 향락

일본인들이 유입되면서 금정에는 주택, 상점, 각종 시설이 생겼지만 금
정을 대표하는 경관은 일본인들이 만든 유곽이었다. 개항 이후 일본인들
이 이주하면서 그들의 거주지에는 매춘업자와 그들이 데리고 온 작부(酌
婦), 예기(藝妓)와 같은 성매매 여성들도 유입되었다. 초창기에는 요리점,
숙박업을 운영하면서 성매매를 하였으나 성매매 업소가 증가하면서 점차

역사도시 충주의 발자취와 기억

이들을 모아 유곽을 형성하였다. 일제가 청일전쟁, 러일전쟁을 일으키면서 조선에 군인, 군속, 민간인 등이 대거 유입되었고 매춘업도 크게 번성하였다. 일본인들이 거주하는 곳이면 그 지역의 거류민회를 중심으로 유곽을 설치하면서 전국의 일본인 거류지에 유곽이 설립되었다.

충주의 경우도 다른 지역과 마찬가지로 러일전쟁 이후 군인과 민간인이 유입되면서 매춘업자와 매춘부가 정착하였고 요리점 형식으로 매춘이 성행하였다. 일본인들이 거주하는 지역 주변으로 퇴폐 윤락 업소가 성행하면서 다양한 사회 문제와 갈등이 발생하였다.

일제는 시구개정을 시행하면서 위생·도덕·미관상의 문제가 있다며 매춘업을 겸하고 있는 요리점을 금정으로 이전하였다. 1916년에 일본인 금곡아성(金谷雅城)이 발간한 『충주발전지』에는 금정을 "예전 에도의 비단 그림을 생각나게 하는 금정통은 충주의 번화가이며, 홍란대하와 빼어남을 경쟁하는 듯 가로등 아래 거문고 소리가 들리고, 탄성이 흘러 술에 취한 요염한 기운이 감돌고 있다."라고 금정을 소개하면서 금정을 에도시대 유곽에 비유하였다.

1910년대 금정은 일본인들이 계획한 대로 고급 요리점이 늘어선 골목이 되었다. 금정과 인근에서 운영한 요리와 매춘을 겸한 업소는 가납옥(加納屋), 말광관(末廣館), 청도옥(清島屋), 서(曙), 칠복(七福), 일심정(一心亭), 동경정(東京亭), 오처루(五妻樓), 중진옥(中津屋) 등이었다. 매춘업은 고리대금업과 함께 일본인들이 식민지 조선에 넘어와 일거에 많은 돈을 벌 수 있는 업종으로 인식되었으며 실제로도 매춘업을 통해 부를 축적한 자들이 많았다.

요리점 광고

1930년대에 이르면 금정의 요릿집에도 다소 변화가 발생하였다. 1910
년대부터 영업을 하던 가납옥(加納屋), 서루(曙樓), 중진옥(仲津屋) 등이
존속하였고 중지가(重之家), 명월관(明月館), 녹성관(錄成館), 오처관(吾
妻館) 등이 새로이 문을 열었다. 이 시기의 특징은 녹성관(錄成館), 오처
관(吾妻館), 명월관(明月館) 등 조선인들이 운영하는 요릿집이 생겨났다
는 것이다. 오처관(吾妻館)을 운영한 음재형과 녹성관(錄成館)을 운영한
박래현이 읍회의원을 역임하고 유지로 행세했다는 사실은 요리점이 부를
축적하고 권력을 얻는 중요한 수단이었음을 알 수 있다.

　요리점의 유흥 비용은 일반인들은 감당할 수 없을 정도로 거금이 들었
기 때문에 일본인들이나 소수 조선인들이 이용할 수 있었다. 일제는 요리
점과 유곽을 단속하기도 하였지만 꿈도 희망도 없는 식민지에서 일본인
들이 술과 퇴폐 윤락행위에 몰입하는 것을 막을 수는 없었다. 식민지 조
선인에게도 부정적인 영향을 주었다. 시골 부자가 고향의 소 팔고 땅 팔
아서 요리점 작부에게 다 바쳤다는 얘기가 전해져 오지만 이는 일부의 객

기일 뿐이었다. 요리점 주변으로 여관, 음식점 등이 번성하였다.

전기회사 설립과 운영

근대 문물인 전기가 등장하고 도입되는 과정은 각 나라와 사회가 당면한 사정에 따라 달랐다. 개항 후 자주적인 근대화에 실패하고 식민지로 전락한 이후 조선 사회에 도입된 전기는 서구와 같이 사회의 다양성과 풍요로움을 약속하기보다는 왜곡된 경로로 인해 차별을 내면화하는 도구로 작용할 수밖에 없었다.

충주 읍내에 전기가 들어온 것은 1926년 금정에 전기회사가 설립되면서부터이다. 개항 이후 일본인들이 거류하는 개항장을 중심으로 전기회사가 설립되고 전기가 공급되기 시작하였다. 1910년 병탄을 전후하여 일본인들의 이주가 증가하면서 전기회사의 설립도 증가하였다. 1910년대에는 일반적으로 경성, 평양, 부산 등 일본인들이 많은 대도시 지역을 중심으로 전기가 공급되었다. 1920년대 들어 전기보급이 보다 확대되면서 중소도시에도 전기가 보급되기 시작하였다. 전기의 편리성과 효용성을 인식하고 있던 일본인들이 지역의 전기 도입을 추진하였고 전기회사의 설립을 주도하였다.

충주 지역의 전기 도입도 1920년대 초반부터 일본인들을 중심으로 적극적으로 논의되었다. 1922년 12월에는 발전소 설치를 신청하고 여러 차례에 걸쳐 진정하였으나 인가가 되지 않아 좌절되었다. 적극적인 유치 활동을 전개하면서 충주면이 직영으로 경영하는 사업계획이 추진되었다. 충남전기회사 대표 고곡수일(古谷水一)이 경영위탁에 대한 교섭을 요청함으로써 사업에 진전을 보게 되었다. 1926년 5월 11일 조선총독부의 인

가를 받았고, 7월 26일에는 충주전기회사 창립총회를 개최하였다. 전기
사업은 일본인들과 일제에 협력한 조선인들이 주도하였다. 11월 2일에는
기계를 설치하고 11월 10일부터 영업을 개시하였다.

전기는 일본인들의 주거 지
역과 관공서를 중심으로 공
급되었다. 1926년에 400호에
1,100등이 공급되었고, 1927
년에는 422호에 1,193등, 1928
년에 634호에 1,608등, 1929
년에 680호에 1,911등으로 점
차 공급이 확대되었다(전홍식,
2010:241). 일제는 전기공급을

大田電氣株式會社忠州支店

전기회사―1926년 충주전기주식회사로 설
립되어 1930년 대전전기주식회사 충주지점,
1937년 남선전기주식회사 충주영업소로 변경
되었다.

기화로 식민지 도시의 발전을 적극적으로 홍보하였다. 밤이 되면 본정을
중심으로 일본인들의 거주지는 전등 불빛으로 휘황찬란했지만 그 주변의
조선인들의 거주지는 암흑 천지 그대로 방치되어 대조를 이루었다. 1935
년에는 가로등이 설치되었다. 본정에 10등이 설치되었고 식산은행 충주
지점과 수야미길오복점 사이에 7등, 이순창상점으로부터 중앙극장 사이
의 대수정에 12등, 기웅상점으로부터 예성교 사이에 4등, 천영하상점으로
부터 기웅상점 사이에 6등을 설치해 39등이 거리를 비추게 되었다. 가로
등은 본정과 대수정의 일본인 상점을 중심으로 설치되었고 점차 확대되
었다.

전기를 보고 조선인들은 감탄했다. 처음 본 불빛에 흔들리지 않을 수 없
었다. 먼 길을 마다하지 않고 전등 불빛을 구경 온 시골 사람들은 휘황찬

란한 불빛에 놀라움을 금치 못했다. 일제는 전등 불빛 속의 흔들림을 놓치지 않고 식민지배를 미화하고 왜곡하기에 바빴다. 그러나 전기는 충주에 이주한 일본인들의 삶을 밝히고 있을 뿐 조선인에게는 그림의 떡이었다.

조선시대 사직산과 일제강점기 사직산

1. 사직단과 신사

사직산과 사직단

사직산은 조선시대 도시의 남쪽에 위치한 충주의 진산인 대림산의 지맥이다. 대림산에서 북으로 읍내를 가로지르는 구릉성 산지를 형성하고 있고 그 정상이 사직산이다. 최근 호암택지를 개발하는 과정에서 고대 유물과 토성, 분묘 등의 유적이 발굴되어 대림산과 사직산으로 연결되는 구릉지의 중요성이 새롭게 조명되고 있다. 해발 340m의 사직산은 충주 읍성의 서쪽에 위치하여 조선시대 도시 공간의 경계를 설정하는 역할을 하였으며 소나무가 울창한 산으로 유명했다. 조선 건국 초기인 태종 6년(1406)에 전국 각 지방에 사직단이 세워지기 시작하였으며 충주 사직단도 이때를 전후하여 설립되었다. 읍성의 서쪽에 위치한 사직산은 정상에 오르면 시가지와 들판 그리고 병풍처럼 둘러선 산들이 만들어 내는 뛰어난 풍광을 한눈에 조망할 수 있어 사직단을 설단하기에 최적의 입지임을 알 수 있다.

사직은 농업을 근간으로 하는 농경 사회에서 토지의 신인 사(社)와 곡식의 신인 직(稷)에게 국태민안과 풍년을 빌며 제사를 지내는 장소였다. 토지와 곡식은 농경 사회에서 가장 중요시되었기 때문에 예로부터 토지신과 곡식신에 대한 제사는 민간 단위가 아닌 국가의 주요 대사에 포함되어 있어 매우 중요하게 다루어졌다. 또한 전쟁에서 이기기를 기원하거나 가뭄에 기우제(祈雨祭)를 지내는 등 사직단은 정부와 백성의 의지처이기도 했다. 사직제는 중앙 및 지방통치자의 지배체제를 공고하게 하는 수단으로 작용하기도 했지만 지역 구성원들의 결속을 다지는 역할을 했다. 사직단의 필수 요소로는 제단(祭壇)과 신실(神室)이 있다. 제단은 토지의 신에게 제사 지내는 사(社)와 곡식의 신인 직(稷)의 제단이 있었다. 신실은 신위를 모시기 위한 시설로 사직단 주변에 설치하였다. 「충주목지도」를 보면 충주 사직단에는 제단과 신실이 갖추어져 있었던 것으로

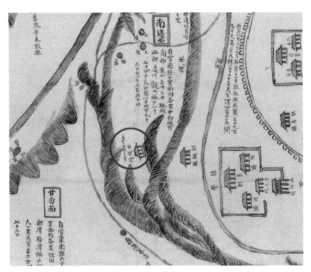

「충주목지도」의 사직산 부분

보인다.

사직단은 지방도시의 제사시설인 1묘 1사 2단의 하나로 구성되었으며 수령이 관리하는 대표적인 제사 시설 중 하나였다. 한양의 사직단은 왕이 주관하였고, 지방의 사직단은 수령이 매년 정월, 2월, 8월 세 차례씩 제례를 주관하였다. 사직단은 1908년 통감부의 폐지령으로 제사가 중단되었고 충주 사직단도 이때 폐지되었다.

일제강점과 신사참배의 고통

병탄 이후인 1912년 일본인들은 사직산에 있던 사직단을 철거하고 흔적을 지운 다음 그 자리에 신사(神社)를 세웠다. 신사는 일본인들이 일정한 양식의 건물에 특정의 신령을 모셔 놓고 제사 지내고 신앙하는 신도(神道)의 신전(神殿)이다. 신사에서 제사 지내는 가미(神)는 자연신과 인간신들을 총칭하는 것으로 보통은 신적인 존재를 가리킨다. 신화적인 인물이나 역사적인 인물들도 가미로 숭배되었으며, 절대적인 권력을 가진

충주신사 입구

자도 가미가 되어 숭배의 대상이 되었다. 오랫동안 민간신앙으로 숭배되던 가부장적이고 봉건적인 신도는 청일전쟁과 러일전쟁을 거치면서 일본 군국주의자들에 의해 정치적으로 이용되었고 일제의 파시즘 사상의 토대로써 수많은 사람에게 고통과 피해를 주는 원인이 되었다. 일제는 사직산에 충주신사와 러일전쟁기념충혼비를 세우고 공원화하였으며, 신사에는 그들의 건국신화의 주역인 천조대신(天照大神)을 안치했다.

일제는 그들이 침략하는 곳마다 신사를 세워 천황을 중심으로 이주 정착한 일본인들의 내적인 결속을 도모하고 외적으로 피지배 민족을 동화시키고 지배체제를 강화시키는 수단으로 활용하였다. 일제강점기 군대와 경찰이 총과 칼로 조선인을 겁박했다면 신사는 일본인과 함께 유입되어 정신적으로 조선인에게 위압을 가하고 고통을 준 식민지 지배 장치였다. 일제는 문화가 다르고 비록 피식민지인의 처지로 전락했지만 문화적으로 우월한 조선인들의 정체성을 망각시키기 위해서 다양한 수단을 동원하였고 신사는 조선에서 그들의 통치를 정당화하기 위한 지배 전략의 일환으로 적극 활용되었다.

일제는 1908년 객사 정원 상연당에 충주공립보통학교 운동장을 건립하면서 상연당의 천운정(육각정)을 사직산으로 옮겼다. 이후 사직신(社稷神), 도하대명신(稻荷大明神) 등의 사당, 경찰관 초혼비, 각종 일본인들 기념비가 건립되었다. 1920년대에서 1930년에 걸쳐 돌담을 축조하고 신사 경내를 확장하여 200여 평의 광장을 조성하였다. 일제는 충주에 황색 엽연초가 경작된 지 25주년을 기념하기 위해 1936년에 황색엽연초경작 25주년기념탑을 건립하였다. 공원으로 정비된 사직산 신사에서 각종 기념행사와 의식 등이 열리면서 충주에 이주한 일본인들이 모여 다양한 활동을 벌이는 장소가 되었다. 일본인들에게 신사는 종교적인 공간일 뿐 아니라 일상생활의 구심적 역할을 하는 장소였다. 아름다운 경관을 자랑하는 사직산 위에 자리한 신사는 침략자 일본인에게는 위안과 평안을 주었지만, 피지배민족인 한국인에게는 위압감과 불안감을 안겨 주는 감시와 억압의 눈초리였다.

1920년대까지만 해도 조선인들이 신도의식에 불참하는 것이 용인되었으며 신사참배를 강요하지 않았다. 그러나 일제가 제국주의 전쟁인 1931년 만주사변, 1937년 중일전쟁, 1941년 태평양전쟁에 점점 빠져들어 가면서 신사는 침략전쟁의 광기를 표출하는 내선일체와 황국신민화의 구심점이 되었다. 1938년 7월 7일 충주신사 광장에서 20여 개의 단체가 모여 중일전쟁 1주년을 기념하고 국민정신총동원충주연맹 결성식을 거행하였다.

일제는 만주사변 이후 조선인에게 신사참배를 강요하기 시작하였으며 전시체제가 강화됨에 따라 그 정도가 보다 강화되었다. 국민정신총동원 충주연맹이 결성되면서 애국반단위로 신사참배가 강요되었다. 학생들은 1주일에 한 번씩 신사참배에 동원되었으며 신사로부터 확인을 받아 학교에 제출해야 했다. 사직산에 올라 신사에 이르기 전에 먼저 신사 입구에 있는 도리와 마주하게 된다. 신사에 오르는 계단은 현재의 음악창작소 쪽에 있었기 때문에 현재의 수도사업본부로 가는 길은 새로 만든 길이다. 계단을 따라 올라가는 길이 길었고 산이 높았으나 해방 후 급수탑을 만들면서 산 정상을 파헤쳐서 많이 낮아졌다. 계단을 모두 올라 안쪽으로 걸어 들어가면 넓은 광장이 나타났고 신사에 도달하였다.

군에 입대하여 전쟁에 나가는 사람이 있으면 신사에서 입영자를 위한 장행회가 열렸다. 충주애국부인단, 충주국방부인단, 재향군인회충주분회 등의 관변단체회원과 학생들이 동원되어 만세를 부르고 환송가를 불렀다. 신사참배 후 충주역에서 기차를 타고 전쟁터에 나갔으며 많은 사람들이 그 후 고향 땅에 돌아오지 못했다. 조선인을 황국신민화하기 위한 신사참배 강요는 해방이 될 때까지 강화되었으며 고통과 상처로 남을 수밖에 없었다.

신사참배

해방이 되자 식민통치의 억압과 고통에서 벗어난 충주 시민들이 가장 먼저 한 일은 친일 부역자를 응징하고 그동안 자신들을 억눌렀던 일제의 잔재를 척결하는 일이었다. 악질 경찰, 군과 면의 직원, 도의원, 읍회의원, 애국반장, 관변단체 회원 등 일제 앞잡이로 날뛰던 자들이 공격의 대상이었고 이들은 매질을 피해 도망치기에 바빴다. 짧게는 일주일 길게는 보름이 넘는 기간 동안 많은 주민들이 모여 풍물을 두들기며 친일부역자 응징에 나섰다. 전시동원되어 포대, 방공호 구축작업을 하다 돌아온 충주중학교 3학년 학생들은 일본 천황의 사진을 걸어 놓은 학교 강당의 봉안전(奉安殿)을 부쉬 버렸다. 이후 사직산에 달려가 시민들과 함께 신사를 부쉬 버렸다. 신사를 부수고 불태워 버린다고 식민지의 상처가 치유되고 마음속 깊이 각인된 식민잔재까지 청산된 것은 아니었다. 식민지는 사라졌지만 식민지 망령은 살아남아 끊임없이 우리 곁을 맴돌았다.

2. 대원사와 철불

대원사가 창건되기까지

고려시대까지만 해도 국가의 지원을 받으며 융성했던 불교는 조선시대에 들어 정부의 억불숭유 정책으로 인해 사대부의 비판과 함께 탄압의 대상이 되었다. 관아와 유림 세력에 의해 자행된 법난에 의해 사찰이 유린되고 불상과 불경이 훼철되는 사례가 많았다. 충주 인근의 사찰을 뜯어다가 가흥창(可興倉)을 지었다는『조선왕조실록』의 기록에서 보듯이 유교 이데올로기가 지배하는 조선 사회에서 관청이 사찰을 철거하여 그 자재로 관아 건물을 짓는 것은 다반사였고 당연시되었다.

고대로부터 남산(금봉산)에는 골짜기마다 절이 있다고 할 정도로 많은 사찰이 창건되어 융성하였고 창용사는 남산을 대표하는 사찰이라고 할 수 있다. 1870년 청녕헌(淸寧軒)이 화재에 의하여 소실되자 충주목사 조병로가 창용사를 철거하여 청녕헌을 개축하였고 일부 자재로는 조선시대 지방군 주둔지인 충주진영(鎭營) 청사를 개축하였다. 1905년 이후 충주

진영(鎭營)에는 충주와 인근 지역에서 활동하는 의병 활동을 탄압하기 위해 일본군 수비대가 주둔하였다. 일본군 수비대는 병탄 이후에도 계속 주둔하다가 3.1운동 이후 군비 감축의 필요성에 의해 1923년 3월 충주에서 철수하여 함경북도 나남으로 이전하였다.

대원사 창건과 낙성식

일본군 주둔지에 남겨진 건물을 조사한 일본인들은 수비대 건물에 절에서 사용한 흔적이 있는 대들보와 서까래 등의 건축자재가 있음을 알게 되었다. 수소문 끝에 창용사를 철거한 자재라는 것을 확인한 일본인들은 절에서 사용하던 물건을 사용하면 천벌을 받을지도 모른다는 두려움 때문에 창용사 주지 추월(秋月) 스님으로 하여금 그 자재를 다시 가져가도록 요구했다.

추월 스님은 창용사 법당을 건립할 계획을 세우고 천신만고의 노력 끝에 삼천삼백여 원의 자금을 마련하였다. 그러나 일본군 수비대 건물, 즉 조선시대 충주진영 건물 7칸을 철거하여 깊은 산속에 있는 창용사로 옮기는 것은 쉬운 일이 아니었기 때문에 창용사 법당 건립계획을 포기하고 충주 시내 각계각층의 여망에 따라 도심에 포교당을 건립하기로 하였다. 법주사와 지역사회의 협력을 얻어 빙현동 망재에 터를 잡아 공사에 착수하였고 7개월의 공사 기간을 거쳐 건물이 준공되었다. 1929년 10월 20일(음 9.18) 본말사 스님과 불자와 시민 수

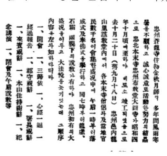

대원사 낙성식과 봉불식

천 명이 포교당에 모여 낙성식과 봉불식을 거행하고 대법회가 열림으로써 지역 사회 포교의 첫발을 내딛게 되었다.

　대원사의 창건은 산중에 있던 창용사가 법난으로 훼철되는 고통과 아픔을 겪고 도심으로 내려와 오랜 인고의 시간을 거쳐 다시 태어나는 새로운 불교의 출발을 의미하였다. 대원사 창건 과정에 창용사의 많은 재산이 사용되었고 준공 이후 창용사의 석가모니 부처님과 지장보살님을 대원사로 모셔왔다. 1934년 1월 대원사 법당에 안치되어 있던 금불(金佛)이 도난당하는 사건이 발생했다. 이 금불 또한 창용사 법당에 안치되어 있던 것을 1929년 대원사 창건 이후 옮겨간 것으로 밝혀졌다. 이처럼 대원사의 창건에 창용사가 커다란 영향을 미치고 있어서 창용사는 대원사의 모태라고 할 수 있다. 대원사의 창건은 창용사 주지 추월 스님, 충주시민, 그리고 법주사 등 각계각층의 정성과 노력의 결과라고 할 수 있다. 창건 당시 사찰명은 충북본말사 충주포교당이었으나 준공 이후 독립운동가 유석현

창건초기 대원사

(劉錫鉉) 선생의 꿈에 대원사(大圓寺)라는 글자가 나타나서 충주포교당 대원사라 명명하였다고 한다.

창건 이후 1929년 11월 박삼천(朴三千) 스님이 주지 스님으로 임명되었다. 창건 다음 해인 1930년 1월 19일에는 충주불교청년회가 창립됨으로써 발전의 계기를 마련하였다.

철조여래좌상의 발자취

대원사 극락전에는 보물 제98호로 지정된 철조여래좌상이 봉안되어 있다. 철조여래좌상은 원래 염해평 서쪽 현재의 충주공업고등학교 운동장 북쪽 길가에 서쪽을 향해 봉안되어 있었다. 간혹 불상이 노천에 방치된 것을 안타깝게 생각한 사람들이 건물을 짓고 철조여래좌상을 봉안하면 당우가 소실되었다고 한다. 향불을 피우고 예불을 올리면 꼭 괴질이 유행하므로 이 철조여래좌상을 광불(狂佛)이라고 불렀으며 그 거리도 광불거리(狂佛巨里)라고 불렀다고 한다. 본래는 완전했던 철불의 두 손을 어떤 무뢰배가 부숴 버렸다고 전해지고 있다.

길가에 방치되어 있던 철조여래좌상의 가치를 알아본 것은 일제강점기 문화재의 약탈과 수집에 광분한 일본인들이었다. 피식민지의 문화재를 전리품으로 인식하고 있었던 일본인들에 의해 철조여래좌상은 일제강점 초기인 1910년대에 정토사 홍법국사실상탑과 함께 충주관아 청녕헌 앞뜰로 옮겨졌다. 홍법국사실상탑이 1915년 개최된 조선물산공진회의 행사장에 전시하기 위해 옮겨간 데 비해 철조여래좌상은 자리를 지키다가 1928년에 읍내 일본인 사찰인 본원사(本願寺)로 옮겨졌다. 본원사는 현재의 보성한의원 자리(성남동 79번지)에 있었으며 해방 후 마하사(摩訶

寺)로 사찰명이 변경되었다. 마하사가 폐사되면서 1959년 12월 15일 대원사로 이전하였다.

철조여래좌상은 보호각도 없이 대원사 내 경내에 모셔져 있다가 1982년 중원문화권 개발사업의 일환으로 충주시의 보조를 받아 대웅전 오른쪽에 단칸의 보호각을 건립하였다. 철조여래좌상의 두 손은 결실된 상태로 있었으나 나무로 만들어 결합한 다음 봉안하였다. 이후 누전으로 인한 화재로 보호각이

철조여래좌상

소실되고 철조여래좌상도 일부 손상을 입는 사고가 발생하였다. 문화재관리국에서 보존 처리한 후 충주시립박물관으로 잠시 이전했다가 1998년 대원사 극락전을 새로 지은 후 다시 봉안했다. 대원사 철조여래좌상은 통일신라 말에서 고려 초기에 조성된 것으로 추정되고 있으며 전체적으로 균형이 잘 잡혀 있고 엄격하고 근엄한 인상을 주는 것이 특징이다.

철조여래좌상의 받침석은 세종대왕 때에 해시계를 발명하고 시간을 재기 위해 각도 감영에 설치한 일영대이다. 일영대는 1869년 성내동 사창터로 옮겨 놓았다가 일제강점 초기인 1910년대 철조여래좌상을 관아로 옮겨 놓으면서 일영석을 받침석으로 사용하기 시작하였다. 이후 철조여래좌상과 일체가 되어 본원사를 거쳐 현재의 대원사에 옮겨져서 오늘에 이르고 있다.

3. 식민지 개발과 공간변화

비보풍수의 파괴와 신작로 개설

사직산 북서쪽 기슭에는 흙으로 쌓은 성벽이 있었으며 이런 연유로 현재의 럭키아파트가 있는 언덕의 마을을 성터지기라고 불렀다고 한다. 성벽은 현재의 농어촌공사 인근으로부터 삼원초등학교 남단을 통과하여 충주천으로 연결되었던 것으로 알려져 있다(충청북도, 1987:85). 사진이나 지적도를 검토할 때 상당한 규모의 구조물임을 알 수 있다. 토성벽은 언제 누가 어떤 목적을 위해 쌓았는지에 대해서는 알려지지 않고 있다. 일제강점기 촬영된 사진 우측에는 '충주읍외 토성벽(忠州邑外 土城壁)'이라고 적혀 있어 이를 조사한 일본인들도 토성의 벽으로 인식하고 있음을 알 수 있다. 일부에서는 토성벽을 충주 외성의 일부 구간으로 추측하고 있다. 그러나 외성의 존재는 실체가 확인된 것이 아니고 충주천이라는 자연적 경계가 있기 때문에 이를 보완하거나 확장하는 것이 아닌 별개의 성벽을 쌓았다는 주장은 설득력이 약하다. 따라서 다양한 관점에서 성벽을 검토해 볼 필요가 있으며 그중 하나가 비보(裨補)의 가능성이다.

풍수사상에서 비보풍수는 인간의 삶에 적합한 자연 조건을 찾아가되 부족한 부분은 보완하고 견제하여 인간과 자연이 조화를 이루는 환경을 만들어가는 원리를 말한다. 풍수지리는 오랜 세월 동안 선조들의 삶 속에 내재화되었고 조선시대에 들어서는 한양과 지방의 도시 공간 조성에 있어 비보풍수가 중요한 구성 원리로 적용되었다. 비보는 목적이나 동기에 따라 탑을 만들고, 산을 조성하고, 연못을 파고, 조형물을 만드는 등 다양한 형태로 나타났다. 조선시대 충주 도시 공간은 동남쪽이 높고 북서쪽이 낮아서 읍의 기운이 빠져나가는 불길한 형국으로 인식되었기 때문에 성벽 모양의 구릉지를 조성하고 나무를 심어 비보하였으나 나무는 사라지고 비보만 남은 것으로 추정할 수 있다. 비보는 풍수의 쇠약한 부분을 보완하며 북서쪽에서 불어오는 바람을 막아주고 온도와 습도를 유지하며 읍내와 읍외를 구분하는 경계로 기능하여 심리적 안정을 가져다주었기 때문에 도시와 지역 주민들의 안녕과 평안을 위해 오랜 시간 보호하고 가꾸어 왔던 것으로 생각된다.

일제강점 이후 충주와 서울 청주를 연결하는 신작로 개설 계획을 세우면서 읍의 서쪽 방면으로 개발이 본격화되었다. 충주교에서 달천나루까지 직선 도로를 개설하며 비보는 파괴되었고 부대시설 등이 들어서면서 끝내는 완전히 사라지게

비보풍수—일제강점기 일본인들은 사진 속의 구릉을 토성으로 보았으나 필자는 풍수적으로 부족한 부분을 보완하기 위한 비보로 보고 있다.

되었다. 식민지배의 효율을 강조하는 지배자에게 피지배자의 역사와 삶의 내력은 고려의 대상이 될 수 없었다.

충북선 충주역

철도와 기차는 근대를 알리는 상징적인 문물이라고 할 수 있다. 문명과 개화가 외세의 침략과 지배에 의해 이루어지면서 한국 철도는 문명을 전파하고 시장을 확대하는 진취적이고 희망으로 가득 찬 문명의 이기가 아니라 식민지배와 수탈을 강화하고 식민지를 분열시키고 차별하는 수단으

로 기능하였다.

일제는 항구에 발을 디딘 다음 내륙을 관통하는 경부선 철도(1904)를 부설하였다. 고대로부터 남한강 수운의 중심도시로 성장한 충주는 경부선 철도가 부설되고 일제의 식민지배 정책에 의해 도청이 청주로 강제 이전하면서 쇠퇴하기 시작하였다. 1910년 병탄 이후 조선총독부는 식민지 자원개발, 통치기반 확보, 지역경제 확대를 위해 관설 철도와 사설 철도 부설을 적극 추진하였다.

충북 지역 철도부설 계획은 1910년대 초반부터 논의되기 시작하였다. 내륙을 침탈하기 위해서는 남북을 관통하는 철도에 이어 동서 연결 철도가 필요했기 때문에 철도 노선에 대한 다양한 논의가 진행되었다. 충주의 경우 대구를 기점으로 상주, 충주를 거쳐 경성 또는 경원선으로 청량리에 연결되는 중앙종관철도 부설을 기정사실화하였으나 실행되지 않았다.

충주까지 연결되는 철도의 부설이 현실화된 것은 청주에 거주하는 일본인 유력자들의 요구로 1917년 8월 경부선의 지선으로 충북선 부설이 허가되면서부터이다. 조선중앙철도주식회사가 1920년 3월에 조치원-청주 간 22.7㎞ 공사에 착수하여 다음 해인 1921년 11월 개통했다. 1922년 3월부터 청주-청안 간 23.9㎞ 공사가 착공되어 1923년 5월 1일 완성됨으로써 1단계 충북선 부설이 완공되었다. 청안-충주 간 구간은 1925년 3월에 착공하여 1926년 11월 30일 완공할 예정이었으나 공사가 지연되자 충주에 거주하는 일본인과 유지 등으로 구성된 충주번영회를 중심으로 충북선 속성운동을 전개하였다.

철도의 부설로 지역체계의 재편이 불가피하기 때문에 청안-충주 간 연장은 충주의 일본인과 조선인 유력자들뿐만 아니라 지리적으로 밀접한 관련을 맺고 있는 음성, 제천, 괴산, 단양 등의 지역유력자들에게도 중요한 관심사였다. 식민지 지역 개발을 내세워 철도유치와 연장 운동을 주도한 일본인과 조선인 유력자들은 철도부설로 인해 경제적 이익을 극대화하고 식민통치 기반의 강화를 통해 각종 혜택을 받는 최고의 수혜자였다. 충주와 인근의 음성, 단양, 제천, 괴산 지역 유력자들의 활발한 연장운동으로 충북선 철

충북선 연장 운동(동아일보, 1927. 8. 13)

도 문제가 크게 대두되자 조선중앙철도주식회사는 1926년 10월 충북선 청안-충주 구간 연장공사를 기공하기로 결정하였다.

1928년 12월 25일에 청안-충주 구간이 완공되었고 충주역에서 개통식이 거행되었다. 개통식 날 많은 사람들이 충주역 광장에 모여들었다. 조선인 중 몇몇 사람들은 한양을 가거나 여행 등의 과정에서 기차를 보거나 승차를 경험하였지만 대부분의 사람들에게 기차는 처음 접하는 놀라움이었다. 개통식 행사장에 세워진 모형 개선문이 말해 주듯 충북선 개통식은 충주 지역까지 일본 자본과 세력의 완전한 침투를 자축하는 승리의 행사였는지도 모른다.

일제강점기 충북선의 종착역인 충주까지 기차가 부설되면서 남한강 수운에 커다란 충격을 안겨 주었다. 충북선을 이용하는 승객은 해마다 계속 증가하였으며 충주에서 생산되는 광물, 곡물, 담배, 목재 등의 운송이 남

충북선 충주역 개통식

한강 수운이 아닌 충북선으로 대체되었다. 남한강 수운을 통해 운송되던 소금과 어물 등도 충북선을 따라 충주 일대는 물론이고 강원도 영서 지방까지 공급되면서 목계, 금천, 황강, 청풍 등의 남한강 상류의 하항이 쇠퇴하기 시작하였다. 철도와 연계된 화물 운송이 활성화되면서 남한강 수운의 배후지는 점점 위축되었다. 일제의 지속적인 철도와 신작로의 건설은 충주를 중심으로 남한강 수운을 통해 형성된 생활권과 문화권을 와해시키는 결과를 초래하였다. 1930년대 들어 충주는 남한강 수로와 영남대로상의 넓은 배후지를 상실하고 충주 일대의 시장권만을 보유하는 도시로 위상이 축소되었다.

충북선 부설은 식민지 도시 충주의 외양적 성장을 촉진시켰지만 그 이면에는 식민지 지배구조로의 종속을 강화하는 요인으로 작용하였다. 충북선을 타고 다양한 물품이 유입되면서 식민지 상업이 발달하고 지역 개발이 촉진되었다. 기존 도시 공간에서 충주역까지 시가지가 확대되었으며 역 주변에는 회사, 공장, 여관 등이 생겨나면서 점차 도시의 모습을 갖춰나가기 시작했다. 경부선 철도 부설로 충주에서 도청을 옮겨온 청주는 도시발전의 기틀을 마련하였다. 충북선이 개통된 이후 보다 성장하여 충청북도의 중심도시로 자리 잡았다. 충북선개통으로 철도 연변의 괴산군 증평면, 충주군 주덕면 등이 빠르게 성장했다. 충북선은 해방 후인 1946년 5월 국유화되었다. 1956년 충주-목행구간이 개통되었고 1958년에는 목행-봉양구간이 완성되었다.

충북도립병원 충주분원 설립

개항 이후 입국한 의료 선교사 등 서양 의료인의 활동을 통해 근대의학의 우수성을 경험한 조선 정부는 서양의학 수용에 적극적이었다. 그러나 일제가 침략을 노골화하고 근대의학을 자신들의 시혜정책으로 홍보하면서 조선인들의 거부감과 반발이 거세게 일어나기도 하였다. 일제는 통감부 시기부터 지방에 의료기관을 설치하여 일본 근대 문명의 우수성을 선전하고 일본의 지배가 조선인에게 이익이 된다는 합리화 명분론으로 활용하고자 하였다. 1909년에 청주, 전주, 함흥에 자혜의원(慈惠醫院)이 설치되었다. 자혜의원은 이주 일본인 진료와 지방위생을 담당하는 조선총독부 관립으로 운영되었다. 병탄 이후 각도에 자혜의원이 계속 설치되어 1910년도에 전국적으로 13개로 증가하였다.

식민지 의료기관은 조선인의 진료 목적보다는 식민지에 이주한 일본인들의 지방 정착을 지원하기 위해 필요한 사업이었다. 일본인들이 집중적으로 거주하는 식민지 도시에는 일본인 의사들이 병원을 개원하여 활동하였지만 의료 수준은 취약하였다. 일제는 자혜의원을 통해 진료 서비스를 제공하였고 진료 범위를 확대하기 위하여 순회 진료를 시행하였다. 자혜의원이나 순회 진료를 통한 진료가 효과적이지 못하다고 판단한 일제는 1914년부터 각 지역에 공의를 파견하고 있었다. 3.1운동 이후 위생사무의 처리 권한이 도지사로 이관되었고 1925년에는 충북도립청주의료원으로 명칭이 변경되었다.

충북도립병원 충주분원 설치운동은 식민지에서 일본에서와 같은 의료 혜택을 누리고자 하는 일본인들과 조선인 유력자들을 중심으로 전개되었다. 도립병원충주분원 설치운동이 본격적으로 전개된 것은 1920년대 후반부터이다. 1927년 6월 정무총감의 청주 방문을 계기로 도립병원 분원 설치를 진정하였다. 충주와 밀접한 연관이 있는 제천, 단양, 음성, 괴산 등의 유력자들이 함께 유치활동을 하였고 각 군별로 분담금을 할당하여 기부금을 모금하는 방식으로 추진하였다. 오랜 기간 유치 활동의 결과로 1936년 6월 모든 준비와 설계를 마쳤다. 7월 23일 신축 공사가 시작되었고 1937년 5월 16일 개업식을 거행하였다.

충북도립병원 충주분원 개원 기념

개업 당시 충북도립병원 충주 분원은 의사 3명, 간호사 6명으로 내과, 외과, 산부인과를 갖추고 있었다. 그러나 일제의 의료정책이 식민지배의 효율성에 중점을 두고 있었고 강압적이었기 때문에 조선인의 반발이 강했고 조선인들은 관행적으로 한의사에게 진료받는 것이 대부분이어서 충주 분원의 이용도는 높지 않았다. 초기의 주요 고객은 일본인과 소수의 조선인에게 머물렀으나 점차 증가세를 보였다.

4. 해방 후 신도시 건설과 공간 변화

새로운 시가지의 발달

일제강점기 충주 사람들의 고통과 아픔이 어려 있는 사직산 신사는 해방 후 철거되었고 그 인근에 망원대(望遠臺)가 건립되었다. 시가지의 아름다운 경관을 보기 위해 세운 망원대는 1957년 산 정상에 급수장이 건설되면서 자취를 감췄다. 소나무 숲이 있고 산의 북쪽 기슭으로는 보리밭과 애장터가 띄엄띄엄 펼쳐져 있는 야산으로만 인식되던 사직산은 1959년 충주시청이 사직산 북단으로 이전해 오면서 새로운 행정중심지로 발전하기 시작하였다. 성내동 청사는 장소가 비좁고 낡

보병6사단 창설 기념비(이마트앞)

　역사도시 충주의 발자취와 기억

앉을 뿐만 아니라 식민지의 흔적이 남아 있어 시 승격 이후 새로운 시정을 담기에는 부족함이 있었다. 새로 이전한 충주 시청터는 일제강점기에는 목화로 솜을 만드는 공장이 있었다. 해방 후인 1948년 4월 29일 보병 6사단의 전신인 조선경비대 4여단이 창설되었다. 6사단은 한국전쟁 초기 동락전투 등에서 커다란 전과를 올렸다.

충주 시내의 서편에 자리 잡은 역전동은 1928년에 충북선 충주역이 건립되고 1937년에는 충주의료원이 자리 잡은 교통의 중심지였다. 시청이 이전하면서 충주천 너머 서쪽 방면으로의 개발이 본격화되었고 시가지가 확장되었다. 1960년대 중반 이후 사직산 북쪽사면이 택지로 개발되면서 신흥 부촌으로 각광받게 되었다. 1965년 사직산 중턱에 남한강초등학교가 개교하였고, 1974년 12월 15일에는 성내동에 있던 충주공용버스터미널이 역전동 544번지로 이전하면서 역전동은 철도와 연계한 교통의 중심지로 발전하였다. 1975년 2월에는 충주고등학교가 사직산 남서쪽으로 이전하였고, 1975년 7월에는 충주 여성회관이 개관하였다. 가파른 산비

문화동 충주시청사

탈을 따라 작은 길이 있고 고개마루에 성황당(지현동 430)이 있던 사직산 정상 부근도 여성회관으로 연결되는 도로가 확장되고 주택, 상가가 들어서면서 빠르게 도시지역으로 편입되었다. 계속되는 개발로 사직산은 급격하게 변화하였고 난개발 속에서 본 모습의 많은 부분을 상실하게 되었다.

문화동의 변천

일제강점기 사직산 일대의 행정구역은 충주군 용산리였으나 1956년에 충주군 용산동으로 개칭되었다. 1962년 2월 6일 행정구역 조정으로 용산동을 용산1구·용산2구·지곡(芝谷)·빙현(氷峴)·역전동(驛前洞)으로 분동하면서 하나의 독립된 동으로 분리되었다.

역전동은 충북선 충주역 앞의 마을이라는 의미로 붙여진 지명이었다. 사직산 마을 역전동은 해방 후 새로이 개발된 신도시로 행정, 교통, 문화, 산업의 중심으로 성장하였으나 도시화 과정에서 외곽 지역이 새로 개발되면서 전환기를 맞이하게 되었다. 1980년 3월 12일 충북선과 함께 충주역이 봉방동 409번지로 이전하였다. 역이 이전됨에 따라 역전동이라는 명칭이 무색하게 되었다. 동명을 역전동에서 문화동으로 변경하였으나 새로운 지명의 마땅한 근거를 찾기 어려운 문제점이 있다.

1997년 충주시가 금릉동에 새로운 청사를 마련하고 이전하였고, 2002년에는 공용버스터미널이 칠금동 849번지로 이전하였다. 2012년 충주의료원이 안림동으로 이전하는 등 시가지의 주요 시설들이 문화동을 떠나면서 급격한 변화를 맞이하게 되었다.

대제, 소제, 그리고 호암지

1. 조선시대 대제와 소제 그리고 충주평야

조선 전기 농업 경영과 대제와 소제 수축

고대로부터 고려시대까지 대부분의 마을은 큰 산자락 아래에 자리 잡고 있었다. 산비탈이나 완사면을 개간하여 농사를 지었고 계곡을 막거나 저수지를 쌓아 벼농사에 이용하였다. 농경은 산자락 인근에서 이루어졌으며 넓은 들판이 농토로 활용되는 경우는 많지 않았다. 12세기부터 벼재배의 비중이 증가하였기 때문에 수리시설의 중요성이 강조되었다. 저수지는 새로 축조하거나 이전의 저수지를 증축하여 사용하기도 하였다.

조선 정부는 건국 후 농업국가를 표방하고 농업생산력을 향상시키기 위해 농서를 보급하고 개간과 수리시설 확충 정책을 강력히 추진하였다. 조선 전기 수리정책은 저수지와 보의 축조와 관리에 집중되었다. 태종은 권농사업의 일환으로 수리시설의 확충에 심혈을 기울였다. 저수지의 축조는 국가가 보급하고자 했던 수전농법과의 밀접한 관련 속에 전개되었다.

1454년에 편찬된『세종실록지리지』에 소개된 전국의 수리시설은 경상도 20, 충청도 14, 전라도 4, 경기도 3, 황해도 2, 강원도 1로 합계 44개소였다. 이들 저수지 중에는 상주의 공검지, 제천 의림지, 김제 벽골제와 같이 건립 연대가 삼국시대까지 거슬러 올라가는 저수지가 있는 반면에 태종대에 신축되거나 보수한 저수지도 있었다. 조선 초기 수리시설이 경상도와 충청도에 집중된 것은 이들 지역에서 논농사가 발달하였음을 말해주는 것이라고 할 수 있다. 충주 지역에는 소제 1, 대제 1로 2개의 저수지가 존재했던 것으로 기록되어 있다.

　『세종실록지리지』의 소제 1, 대제 1이 충주 지역 전체에서 소제 1, 대제 1의 제언이 있다는 것을 의미하는지 아니면 충주읍에 있는 소제와 대제를 의미하는지 해석의 여지가 있을 수 있다. 조선 후기 국가에서 편찬한 각종 각종 서적에서 읍내에 대제와 소제가 있는 것으로 기록하고 있고, 조선 전기 읍치로부터 면 단위로 수리시설의 확장되고 있다는 점과 조선 후기에도 대제

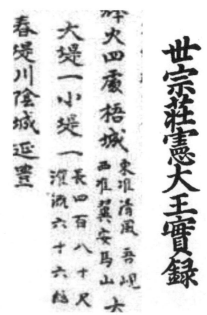

『세종실록지리지』의 대제와 소제

와 소제가 계속해서 수록되고 있는 점을 고려할 때 소제 1, 대제 1을 충주읍에 있는 대제와 소제로 보는 것이 타당하다고 할 수 있다.

『세종실록지리지』 충청도 지역 제언 현황

지 역		제언 명	규모	몽리 면적
충청도	충주목	대제1 소제1	장 480척	66결
	제천현	대제1 의림제	장 530척	400결
	온수현	대제 연제	장 150척	350결
		종야지	장 170척	280결
	아산현	창정지	장 690척	300결
	부여현	대난보	장 217척	74결
	니산현	장자지	장 716척	300결
	홍주목	연지	장 3,060척	130결
	서산군	율곶축제	장 130척	108결
	면천군	양제	장 140척	115결
	예산현	선제제	장 450척	110결
	청양현	벽항보제	장 323척	110결

대제와 소제는 언제 누가 쌓았는지 정확히 알 수가 없다. 농경을 위해 축조한 작은 연못이 오랜 세월 유지 보수되다가 조선 초에 확장되었는지 아니면 이 시기에 새로이 축조하였는지 분명하지 않다. 대제에 대해서는 일본인 오토거정의 『충주관찰지』(1931)에는 축조연대가 부정확하여 신뢰성이 높지 않지만 한 씨가 만들어서 한지(韓池)라고 불렀다는 기록이 있다. 충주시민들은 최근에도 대제를 함지라고도 부르는데 한지를 함지로 잘못 부르고 있는 것으로 보인다. 소제는 연꽃이 만발하여 연지(蓮池)라고도 불렀다.

대제는 대림산의 명학골과 개밭골에서 발원한 물이 관주마을과 들판을 통과한 다음 저수지로 유입되고 있다. 사직산 자락에 위치한 소제는 사직산에서 유입되는 물과 저수지의 용출수를 수원으로 하였다. 조선 전기 대제와 소제의 규모는 장 480척이고 몽리 면적은 66결이었다. 대제와 소제의 규모를 하나로 표시한 것은 대제와 소제가 충주평야의 관개용수로 사용되었기 때문에 별개가 아닌 하나의 저수지로 파악한 것으로 보인다.

충주평야의 개발

남한강과 달천강 유역에 발달한 충주평야는 달천평야, 단월평야, 모시래들 등으로 불린다. 달천이 한강에 합류하면서 드넓은 범람원에 형성된 충주평야는 양질의 쌀이 생산되는 것으로 유명했다. 충주분지는 남동쪽을 가로막은 대림산, 남산, 계명산의 고지대를 따라 완만한 산록완사면과 낮은 구릉지가 형성되어 있고 달천과 한강이 흐르는 저지대에는 넓은 들판이 발달하였다.

조선 초기 중앙정부에서 농업정책을 강력히 추진하면서 충주 지역 논농사는 충주읍치 인근의 평야를 중심으로 전개되었다. 달천과 한강변에 제방을 쌓고 황무지를 적극적으로 개간함으로써 경작지의 면적이 크게 증가하였다. 농업용수를 공급하고 배수하는 관개시설을 갖추면서 풀과 나무가 무성하고 진흙과 수렁으로 이어지던 들판은 벼를 재배할 수 있는 논으로 변모하였다. 새로 개간한 농경지에 수전농업이 발달하면서 곡창지대로 발전할 수 있었다.

충주는 조선 건국 후 충청감영이 설치되면서 관청에 근무하는 관속, 군인, 각종 수공업자들과 다양한 분야의 사람들이 모여들고 인근 지역과 인적 물적 교류가 활발히 이루어지면서 도시 성장을 촉진하였다. 농업 생산력은 충청감영의 재정적 기반이 되기 때문에 충주평야의 효율적인 개발은 중요한 관심사가 되었을 것으로 생각된다. 논농사가 본격적으로 시행되면서 수리시설의 필요성이 제기되었을 것이고 지방관의 협조 아래 대제와 소제가 축조되거나 확장되었던 것으로 보인다. 읍치의 고지대로부터 달천과 한강 유역의 저지대로의 장기간에 걸친 개발이 계속되면서 농업지대가 형성되었다.

조선 후기 수리시설 확충과 농업 경영

임진왜란과 병자호란의 두 차례 전란 이후 농민들은 황폐한 지역을 복구하고 농업생산력을 향상시키기 위해 관개시설을 개선하고 영농기술을 향상시키는 등 다양한 노력을 기울였다. 조선 후기 시비법의 발달과 이앙법의 급속한 보급으로 수리시설 확충이 중요한 문제로 부각되었다. 농민들은 이앙법이 노동력은 절감하면서 수확량을 증가시키는 이점이 있지만 가뭄에는 취약하다는 것을 알았기에 수리시설의 축조와 보완에 심혈을 기울였다.

조선 전기 읍치를 중심으로 발달하던 논농사는 점차 외곽의 면리 지역으로 확대되었다. 이는 저수지 축조의 증가를 통해 알 수 있는데 『여지도서』(1765)에 의하면 전국 제언(堤堰)의 수는 3,171개이며 충청도에는 542개가 존재하여 조선 전기에 비해 크게 증가하였음을 알 수 있다. 충주목에는 읍치의 대제와 소제를 비롯하여 61개의 저수지가 존재하였고 전국적으로 일곱 번째로 많은 수치였다. 제언조에는 소제와 대제에 대하여 다음과 같이 기록되어 있다.

소제 : 현의 남쪽 5리로 남변면에 있다. 둘레는 2,068척이고
　　　　수심은 3척이다.
대제 : 현의 남쪽 8리로 남변면에 있다. 둘레는 1,908척이고

수심은 3척이다.

『세종실록지리지』에는 대제와 소제를 구분하지 않고 길이와 몽리 면적을 기록한 반면, 『여지도서』에는 대제와 소제를 구분하고 위치, 길이, 수심을 기록하고 있어 다소간에 차이가 있음을 알 수 있다. 소제와 대제는 조선 후기에 크게 확충되었고 소제가 대제보다 160척이 큰 것으로 보아 여러 차례 중축 또는 보수가 이루어졌을 것으로 미루어 짐작할 수 있다.

조선 후기에는 이앙법이 보편적인 농법으로 자리 잡게 되었고 보의 수축을 통해 경작 면적이 보다 확대되었다. 15세기 후반에 이르면 기존의 대제와 소제 외에도 금봉산에서 발원해 고지대인 남쪽에서 북쪽으로 흐르는 충주천과 지천에 보(洑)를 수축하고 봇도랑을 만들어 충주평야에 물을 공급함으로써 더 많은 경작지를 확보할 수 있었다. 16세기부터 외곽 지역의 경제적 가치가 새롭게 인식되면서 양반층을 중심으로 달천과 한강변 그리고 산자락으로 자신들의 세력을 넓혀 나갔다.

농업생산력의 발달은 신분제의 동요와 경제 구조의 변화로 나타났다. 농촌 사회의 농민층은 농업생산력의 변화로 인해 소수의 부농과 다수의 빈농으로 분해되어 갔다. 양반 지주 및 부농층의 토지집적이 심화됨에 따라 많은 농민들이 빈농, 무전 농민층으로 몰락하였다.

충주 지역은 한강 유역의 최고 상업 중심지였기 때문에 장시와 포구 상업이 발달하였다. 농업 경영도 이러한 남한강 교통망을 이용한 지주경영이 다른 지역보다 발달하였다. 최윤오의 연구에 의하면 충주읍의 농업 경영 추세는 토지 전체를 대여하고 농업에 참여하지 않는 대여농이 8.3%, 자작 33.2%, 자소작 31.9%, 소작 26.6%로 농민층이 열악한 지위에 놓여 있음을 알 수 있다. 농민층의 몰락과 위기의 가속화 문제는 정치 경제 사회의 변혁을 통한 근대화 과정에서 반드시 해결해야 할 과제로 남게 되었다.

2. 임진왜란과 달천평야 전투

달천평야를 선택하다

임진왜란(1592-1598) 충주전투는 전쟁의 판도를 바꿔 버린 중요한 전환점이었다. 충주전투는 7년 동안 계속된 임진왜란의 일부에 불과하지만 그 의미와 파장은 적지 않았다. 신립 장군이 무슨 연유로 조령고개에 진을 치지 않고 달천평야에서 적을 맞이했는지에 대한 논쟁을 비롯하여 다양한 견해와 오해가 존재하는 것이 사실이기에 임진왜란 충주전투를 돌아볼 필요가 있다.

선조 25년(1592) 4월 12일 부산 앞바다에 도착한 왜군은 부산진성과 동래성을 함락시키고 북상하였다. 조선 정부는 이일(李鎰)을 순변사로 임명하여 일본군의 북상을 막으려 하였으나 상주에서 패배하고 충주로 도망쳤다. 이일이 패배하자 조정에서는 신립을 삼도순변사로 임명하여 충주에서 왜구를 막도록 하였다. 1546년(명종 1)에 태어난 신립은 1567년(명종 22)에 무과에 급제하였으며 선전관을 거쳐 도총부도사 등을 역임하였다. 1583년 함경도 은성부사로 재직할 때 여진족 니탕개(尼湯介)가 1만의 병력을 이끌고 침입하자 500명의 기병으로 물리치면서 장수로서의 명성을 세상에 알리게 되었다.

선조는 신립에게 상방검(尙方劍)을 하사하고 신상필벌, 병력 동원, 군수물자 사용을 임의대로 할 수 있는 권한을 부여하였다. 신립의 병력은 도순변사의 비장 80여 명, 중추부 소속 정병 300명을 포함해서 무관 2,000명, 일부 내시부 장교들이었다. 충주로 내려오면서 충청도 지역의 병력이 가담하면서 총병력은 8,000여 명이 되었다. 4월 26일 종사관 김여물과 8천여 명의 병력을 이끌고 충주에 도착한 신립은 단월역 앞에 주력부대를 주둔시키고 조령으로 가서 형세를 살펴보았다.

신립 장군 동상

   종사관 김여물을 비롯한 참모들이 일본군의 병력이 많아서 정면승부는 위험하니 천연의 요새인 조령 협곡에서 공격하여 격멸하는 것이 유리하다는 의견을 제시하였다. 그러나 신립은 조령은 기마병을 활용할 수 없으니 들판에서 싸우는 것이 유리하다고 주장했다. 조령의 험준함을 버리고 달천평야에 진을 친 것에 대해 임진왜란 직후는 물론이고 현재까지도 부정적인 인식이 다수인 것이 사실이다.

   명나라 장수 이여송은 조령을 지나면서 "이런 천혜의 요새를 두고 지킬 줄 몰랐으니 신립은 지모가 부족한 사람이다."라고 하였다. 유성룡은 "신립은 원래 날쌔고 용감한 것으로 이름 높았으나, 전투의 계책에는 부족한 인물."이라고 평가하였다. 정약용은 유배를 가는 길에 탄금대를 지나면서 "신립을 일으키어 얘기나 좀 해 봤으면, 어찌하여 문을 열어 적을 받아들였는지…."라며 탄식하였다. 이처럼 많은 사람들이 달천평야보다 조령이 왜군을 막아내기에 적합하다고 생각하였고 신립 역시 충주로 내려와 진을 치고 먼저 조령을 살펴본 것으로 보아 조령이 가진 지형의 이점을 충분히 인식하고 있음을 알 수 있다. 그럼에도 조령이 아닌 달천평야를 선택한 것은 먼저, 기병을 주로 지휘했던 신립이 넓은 들판에 적의 보병을 유인하여 섬멸하는 전투 방식에 익숙했기 때문에 조령이 아닌 달천평야를 선택했다고 할 수 있다. 둘째는 신립이 병력을 이끌고 충주로 오는 도중에 많은 병사들이 탈영하였기 때문에 병력 통제의 어려움이 있는 조령보다 달천평야에 배수의 진을 침으로써 병력과 훈련의 부족을 극복하려고 했음을 고려할 수 있다.

또 다른 이유로 생각해 볼 수 있는 것은 신립의 군대가 4월 26일 충주에 도착하였고 소서행장(小西行長)의 군대가 4월 28일 새벽 4시부터 조령을 넘기 시작하였으므로 일본군보다 먼저 조령에 도착할 수는 있었으나 병력을 배치하고 방어선을 구축하기에는 시간이 촉박함을 알 수 있다. 또한 조령에 주둔하였다고 해도 일본군이 일부 병력만 남겨 두고 우회하여 서울로 진격할 수 있기 때문에 조령을 지키는 것은 자칫 고립무원에 빠질 위험이 있는 것이 사실이다.

조령이 아닌 달천평야의 선택은 배후가 달천과 한강으로 둘러싸여 있어 후방으로부터 적의 습격을 받을 위험이 적고 훈련이 안 된 병사들을 전투에 집중시킬 수 있는 장점이 있다. 신립은 자신의 주특기인 기마병을 운용할 수 있고 급히 모집된 병졸들의 심리적 안정을 위해 조령보다 달천평야가 효과적이라고 생각한 것으로 보인다. 신립이 달천평야 전투에서 승리하였다면 문제될 것이 없지만 패배하면서 조정은 급하게 피난길에 올랐고 한양이 일본군의 수중에 넘어갔기 때문에 지휘관인 신립은 냉혹한 비판에 직면하게 되었다.

전투의 전개

4월 26일 충주에 도착한 신립은 척후병을 배치하여 적정을 살폈다. 그러나 척후가 일본군에게 차단되어 적의 정확한 규모나 이동 상황을 파악하지 못했다. 단월역(丹月驛) 앞에 진을 쳤는데 군졸 가운데 "적이 벌써 충주로 들어 왔다."고 하는 자가 있자 신립은 즉시 목을 베었다. 적이 이미 조령을 넘어 단월역에 이르렀는데, 목사 이종장(李宗長)과 이일이 척후로 전방에 있다가 적에게 차단당하여 정세 보고가 단절되었으므로 신립이 이를 알지 못하였다. 척후가 차단됨으로써 경계 태세를 갖추지 못했고 연락체계가 두절된 것은 패배의 중요한 요인 중의 하나라고 할 수 있다. 충주로 진입하기 전에 소서행장(小西行長)은 병력을 좌군, 중군, 우군으로 나누어 진군하였다. 좌군은 달천 물줄기를 따라 진군하였고, 우군은 동쪽 산줄기를 따라 이동하였는데 조선군에게 발각되지 않기 위해 달천평야를 크게 우회하였다. 중군은 충주 읍성을 공격하였는데 신립은 성이 불탈 때까지 이 사실을 몰랐다고 한다.

신립은 27일 적정을 살펴보고 다음 날인 28일 단월역에서 물러나 달천을 따라오면서 평야로 진입하는 중앙에 배치된 병력이 약간 후방에 쳐진 형태의 학익진(鶴翼陣)을 쳤다. 일본군이 나타나면 신립은 기마병이 측면을 돌파하여 섬멸하는 작전을 구상했을 것으로 보인다. 기병은 궁기병과 창기병으로 나눌 수 있는데 임진왜란 당시 조선 기병은 활을 주 무기로 사용하는 궁기병 위주로 편성되었다. 궁기병의 경우 넓은 공간의 확보가 반드시 필요하기 때문에 단월역이 아닌 달천평야를 결전 장소로 선택했다고 할 수 있다. 조선군 전력의 핵심이 궁기병이라면 일본군의 핵심은 조총부대였다. 조총은 발사 속도가 너무 느리다는 단점이 있어서 조총부대가 3열로 서서 한 줄씩 사격하는 방식으로 운용하고 있었다.

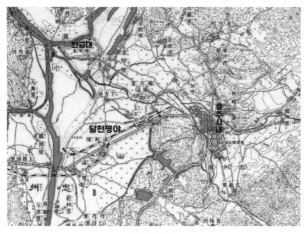

달천평야

일본군은 학익진을 치고 있는 조선군에게 대항하여 3개 방면으로 포위하는 형국이 되었다. 신립은 척후를 차단당해 적의 규모와 상황을 알지 못하고 중앙에 대치한 적만 보고 소수로 오산하여 선제공격에 나섰다. 이때 일본군이 측면을 공격하였고 조선군의 대오가 붕괴되며 커다란 타격을 입었다. 신흠은 『상촌집』(1630)에서 "적이 우리 군사의 좌측으로 돌아 나와 동쪽과 서쪽에서 공격해 오는 바람에 우리 군대가 크게 어지러웠다."고 하였다. 첫 번째 돌파가 실패하면서 두 번째, 세 번째 공격은 더 어려워졌다. 첫 번째 돌격 이후 다시 돌파를 시도하기 위해서는 기병이 달려 나갈 수 있는 일정한 공간이 필요한데 공간 확보가 쉽지 않았다. 측면에서의 일본군 공격에 의해 기병의 운용이 불가능하게 되었다. 신립의 조선군이 수세에 몰리면서 점차 곤경에 처하게 되었음을 알 수 있다.

이때의 상황을 『선조수정실록』에서는 "신립이 어찌할 바를 모르고 곧장 말을 채찍질하여 주성(州城)으로 향하여 나아가니 군사들은 대열을 이루지 못하고 점점 흩어지고 숨어 버렸다. 성 중의 적군이 호각 소리를 세 번 내자 일시에 나와서 공격하니 신립의 군사가 크게 패하였으며, 적이 벌써 사면으로 포위함으로 신립이 도로 진을 친 곳으로 달려갔는데 병사들이 다투어 달천에 빠져 흘러가는 시체가 강을 덮을 정도였다."고 하였다.

일본군의 공격으로 조선군의 진영이 흐트러지고 혼란에 빠지게 되었다. 포위망으로부터 벗어나려고 하였으나 충주 읍성에 있던 일본군까지 가세하면서 신립의 조선군은 여지없이 무너졌다. 진영이 붕괴된 조선군은 달천으로 밀리면서 대부분의 병사들이 강물에 빠져 비참한 최후를 맞이하였다. 신립과 김여물도 달천 월탄에 몸을 던져 순국하였다.

신립장군의 기병운용 문제점과 척후가 차단되어 적군의 정확한 적정을 파악하지 못함으로써 일본군에게 포위되어 패배를 자초한 점은 비난을 피할 수 없다.

탄금대에서 싸웠다는 역사 왜곡

탄금대는 가야 출신의 우륵이 충주에 정착하여 탄금대에서 망국의 한을 품고 가야금을 연주한 곳이라고 해서 붙여진 지명이다. 임진왜란이 일어나자 도순변사 신립 장군이 탄금대에 배수진을 치고 최후까지 싸우다가 한강에 몸을 던져 순국하였다는 이야기를 흔히 들을 수 있었다. 탄금대 곳곳에 있는 안내판과 팔천고혼비, 신립장군순국비 등 각종 비문에도 신립이 탄금대에서 싸우다가 최후를 맞이하였다는 식으로 기록하고 있다. 각종 역사 서적, 보고서 등의 내용도 크게 다르지 않기 때문에 탄금대 전투는 움직일 수 없는 역사적 사실처럼 유통되고 있는 것이 현실이다.

탄금대는 해발 108m의 야산인 대문산의 정상 부위를 말한다. 달천과 한강이 합류하는 지점에 형성된 대문산은 면적이 넓지 않은 작은 야산이기 때문에 조선군 8,000명과 일본군 1만 6천 명을 수용하는 것도 불가능한데 여기서 전투까지 전개한다는 것은 난센스에 불과하다.

탄금대 팔천고혼위령탑

현재의 지형과 달리 탄금대 주변에는 한강의 지류가 흘러들어 오고 실개천이 한강으로 흘러가고 있었기 때문에 부분적으로 섬처럼 고립된 지역이었다. 주변에는 늪지대가 형성된 지역도 있었기 때문에 기병을 활용하여 전투하겠다는 신립의 부대가 탄금대에 진을 치고 전투를 했다는 것은 상식적으로도 이해할 수 없다. 일본군의 북상을 저지하는 것이 신립의 임무였기 때문에 스스로 탄금대에 들어가 고립을 자초했고 그곳에서 싸우다가 죽었다고 하는 것은 신립 장군의 숭고한 정신과 희생을 모욕하는 것일 뿐이다.

신립이 진을 치고 전투를 벌인 곳은 달천평야이다. 신흠이 "마을 길이 좁고 장애물이 많을 뿐만 아니라 논까지 많아 말을 달리며 활을 쏘기에 매우 불편했다."고 한 것으로 보아 전투는 탄금대가 아니라 달천평야에서 벌어졌음을 알 수 있다. 『여지도서』, 『호서읍지』의 고전장(古戰場)조에는 "주(州)의 서쪽 10리인 달천변의 탄금대 아래에 있다. 임진왜란 때 도원수 신립이 배수의 싸움에서 전군이 패몰하였다."고 하여 전투가 있었던 곳이 탄금대와 별개의 달천변 충주평야임을 밝히고 있다. 해방 후인 1959년에 발간된 『예성춘추』에도 "탄금대 동남쪽으로 전개되는 충주평야를 모시래 들이라 한다. 즉 사직산 서쪽 달천진 동쪽과, 단월리 이북과 탄금대 이남의 넓은 들을 말한다. 임진왜란 때 신립 장군과 왜장 가등청정이 싸웠으므로 지금까지 옛 전쟁터라 하였으며 근년에 와서 달천평야라고 바꾸었다."라고 되어 있다. 소서행장(小西行長)을 가토 가등청정(加籐淸正)으로 잘못 기록한 것을 제외하면 탄금대가 아닌 달천평야에서 전투가 벌어졌음을 기록하고 있다.

최근의 기록이 엄연히 존재함에도 신립이 탄금대에 배수진을 치고 전투를 치렀다는 허구의 사실이 어떻게 해서 만들어졌는지 이해할 수 없다. 더 나아가 신립이 뜨거워진 활시위를 강물에 식히기 위해 절벽을 열두 번이나 오르내려서 열두대라고 불렀다는 이야기와 결국에는 탄금대에서 자결했다는 것은 누군가에 의해 만들어진 창작물에 불과하다. 역사적 사실과 관련 없이 만들어진 탄금대의 전적비, 순국비, 안내판 등은 달천평야 전투의 역사를 가리고 왜곡하며 신립 장군과 8천 군사들의 명성을 훼손할 뿐이다. 조금만 주의를 기울여도 확인 가능했음에도 역사적 사실은 내팽개쳐 두고 허구로 가득 채운 현실이 안타깝고 씁쓸할 따름이다. 왜곡되고 가공된 창작물로 역사를 바라보고 미래를 준비할 수는 없는 것이기에 반드시 바로 잡아야 할 것이다. 일부 선학들이 여러 차례 지적했음에도 고쳐지거나 논의가 이루어지지 않고 있는 것이 더 큰 문제라고 할 수 있다.

3. 일제강점기 소제와 대제

식민지적 수리체계의 형성과 호암지 축조

일제는 강점 이후 조선을 식량 공급지로 재편하고 그들이 필요로 하는 쌀을 증산하기 위해 다양한 노력을 기울였다. 일본인 농업경영자들의 이주가 증가함에 따라 이들을 보호하고 후원하기 위해 1906년 3월 「수리조합조례」를 공포하였다. 그러나 지주들의 인식 부족과 재정 부족에 시달리는 일제가 적극적인 조성책을 내놓지 못하면서 사업은 지지부진하였다. 1917년 「조선수리조합령」, 1919년 「수리조합보조규정」을 제정하고 1920년부터 산미증식계획이 본격적으로 추진되면서 수리조합사업이 활성화되었다.

병탄을 전후하여 충주 지역으로 일본인들의 이주가 이루어지면서 달천평야의 토지와 농업 경영에 관심을 갖는 일본인이 점차 증가하였다. 일제는 달천평야와 수리시설에 대해 방죽과 제방은 파괴되었고, 저수지를 준설하지 않아 구역 내의 논이 거의 천수답으로 변하였으며, 용수 부족으로 농민 간에 쟁탈전이 벌어지고 모내기를 하기 어려운 실정이라며 전래의 상황을 비판하고 식민농정의 정당성을 부각하였다. 일제강점 이후 일본인들에 의해 수리사업이 추진되면서 전래의 공동체적 수리체제는 자취를 감추고 식민지 수리체제가 자리 잡게 되었다.

일제는 1916년 6월 홍수로 소제의 제방이 무너지고 구조물이 유실되자 1917년 3월 용산보와 봉방보를 축조하였고 6월에는 소제의 제당을 개축하여 저수지 면적을 확장하였다. 1918년 3월에는 대제의 개축을 시작하여 4월에 준공하였다. 소제와 대제를 확장하여 관개 면적이 확장되었으나 수원이 풍부하지 못하고 달천평야의 일부를 관개함에 그치는 문제점이 있었다. 1919년 3월에 수리조합 사업계획을 신청하여 6월에 소제의 동쪽 호암리에서 충주읍으로 흐르는 충주천의 상류에서 도수로(導水路)를 통해 물을 공급받아 소제를 확대하는 방안을 확정하였다. 도수로를 선정하여 시설 설계를 변경하였고 소제가 있는 지명을 따서 명칭을 호암제(虎岩堤)로 변경하였다. 1922년 4월 1일 조합 설치 인가를 받아 그해 9월 호암제 기공에 착수하였고 1924년 3월 31일에 준공하였다. 수리시설의 계획과 설계는 일제에 의해 이루어졌지만 모든 공사는 충주군민의 부역에

소제를 확장한 후의 호암지의 모습─우측 상단의 인물은 일본인 수리조합장 영목정일(鈴木政一)이다.

역사도시 충주의 발자취와 기억

의해 진행되었다. 충주읍뿐만 아니라 면 단위 주민까지 동원된 저수지 축조공사는 고통스러운 기억이었다. 제대로 먹지도 못하고 기본적인 생활환경조차 주어지지 않은 열악한 조건에서 매질까지 당하면서 강제 부역에 시달려야 했다.

1925년에는 을축년 대홍수로 인하여 호암보와 봉계보가 붕괴되자 복구공사와 구역 확장에 대한 인가를 얻어 1927년에 공사를 완공하였다. 공사 현장에 내몰린 사람들은 가난하고 곤궁한 처지에 놓여 있던 소작인들이었다. 충주수리조합에서 일반 지주에게 1단보당 2명의 부역을 부과하면 지주들은 소작인들에게 부역을 떠넘겼다. 가난한 소작농들은 소작을 떼일 것을 걱정하여 부역을 거부할 수 없는 형편이었다. 장시간의 가혹한 노동은 원성의 대상이 되었다. 공동체적 기능이 사라진 식민지 수리체제로의 변화는 조합비 부담을 두고 지주와 소작농 간의 갈등, 계급과 계층 간의 갈등, 민족갈등이 불가피하였다.

농민층의 분해

재정 부족으로 곤란을 겪고 있던 수리조합 사업은 총독부 알선 저리자금 대출이 확대되면서 활성화되었다. 수리조합 사업비로 막대한 금융 자금이 조성되면서 본격적인 사업 착수가 가능하게 되었다. 충주수리조합의 경우 1917년 용산보, 봉계보 축조와 소제, 대제의 제당 축조를 위해 한호농공은행으로부터 35,653원을 기채하였는데 이자와 사무비를 합산하면 45,391원 51전이었다. 1924년 3월 31일 호암제 준공 당시 신공사비와 사무총액이 13만 4,804원 49전이며 이를 식산은행 원금으로 환산하면 조합채가 15만 8,000원이나 되어 사업 초기부터 과중한 부채를 안고 출발하였다.

충주수리조합이 사업을 시작할 때 공사비의 대부분을 기채로 충당하면서 사업을 쉽게 추진할 수 있는 요인이 되었지만 조합원들은 조합이 성립되면서 원치 않는 기채상환과 이자를 부담해야 했다. 과중한 조합채 상환은 지주나 농민 모두에게 큰 부담으로 작용하였다. 수해 등 자연재해로 인한 추가비용과 증가하는 조합비는 조합원의 부담을 가중시켰다. 부담 능

충주수리조합 실태(동아일보, 1927. 9. 6)—일제강점초기 일본인 지주들이 충주평야 토지 절반을 차지하였고 사업을 주도하였다.

력이 부족한 중소지주와 농민들이 규정대로 조합비를 납부하는 것은 쉬운 일이 아니었다. 수리조합이 설립되면 토지개량 효과가 있기 때문에 이전보다 토지가격이 상승하는 것이 일반적이지만 충주수리조합의 경우처럼 과도한 조합비가 채무로 작용하는 경우 가격이 하락하는 역효과가 나타났다. 과중한 조합비 부담을 견디지 못한 많은 중소지주와 농민들이 토지 매각에 나서면서 팔려는 사람은 많고 사려는 자는 적었기 때문에 지가가 폭락하였다. 농토의 헐값 매각으로 몰락한 중소지주와 농민은 소작인으로 전락하였고 헐값에 내놓은 토지들은 대부분 일본인 지주들의 차지가 되었다.

소작농이 증가하면서 소작 계약은 지주에게 유리하게 체결되었다. 소작농은 조합원은 아니지만 소작 계약이 체결되면서 조합비를 소작농이

역사도시 충주의 발자취와 기억

부담하게 되었다. 조합비의 과중한 부담으로 소작농은 파탄 지경에 이르게 되었다. 소작료는 관례대로 도조제가 적용되었다. 예를 들어 2등지 1단보를 경작하면 2석 9두의 수확 중 1석 5두를 도조로 제하면 1석 4두는 18원 20전이다. 여기에 조합비 7원 20전을 제하고 나머지 11원은 이자대, 비료대 등 경작비로 부족한 형편이었다(동아일보: 1927. 9. 6). 자신의 부담에 지주의 부담까지 떠안은 수리조합 소작농의 궁핍은 갈수록 심각한 지경에 이르게 되었다. 1930년대 들어 쌀값이 폭락하면서 소작농의 파탄이 증가하였고 소작권을 포기하거나 부채와 소작료를 견디지 못하고 야반도주하는 사례가 발생하기도 하였다.

수리조합 운영의 식민성

일제강점기 충주에 이주한 일본인들은 상업에 종사하여 축적한 부를 바탕으로 달천평야의 토지를 매입하였고 지주로 성장하였다. 일본인들은 단기간에 토지를 집중적으로 매입하였는데 대부분 미간지이거나 하등지였다. 일본인들은 이러한 토지를 양질의 토지로 변환시키기 위해 수리사업에 지대한 관심을 보였다. 조선 전래의 수리시설을 비난하고 식민지 당국에 민원과 진정을 통해 토지개량을 요구하였다. 수리조합사업은 1920년대 산미증식계획이 추진되면서 활성화되었는데 관개 개선, 지목 변경, 개간 간척 등이 주요 내용이었다.

충주수리조합 설립은 1920년부터 시작되었다. 수리조합의 창립위원장은 일본인 영목정일(鈴木政一)이었고 군청이 주도하여 추진하였다. 수리조합사업은 지역경제에 큰 영향을 미치는 대규모 사업임에도 불구하고 소수의 임시위원만으로도 주민들의 의견수렴 절차 없이 사업을 추진할 수 있었다. 구역 내 토지 소유자들은 사업계획에 대한 동의권만을 갖고 있어 소수 일본인들에 의해 일방적으로 추진되는 문제점을 가지고 있었다. 강제적인 동의 강요, 조합비 부담, 일본인에 대한 민족적인 반감 등으로 조선인 토지소유자들은 수리조합 설립에 강력히 반대하였다. 이러한 반대 의사를 무마하기 위해 관공서, 지역 유지들의 역할이 필수적이었는데 군수와 면장 그리고 유지 등이 적극적으로 나서서 토지 소유자들을 설득하고 사업에 참여할 것을 독려하였다.

충주수리조합은 구역 내 관개배수를 목적으로 설립되었다. 구역은 충주 읍내의 달천리, 봉방리, 용산리, 단월리, 호암리이고 조합구역 내의 토지 소유자를 조합원으로 하였다. 조합 조직은 조합장 아래 서기와 공수를 두었다. 조합을 대표하는 조합장은 조합운영에 관한 대부분의 업무를 결정하고 집행할 권한을 가지고 있었다. 조합장이 사고로 직무를 수행할 수 없을 때에는 서리가 그 임무를 대리하였다.

충주수리조합 초대 조합장은 영목정일(鈴木政一)이었다. 1879년 일본 산리현(山梨縣)에서 태어나 1907년 조선에 건너와 충주에 정착하였다. 학교조합평의원, 면협의원, 철도건설과 실업학교 설립 진정위원으로 활동한 대표적인 풀뿌리 침략자였다. 1924년 충주수리조합 설립 당시부터 1934년까지 조합장으로 활동하였다.

영목정일(鈴木政一) 이후 수리조합장에 임명된 자는 굴정좌전차(堀井佐傳次)이다. 1880년 일본 신석현(新潟縣)에서 태어났으며 1912년 조선에 건너와 충주 용산리 빙현에 정착하였다. 읍회의원, 도회의원으로 활동하였고 사과 과수원과 농업 경영에 종사하였다. 1935년부터 1937년 12월까지 수리조합장으로 활동하였다. 굴정좌전차에 이어 수리조합장에 임명된 자는 중천용장(中川龍檝)이었다. 1878년 일본 조취현(鳥取縣)에서 출생한 중천용장은 농학교 교사로 활동하다가 1910년 충청북도 농사순회 교사로 초빙되어 식민지 조선으로 건너왔다. 1912년 충주에 정착하여 농업에 종사하였다. 충주시정25년기념사업위원, 철도건설과 학교설립 진정위원, 충주과수조합장으로 활동하였다. 1938년 1월부터 수리조합장으로 임명되었다. 수리조합장은 일본인만 임명되었기에 독단적 운영으로 식민권력과 일본인 지주의 이익을 대변하는 기구로 전락할 가능성이 상존하였다.

수리조합의 운영기구로 조합원을 대표하는 평의원과 이들로 구성되는 평의원회가 있었다. 평의원의 정수는 12인이고 조합비 연액이 30원 이상인 자라야 평의원이 될 수 있었다. 평의원의 자격 조건에 제한을 둠으로써 대지주가 많은 일본인들에게 유리하게 작용하였고 소규모의 토지를 소유하고 있는 농민들에게는 자신들의 이해를 대변하거나 대표자를 뽑을 기회가 주어지지 않았다. 충주수리조합 평의원은 조선인 6명, 일본인 6명으로 구성되었는데 조선인이나 일본인이나 대부분 일제 식민지배에 적극적으로 참여하는 자들이 임명되었다. 수리조합은 총독부-군청-수리조합으로 연결되는 식민지배기구였다. 수리조합의 사무실은 충주군청에 있었다.

유흥의 식민지배와 파탄

조선시대로부터 전래된 저수지인 소제를 확대 증축하여 호암제로 변형한 일제는 호암지의 풍부한 수량과 아름다운 풍광을 활용한 식민지 개발과 선전의 꿈에 부풀어 있었다. 호암지를 단순히 달천평야의 쌀 생산을 위해 물을 공급하는 관개 목적에만 머무는 것이 아니라 유람선을 타고 벚꽃놀이를 하는 유흥지로 개발하려고 하였다. 아울러 물고기를 방류하여 기르는 등 다양한 활용 방안을 구상하고 실행에 옮겼다.

일본인들은 그들이 정착하거나 개발한 지역에는 자신들의 땅이라는 표시로 여지없이 벚나무를 심었던 것처럼 호암지를 확장한 충주수리조합과 조합장 영목정일(鈴木政一)은 충주면과 협의하여 호암지 제방과 그 부근에 수천 그루의 벚나무를 심었다. 저수지 수면에는 배를 띄워 저수지를 돌아볼 수 있도록 하였다. 호암지에 사람들이 모여들고 뱃놀이가 이루어지면서 유원지로서의 면모를 갖추게 되었다. 호암제가 확대 축조된 다음 해인 1925년 3월부터 1927년 3월까지 3개년에 걸쳐 총독부수산국에서 장려하는 공어(公魚)와 빙어(氷魚)를 방류하여 양식함으로써 식용이 가능하게 되었다. 일제는 봄은 꽃, 여름은 배, 가을은 붉게 물든 나뭇잎, 겨울은 스케이트로 대표되는 풍경을 조성하려고 하였다.

호암지는 일제가 만들어 놓은 식민지 근대 문명의 우수성을 충주 사람들에게 선전하고 조선이 만든 전래의 왜소한 수리시설과 일본인들이 근대적 기법으로 새로이 증축한 호암지의 우수성을 대비시켜 식민지배의 정

충주수리조합 저수지 시설 계획 (매일신보, 1926. 4. 1)

당성을 자연스럽게 보여 주고 몸소 체험하게 할 수 있는 적합한 장소였다. 3.1운동 이후 문화정책의 일환으로 여가생활을 적극적으로 장려하고 있었으나 충주에는 시민들이 찾아가서 보고 즐길 만한 장소가 마땅치 않았기에 호암지를 찾아오는 시민이 적지 않았다. 호암지가 일제의 의도대

로 식민지 유흥지로서의 기능을 충실히 수행할 것이라는 기대는 각종 사망사고로 곧 무너졌다.

호암제가 개축된 이후 호암지에는 사망사고가 끊이지 않았다. 보통학교 학생이 수영하다가 빠져 죽었고, 실연하거나 세상을 비관한 사람들이 저수지에 빠져 목숨을 끊는 일이 자주 발생하였으며 그 사연도 다양했다. 1936년 6월 6일에는 뱃놀이에 나선 유람선이 전복되면서 6명이 사망하는 사고가 발생했다. 일제는 사건 사고를 방지하기 위한 대책을 마련하였지만 1937년 5월 17일에는 파손된 통관 수리공사를 하던 잠수부가 사망하는 등 사망사고는 멈추지 않고 계속되었다. 1924년 호암제 증축 이후 저수지에서 수많은 사람이 목숨을 잃으면서 호암지는 마(魔)의 저수지라고 불리게 되었다.

일제가 건립한 호암지 위령탑

일제에 있어 호암지는 식민지배가 대중 속으로 침투해 가고 있음을 보여 주는 상징적인 공간이기도 하였다. 그러나 호암지 개축 이후 끊임없이 발생하는 사망사고는 일제의 선전 구호들이 허구이고 위선이라는 인식이 조선인들 사이에 널리 퍼지면서 유흥지 개발을 통한 동화정책은 구렁 속으로 빠져들고 있었다. 일제가 1938년에 저수지에서 사망한 사람들을 위한 위령탑을 건립하였으나 이 또한 기만적이고 면피용이라는 사실을 모르는 조선인은 없었다.

충주시장

1. 시장의 강제 이전과 상업

시장의 강제 이전

조선시대까지 시장의 설치와 변경은 지방관의 권한에 속하였으나 관리와 운영은 일반적으로 민간의 자율에 맡겨져 있었다. 일제강점 이후 식민권력은 조선인의 일상생활과 밀접하게 연결된 시장에 대한 감독과 통제를 강화함으로써 자율성을 억압하기 위해 1914년에 시장규칙을 제정했다. 시장규칙에 의해 제1호 시장에서 4호 시장까지 규정하였고 정기시장은 장옥을 설치하거나 설치하지 않더라도 구획된 지역에서 매일 또는 정기적으로 수요자와 공급자가 모여서 화물의 매매 교환을 행하는 1호 시장에 속하였다.

조선인들의 상거래 방식과 시장이 수행하는 사회·문화적 기능에 대한 일제의 부정적이고 왜곡된 인식으로 인해 시장이 이전되거나 변형되는 사례가 빈번하게 발생하였다. 조선 후기 성내와 서문 밖에 열리던 시장은 의병전쟁을 거치면서 성내 지역이 참화를 겪으면서 서문 밖 시장을 중심으로 장이 열렸던 것으로 보인다.

충주시장

러일전쟁을 전후하여 충주 지역에 일본인들의 이주가 증가하면서 일본인들의 상권 활성화를 위해 시장의 이전과 통폐합이 이루어졌다. 조선인을 성내에서 몰아내고 성 밖에 새로이 시장을 개설하여 일본인 중심으로 상권을 재편하려는 계획은 시장을 더욱 악화시키는 역효과를 낳았다.

조선인 상권이 크게 위축된 상황에서 시장에 급격한 변형을 가한 것은 일제가 1913년부터 1916년까지 시행한 시구개정이었다. 도로를 개수하면서 대수정(大手町) 부근에 개설되어 있던 시장을 도로 관리상의 지장을 초래한다는 이유로 천정(泉町) 즉 교현천 부근으로 이전하였다. 시장이 열리던 도로를 직선으로 개수하면서 통행에 불편이 초래되자 시장을 이전했던 것으로 보인다. 평상시에는 사람, 마차, 자동차가 통행하는 도로에 장이 열리면 상인들이 노점을 벌이고 인근에서 사람들이 모여들어 붐볐다. 도로변에 각종 상인과 주민들이 흥정과 매매를 하고 음식을 만들어

나누어 먹는 것에 대해 일본인들은 교통 불편과 위생상의 문제점을 제기하곤 하였다.

일제는 위생, 환경, 도로 관리상의 문제를 들어 일본인 사회와 분리된 시가지 외곽으로 시장을 몰아내는 것이 일반적이었고 충주시장도 기존의 시장에서 교현천에 가까운 외곽 지역으로 강제 이전되었다. 이주 일본인들의 생활 기반과 편의 제공에 골몰하던 식민권력에게 있어 조선인은 고려의 대상이 될 수 없었다. 강제로 이전한 시장은 하천이 흐르는 저지대를 끼고 있고 비교적 외곽 지역이므로 통행이 불편하고 접근성도 떨어져서 상거래에 불편을 초래할 수밖에 없었다. 식민권력의 독단적이고 강압적인 도로개수와 시장 이전으로 시장은 위축되었고 반면에 일본인 상권은 보다 확대되었다.

시장 이전 후 오일장은 동서 간 도로 위에서 열렸다. 교현천과 충주천이 만나는 합수머리 안쪽을 경계로 상거래와 관련된 가옥, 창고, 제조공장 등이 들어서면서 시장의 모습을 갖춰가기 시작했다. 시장의 규모는 동서로 2정(町)의 도로 2개와 남북으로 반정(半町)의 도로 6개를 구역으로 하였고 면적은 6,000평이었다.

시장 성장의 의미

충주는 1900년대 초반까지만 해도 남한강을 중심으로 충청북도 상품유통의 중심지로 발전하였다. 그러나 1904년 일제에 의해 경부선 철도가 건설되고 수운에서 철도로 교통과 유통이 옮겨 가면서 충주를 중심으로 한 상업의 중심축이 점차 기울기 시작하였다. 의병전쟁, 1908년 충청북도 도청 이전, 1913년에서 1916년에 걸쳐 진행된 시구개정 과정에서의 시장 이전 등은 충주 읍내장의 상거래를 위축시키는 중요한 요인이 되었다.

1910년대 충주 지역에는 읍내장, 대소원장, 용원장, 천포장, 내창장, 목계장, 신당장의 7개 장이 섰다. 읍내장은 5일과 10일에 열렸고 노점 수는 215개, 모이는 인원은 825명이었다. 시장에서 판매되는 주요 물품은 『최근지충주』(1914)에는 쌀, 소, 직물, 종이, 도자기 등이 거래된 것으로, 『충주발전지』(1916)에는 농산물, 축산물, 해산물, 직물, 일용잡화와 연초 등이 거래된 것으로 기록되어 있다. 충주 지역을 중심으로 장이 열리고 있었으나 멀리서는 문경, 영월, 괴산, 제천, 음성, 단양 등에서도 물건을 사고팔기 위해 왕래하였다.

1910년대 시장 거래 현황

시장명	개시일	평균 노점 수	모이는 인원	매매 총액	주요 화물
읍내시	5·10	215	825	480	쌀, 소, 직물, 종이, 도자기
대소원시	4·9	40	570	430	쌀, 소, 직물, 종이, 도자기
용원시	1·6	43	515	342	쌀, 직물
천포시	1·6	23	115	70	소금, 콩, 쌀
내창시	3·8	122	650	420	쌀, 소, 직물, 잡곡
목계시	2·7	30	230	167	쌀, 잡곡, 콩
신당시	1·6	12	45	25	쌀, 잡곡, 어물

일제의 시장통제 정책에도 불구하고 시장은 일제강점기 내내 성장하였다. 식민지 자본침투와 상품경제화의 급속한 진전은 시장 수가 증가하는 요인으로 작용하였다. 충북의 경우 1911년에 55기이던 시장 수가 1940년에는 65기로 증가하였다. 충주는 1916년에 앙성면 용당시장이, 1926년 소태면 덕은시장이, 1928년에는 노은면 입장시장이 새로이 개설되었고 살

미면 신당시장은 폐지되었다. 전체적으로 9기의 시장이 존재하였고 일제 초기보다 2기가 증가하였다.

일제강점기 충주시장은 1920년대 이후 충주 읍내의 급격한 인구 증가와 식민자본의 침투로 상거래가 활성화되면서 비교적 대규모 시장으로 성장하였다. 그러나 일본인 상권이 확대로 시장을 거치지 않는 상품유통이 증가하면서 충주지역 상업 전체에서 정기시장이 차지하는 비율은 오히려 감소하였다.

일제강점기 충주 읍내시장 거래 품목 가운데 가장 많은 부분을 차지하고 있었던 것은 농산물이었다. 다음으로 직물 거래가 활발하였고 가축류, 수산물의 거래가 뒤를 이어 일상생활과 관련된 물품이 많은 부분을 차지하고 있음을 알 수 있다. 잡화류의 수요도 점차 증가하였는데 이는 비록 식민치하라 하더라도 도시화가 진행되면서 상품 수요가 보다 다양화되고 있음을 말해 주는 것이라고 할 수 있다.

시장의 상설화

조선시대 지방에는 5일마다 장시가 열리고 있었지만 서울, 평양과 같은 대도시에는 매일 문을 열고 영업을 하는 상설점포가 발달하였다. 조선 후기 상업이 발달하면서 충주에는 장시와 함께 성내에는 상설점포가 영업을 하고 있었다. 개항기 일본 세력이 침투하면서 읍성 내의 상인들은 일제의 억압과 일본인들 등쌀에 밀려나 성 밖 여기저기서 영업을 하였다. 시장이 이전하자 근처로 이전하여 영업을 계속하였다.

많은 사람들이 모여들고 다양한 물품이 거래되어 5일장이 활성화되자 시장의 상설화가 진행되었다. 조선 후기부터 활동하던 충주 읍내 상설점포 상인들의 활동은 한말 사회 변동으로 위축되었다가 일제강점기 들어 5일장이 활성화되면서 점차 활기를 띠었다. 일용품, 잡화 등 매일 문을 열고 장사를 하는 것이 이익이 되는 업종뿐만 아니라 읍내 주민들이 필요로 하는 다양한 물품을 판매하는 업종을 중심으로 상설점포가 형성되었다. 충주 읍내장이 상설화되자 시장은 닷새마다 장이 열리는 전래의 방식에서 벗어나 매일 상품거래의 장이 열리는 공간으로 점차 변화하였다. 평일에는 필요한 물품을 구하기 위해 방문하는 시장 인근의 주민들을 위한 영업이 이루어졌고 장날이면 비교적 먼 거리에서 출시하는 상인들과 수많은 사람들이 모여들어 대규모의 상거래가 이루어졌다.

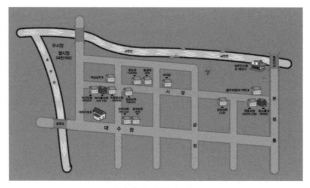

일제강점기 시장 약도

일제강점기에는 장이 서는 시장 거리를 시장통이라고 불렀는데 상설점포들이 형성되고 있었다. 조선인이 운영하는 상설점포로는 일광상점(日光商店)이 있었다. 충주면협의원을 역임한 김준희(金駿熙)가 운영하였으며 일용잡화를 판매하였다. 포목, 주단, 화양잡화를 판매하는 박창열상점도 시장에서 유명한 포목점이었다. 소유주 박창열(朴昌烈)은 시장에서 조선인 상인 중에서 성공한 상인으로 이름이 높았다. 박창열의 아들 박희철은 교현초등학교, 청주중학교, 경성제대를 졸업하고 학병으로 징집되었다. 해방 후 충주 지역을 대표하는 지식인으로 성장한 박희철은 미군정의 친일파 등용과 강압적인 식량 공출에 저항하여 일어난 1946년 충주항쟁을 주도하다가 체포되어 무기징역을 선고받았다. 물감과 염색 약품을 판매하는 석간양행(石澗洋行)은 지역 유지 권영국(權寧國)이 운영하였다. 상시 운영이 필요한 장의업에 종사하는 점포가 형성되어 있었고 시장 한 모퉁이에는 젓갈, 간장 등을 판매하는 점포가 문을 열고 영업을 하였다. 시장의 동쪽 끝에는 원흥상점(元興商店)이 있었다. 상점의 주인은 조문화(趙文華)였고 신발을 판매하였다. 맞은편에는 오기택(吳基澤)이 운영하는 충주의원이 있었다. 오기택은 1894년 서울에서 출생하였고 경성의전을 졸업하였다. 진천에서 잠시 근무하다가 충주에 정착하여 시장통에 병원을 개업하였다. 1920년대 충주청년회 등 민족진영에서 잠시 활동하였으나 일제식민지배기관에 참여하는 등 일제에 협력하였기 때문에 해방 후 성난 시민들의 공격을 받아 병원이 파괴되는 피해를 입기도 했다.

일본인들도 시장이나 근처에 점포를 내고 영업을 하였다. 지촌중태랑(池村重太郎)이라는 일본인이 토목청부, 건축업 상점을 열고 영업을 하였는데 읍회의원을 역임하는 등 식민지배기구에 적극 참여한 자였다. 오기택의 충주의원 앞쪽에는 일본인 장산중치(長山重治)가 목재를 판매하고 있었다. 국수를 만들고 판매하는 제면업(製麵業)에 종사하는 부천충책상점(府川忠策商店)과 전중원태랑(田中源太郎)의 정미소 등이 시장에서 영업을 하고 있었다.

화교들도 시장에서 활동하였다. 개항 이후 조선에 들어온 중국 상인들은 일제강점기인 1910년에 1만 2천 명이었으나 1942년에는 8만 3천 명으로 빠르게 증가하였다. 다른 지역과 마찬가지로 충주에서 활동한 화교들도 요리, 포목 등의 분야에서 두드러진 활약을 보였다. 충주시장에 활동한 대표적인 화교 상점은 동승공(同勝公)과 동생태(東生泰)였다. 동승공은 장운학(張雲鶴)이 운영하였고 식료와 잡화를 취급하였다. 동생태는 손걸모(孫傑模)가 운영하였는데 포목을 판매하였다. 이들은 일제강점기뿐만 아니라 해방 이후까지도 충주 상권에 중요한 영향력을 행사하였다.

일제강점 초기 조선인은 시장을 이용하고 일본인들은 일본인들이 운영하는 상설점포를 이용하였지만 말기로 갈수록 점차 혼용되는 경향을 보

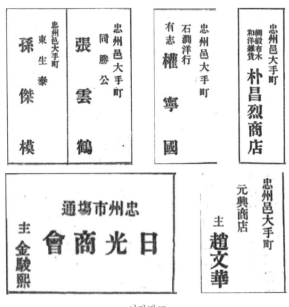

시장광고

였다. 조선인 상인들이 소규모 영세 소매업에 집중되어 있는 반면 일본인 상인들은 도소매업의 대부분을 장악하고 있었다. 일본인 상인들이 독점적인 판매권, 특약권, 대리권 등을 갖고 지역의 상권을 장악하였기 때문에 조선 상인들의 대부분은 일본인 도매상에 종속되는 구조적 한계에 직면해 있었다. 일본인들에 이어 상권에 영향력을 행사한 세력은 화교들이었다. 뛰어난 상술과 특유의 활동력으로 두드러진 성장세를 보였다. 화교는 조선인과 마찬가지로 일제의 감시와 통제의 대상이었음에도 불구하고 상업 분야에서의 성장과 일제의 이간질로 인해 화교에 대한 부정적인 인식이 형성되면서 갈등관계가 형성되기도 하였다.

2. 특수시장

일제는 1914년 시장규칙을 제정하여 재래시장을 1호 시장으로 규정하였다. 제1호 시장 중에서 농산물과 각종 생활용품을 거래하는 시장을 보통시장이라고 하였고 가축시장, 나무시장, 약령시 등은 특수시장으로 구분되었다.

우시장(牛市場)

조선시대 이래 우시장은 일반 정기시장과 같은 날에 개설되어 운영되고 있었다. 우리나라에서는 일반적으로 소가 가축을 대표했기 때문에 가축시장이라고 하면 소를 거래하는 우시장을 의미하였다. 우시장은 독립된 공간에서 개설된 것이 아니고 정기시장 부근의 별개 공간에서 열렸다.

충주 우시장은 충주천과 교현천이 만나는 합수머리 부근 하천변 넓은 공터에 모여 소를 거래하였다. 5일마다 열리고 흩어지는 시장의 특성과 우천 등의 사정으로 인해 교현천변 이곳저곳으로 우시장을 옮겼던 것으로 보이나 대부분은 합수머리 부근에서 소의 매매가 이루어졌다.

충주 우시장에는 읍내와 인근 면 단위 주민뿐만 아니라 다른 지역 상인과 농민까지 왕래하여 소를 거래하였다. 충주 읍내의 농민들은 소를 몰고 한두 시간을 걸어서 우시장에 도착하여 매매를 마치고 돌아갈 수 있었다. 그렇지만 수산, 한수, 살미, 청풍, 단양 그리고 경상도 문경 등에서 읍내 우시장에 소를 거래하기 위해 오는 농민과 소 장수들은 새벽에 일어나 소에게 여물을 먹이고 30km가 넘는 길을 걸어와야 했다.

하루에 소를 팔고 다시 사서 돌아가기 어려울 경우에는 도중에 마구간이 있는 주막에 들러 쉬거나 필요한 경우 숙식을 하기도 하였다. 걸어서 이동하던 시절에는 시내를 벗어난 외곽도로를 따라 200-300m 정도의 거리에는 간단하게 술과 음식을 파는 음식점과 주막이 있었다. 일부 주막에는 소를 거래하는 농민과 소 장수들이 쉬어 갈 수 있도록 마구간을 갖추고 있었다. 엄정, 소태, 산척, 동량, 노은, 앙성 등의 주민들은 엄정 내창장 우시장을 이용하였지만 가격 등 형편에 따라 읍내장이나 장호원장을 이용하였다. 주덕, 신니 지역 농민들도 읍내장을 이용하였지만 음성장을 이용하거나 장호원까지 나가기도 하였다. 조선시대 이래 경상도, 강원도 남부, 충청도 동북부 등지의 우시장에서 수집된 소는 전문적인 소몰이꾼에 의해 한양의 우시장까지 이동하였다. 5두 내외의 소를 모는 소몰이꾼 대열은 5-10명으로 구성되었으며 계립령을 넘어 마즈막재-탄금대-금천-탑평리-입장-장호원 등을 경유하여 한양 송파에 다다랐다(최영준,

1990:418).

일제강점기 농민들은 소를 팔기 위해 우시장에 도착하면 시장 입장료를 내야 했다. 매매가 성립되면 군농회에서는 매도자와 구매자 쌍방으로부터 중개수수료를 징수하였다. 일제는 우시장 이외의 장소에서 소를 거래하지 못하도록 법적으로 규제하였고 이를 어길 경우는 중개수수료를 징수하고 과태료를 부과하였다. 소는 농가의 중요한 수입원이며 큰 재산이었기 때문에 소를 팔러 가거나 사러 가는 일은 집안의 큰 행사나 다름없었다. 농민이 소를 매매하는 경우는 다 큰 소를 팔고 어린 소를 사서 기르기 위한 경우가 대부분이었고 다른 소로 중간에 교체하거나 사업, 학업 등의 목돈 마련을 위해 매매하는 경우도 있었다. 소의 매매에 큰돈이 거래되다 보니 강도 등 사건사고가 끊이지 않았다.

규모가 큰 마을에는 소의 중개거래 일을 하는 소 장수가 있어서 판매를 대행하거나 직접 거래를 하기도 하였다. 이들은 먼 거리에 있는 지역까지 가서 소를 매입하여 시장에 팔거나 중개수수료를 받고 매매를 대행하였다. 1970년대 초반까지만 해도 장날에 소를 몰고 시장으로 가는 모습은 흔한 풍경이었다. 시장에 있던 우시장은 1970년대에는 안림동 안림성당 앞으로 이전하였다가 1988년 12월 풍동 408-10번지로 옮겨서 현재에 이르고 있다.

땔감시장

일제강점기까지 연료의 대부분을 장작 등 땔나무에 의존하였다. 농촌의 주민들은 겨울철 난방을 위해 자신들이 사용할 땔나무를 준비하였지만 도시 지역인 읍내에 거주하는 주민들 대부분은 시장에서 난방용 연료를 구입해야 했다. 시내 곳곳에는 장작 등 땔나무를 매매하는 시장이 개설되어 있었다.

충주 읍내 땔나무시장은 교현천변 옛 중앙파출소 부근과 충주천변 제사공장 부근에서 열렸으며 나무와 숯이 거래되었다. 땔나무는 읍내 외곽에 거주하는 주민들에 의해 공급되었는데 멀리는 살미면 남벌, 재오개 등에 거주하는 주민들이 지게에 나무를 지고 십 리 이상의 길을 걸어 나와 시장에 내다 팔았다.

나무를 연료로 사용하면서 산림이 황폐화되고 홍수피해 등의 폐해가 컸지만 1950년대 말에 연탄과 석유가 난방용과 취사용으로 일반화되기까지 나무에 의존하였다. 나무시장은 1960년대 무연탄이 생산 보급되고 산림녹화사업이 전개되면서 자취를 감췄다.

약령시(藥令市)

조선시대 한방에서 사용하는 각종 약재가 거래되는 약령시는 한방의학의 발달과 약재 수급의 필요성에 의해 성립되었다. 약령시는 대구가 시초이며 원주, 공주, 전주 등 감영 소재지에 설립되었다. 충주 약령시는 1896년 충주에 충청북도관찰부가 설치되면서 지방의 번영을 위해 개설하였다. 약령시는 봄과 가을에 열렸는데 1899년 약령은 봄에는 3월 3일부터 3월 20일까지 열렸고, 가을에는 9월 10일부터 9월 25일까지 열렸다. 약령시는 기후 등 상황 변화에 따라 매년 열리는 시기를 달리하였다.

충주 약령시는 활성화되었으나 1908년 충청북도 관찰부가 충주에서 청주로 이전하고 상업이 위축되면서 위기에 봉착하였다. 1908년 11월 6일자 황성신문에는 충주 약령시가 폐쇄된다는 소문이 돌자 충청북도에서

충주 약령시 광고와 약령장정—약령장정에는 충주, 대구, 전주 등 각 지역의 약령 개시 일자가 기록되어 있다.

충주약령이 원래 정한 대로 봄에는 양력 4월 20일 가을에는 10월 20일에 열린다는 훈령을 각 군에 보냈다. 충주약령은 1910년 병탄을 전후하여 상업이 쇠퇴하면서 폐쇄되었다.

3. 시장의 사회문화적 기능

시장과 오락

시장은 단지 물품을 사고파는 상업 기능 만을 수행하는 곳은 아니었다. 시장에 가면 노래, 춤, 경기, 게임 등을 보고 즐길 수 있었기 때문에 오락의 공간이기도 하였다. 장이 서면 읍내와 인근 지역 사람들이 시장에 모여들어 와자지껄 흥정하고 떠드는 소리로 소란스럽고 붐볐다. 시장은 오랜만에 만난 반가운 이들과 담소를 나누는 만남과 사교의 장이기도 했다. 장터에는 술과 음식을 파는 상점이 곳곳에 형성되어 있었다. 음식을 만들고 나르는 사람들로 분주하였고 술을 마시고 취기 오른 사람들의 목소리에는 흥이 담겨 있었다.

농촌 사회는 신분과 계급 그리고 유교적 질서를 중시하였기 때문에 오락에 대한 부정적인 인식과 제약이 많았다. 생업을 중시하고 단조로운 생활을 하였기 때문에 세시풍속으로 행해지는 놀이 외에는 오락적인 요소가 부족하였다. 장날에는 이러저러한 풍경을 구경하고 먹고 싶은 음식을 먹으며 휴식을 취할 수 있었다. 시장은 풍물패의 노래와 춤이 있고 각종 경기가 열리는 오락의 장이었다.

① 줄다리기

전통 줄다리기는 정월대보름을 전후하여 마을이나 지역의 주민들이 모두 참여하는 공동체 놀이문화라고 할 수 있다. 줄다리기는 외줄다리기와 쌍줄다리기가 있는데 외줄다리기는 줄당기기 또는 줄싸움으로 불렀고, 쌍줄다리기는 암수의 고줄을 만들어 비녀목으로 연결해서 줄을 당기는 고싸움놀이를 말한다(김민옥, 2020:49). 줄다리기는 전국 방방곡곡에서 행해졌으며 특히 충청도, 경상도, 전라도 지방에서 성행하였다. 우리나라의 전통 줄다리기는 누가 더 끌어당겨 이기는 가의 문제보다는 줄을 당기는 힘이 양편에 고루 분배되어 보다 큰 하나의 힘으로 승화됨에 중점을 두었다. 어느 한 편의 줄을 당기는 힘이 약해지면 반대편은 힘을 늦추어 균형을 잡고 조화를 이루게 된다. 줄다리기는 풍물과 어울려 술을 마시고 줄을 당기다가 밥을 먹기도 하고 쉬기도 하면서 몇 날 며칠 동안 계속되었다.

이규경의 『오주연문장전산고(五洲衍文長箋散稿)』에는 충주목의 읍촌에서 정월 보름에 줄다리기하여 승부로 풍흉을 점쳤다는 기록으로 보아 언제부터 행해졌는지 알 수 없으나 오랜 기간 성행한 행사였음을 알 수 있다. 조선시대 충주 읍치 줄다리기는 동편과 서편으로 나누어 줄다리기를 했다. 충주 읍성의 중심축인 남문과 북문을 연결하는 간선도로를 중심으로 동편과 서편으로 나눴으며 줄다리기대회는 사천개에서 열렸다. 동편 영수는 충주목사가 서편 영수는 충주영장이 맡았다. 음력 2월에 줄다리기 행사가 열렸으며 그 이전에 각 진영별로 커다란 줄을 만들었다. 줄은 행사장이 있는 사천개로 이동하였으며 수많은 사람들이 함께하는 대규모의 줄다리기 행사가 열렸다.

무단통치 기간인 1910년에서 1919년까지 집회와 결사가 금지되었기 때문에 줄다리기는 일제의 단속과 통제의 대상이었다. 1920년대 들어 일제의 기만적인 문화정책에 의해 줄다리기가 부활되고 권장되었지만 식민권력의 간섭과 통제가 강화되면서 점차 일본식 줄다리기로 변질되기 시작했다. 전통 줄다리기는 균형과 협력의 승화를 추구했지만, 일본식 줄다리기는 상대방의 줄을 빨리 잡아당겨 이기는 승부가 우선시되었기 때문에 줄다리기에 임하는 가치관과 세계관이 달랐다.

조선시대 사천개에서 열리던 읍내줄다리기 대회는 일제강점기에는 충주천과 교현천이 합류하는 대가미 벌판의 현재 국원고등학교에서 예성공원에 이르는 하천가 벌판에서 열렸다. 일제강점기 충주 줄다리기 대회는 일제의 감시와 통제로 준비가 복잡하고 비용 또한 많이 들어서 매년 열리지 못했고 1928년과 1931년에 두 차례 열렸다. 1928년 줄다리기 대회는 3월 11일에서 12일까지 이틀간에 걸쳐 진행되었다. 2월 중순경부터 행사를 준비하였고 대회 개최 며칠 전부터 경기도 이천과 제천, 단양, 음성 등지에서 남녀노소 수많은 군중이 모여들었다. 동편과 서편으로 나누었으며 동편은 단양, 제천 지역의 군중이 가담했고 서편은 음성, 진천, 경기 지역의 사람들이 후원했다. 1931년 줄다리기 대회는 4월 6일에서 7일까지 양일간에 걸쳐 열렸다. 줄의 길이는 300m 이상이고 굵기는 2m 이상이며 고를 거는 비녀목으로 통나무 2개를 질렀다고 한다. 당시 신문에서는 충주 인근 제천, 단양, 음성의 주민뿐만 아니라 경기도 일부 지역에서 수만 명이 모여들어 대성황을 이루었다고 보도했는데 당시 줄다리기를 직접 관람한 지역 어른은 자신의 인생에 그렇게 많은 사람이 모인 것을 본 적이 없을 정도로 사람들이 많이 모였다고 증언하였다. 수많은 사람들과 깃발이 운집하고 농악 소리와 환성이 울려 퍼지면서 대장관을 이루었다고 한다(장기덕, 1977:177-179).

② 백중(百中) 씨름대회

읍내시장에는 충주 인근의 사람들이 모여들었는데 백중, 설, 한가위의 대목 장날에는 더 많은 사람들로 붐볐다. 백중은 백종(百種), 중원(中元), 망혼일(亡魂日)이라고도 불리며 음력 7월 15일이다. 백중을 전후하여 여러 가지 채소가 많이 출하되므로 '백 가지 곡식의 씨앗'을 갖추어 놓은 데서 유래되었다고 한다. 불교에서는 꽃과 과일을 부처님께 공양하며 복을 비는 큰 명절로 여겼다.

예로부터 백중에는 농사일을 멈추고 마을마다 모여서 먹고 마시고 놀면서 그간의 노동으로 인한 피로를 달래고 즐겁게 하루를 보냈다. 농민들은 고된 농사일에서 벗어나 읍내장에 들러 물건을 사고 놀이를 즐겼다. 시장에는 다채로운 행사가 준비되었고 시민들은 풍물을 치고 춤을 추며 놀았다. 백중날 읍내장에서 가장 관심과 흥미를 끄는 행사는 씨름대회였다.

씨름은 각저(角抵), 각희(脚戲), 각력(角力) 등으로 불렸다. 원시시대부터 종족 보호를 위한 무술 수련이나 제천 행사의 일환으로 행해지던 씨름은 점차 사회생활 양식의 일종인 오락으로 변화하였고 마침내 운동경기로 보급되어 성행하게 되었다. 조선시대 민속으로 성행하던 씨름은 일제강점기 들어 단순 오락에서 벗어나 근대적인 경기로 발전하기 시작하였다. 명절이면 씨름판이 열렸고 그 기세 또한 대단했으므로 일제는 씨름대회를 규제하고 씨름을 스모로 개명할 것을 강요하기도 하였다.

충주씨름대회(매일신보, 1935. 8. 20)

충주 씨름대회는 보통 백중 전날과 당일의 이틀 동안 열렸으나 상황에 따라 연장되기도 하였다. 씨름대회는 각종 단체에서 주관하는 경우가 많았다. 백중날 씨름대회를 개최하기 위해서는 경찰서로부터 대회 허가를 받아야 했다. 일제의 허가제도는 경찰서의 자의적인 판단에 의해 개최 여부가 결정되었기 때문에 자유로운 씨름대회를 위축시키고 억압하는 통제장치로 작용하였다.

충주천과 교현천 합수머리에 자연적으로 형성된 백사장에서 열린 씨름대회에는 각 지에서 많은 사람들이 선수로 참가하였고 관람하는 많은 시민들로 대성황을 이루었다. 씨름대회의 흥

일제의 씨름 통제(1935. 8. 22)

을 돋우기 위해 연극과 노래 등 각종 연예와 오락이 펼쳐졌다. 상품은 매년 다소 차이가 있었으나 1등과 2등은 큰 소와 작은 소가 상품으로 수여되었고 3등은 의류가 수여되었다.

▌삶의 애환이 어려 있는 시장

일제의 침략과 함께 충주에 이주한 일본인들 대부분은 본정(성내동), 금정(성서동), 대수정(충인 충의동), 영정(성남동)에 거주하였고 특히 본정(성내동)은 일본인에 의한 일본인을 위한 공간이라고 할 정도로 일본인들이 집중적으로 거주한 지역이었다. 조선인들은 일본인 거주지 외곽 지역에 살고 있었기 때문에 민족별로 주거지가 분화되어 있었다. 주거 지역의 분화는 시장 이용에서도 분명히 구별되었다.

생활에 필요한 주요 물품의 기호에 있어서도 일본인과 조선인 사이에 차이가 엄연히 존재하였기 때문에 일본인들은 본정, 금정, 대수정 등에 있는 일본인 상설점포에서 필요한 생필품을 구입하였고 조선인들은 읍내장에 나와 장을 보았다. 무엇보다도 조선인을 경멸하고 비하하며 함부로 대하는 일본인에 대한 조선인의 민족 감정이 읍내장을 주로 이용하는 원인이 되었다. 시장에 없는 물품을 구하는 사람이나 일본인들의 물품을 선호하는 조선인들이 일본인 상점을 이용하였다.

읍내장은 각지의 조선인들이 모여들어 다양한 사회문화적 활동이 이루어지는 공간으로 정착되었다. 물건을 팔거나 사러 시장에 들렀고 자신에게 필요한 일을 마치면 시장 이곳저곳을 돌아보는 것이 일반적이었다. 다른 사람들이 시장에 내놓은 물건을 둘러보고 물어봄으로써 새로운 지식을 습득하고 스스로의 문제점을 살필 수 있었다. 시장 상인들의 홍정 소리에 따라 여기저기를 둘러보고 풍물, 노래, 소연극을 따라가다 보면 시간 가는 줄 몰랐다. 물건을 사고파는 일보다 시장을 구경하고 새로운 경험을 하는 것이 더 큰 기다림이요 즐거움이었기에 닷새는 너무 길었다.

4. 해방 후 시장

해방 후 경제 상황

1945년 8월 15일 해방을 맞이했지만 사회적 불안으로 혼란의 연속이었다. 일제가 철수하면서 고의로 화폐를 발행하여 통화량이 증가하면서 물가가 상승하였고 일본자본에 의해 가동되던 공장이 문을 닫으면서 생활 필수품 부족에 시달렸다. 미군정은 일제강점기 시장개설과 거래에 대한 규제를 모두 폐지하고 시장자유화 조치를 단행하였으나 회복의 기미는 보이지 않았다. 어려운 경제상황 속에 6.25가 발발하면서 경제 규모는 축소되었고 시장기능은 더욱 약화되었다(이재하, 123-124:1992). 휴전이 성립된 1953년 이후 전후 복구사업이 진행되면서 경제가 성장하고 시장경기가 활성화 되었다.

공설시장 건립

공설시장은 19세기 중반 이후 시장을 정부가 직접 관리하기 위해 유럽에서 처음 등장하였다. 일제는 1918년부터 진행되고 있는 물가 상승과 이로 인한 조선인들의 불만을 무마하기 위해 1919년 2월 경성에 서구식 공설시장 제도를 도입하였다. 식민지 조선에 설립된 공설시장은 근대적 유통 시설의 등장이라기보다는 식민지의 불만을 무마하기 위해 설립되었다는 한계를 가지고 있었다.

공설시장은 「시장규칙」의 제2호 시장으로 20인 이상의 영업자가 하나의 상옥에서 주로 곡물·식료품의 판매업을 행하는 장소를 말한다. 대부분 공설시장이 일본인 거주 지역에 설립되었고 조선인 거주 지역에는 개설되지 않아 조선인 사회에 미치는 영향은 크지 않았다.

공설시장이 시장에서 중요한 역할을 수행하고 있다는 총독부의 주장과 달리 영세한 거래 규모와 경제에 미치는 영향의 미약함을 들어 폐지해야 한다는 주장이 나타나기도 했다. 1930년대 중반 이후 전시체제가 본격화되면서 공설시장은 전시 인플레이션에 대응하기 위해 물가통제와 배급기관으로서의 역할을 담당하였다.

해방 이후 공설시장은 미군정에 의해 물가통제 기관으로서의 역할을 수행하였고 전국적으로 공설시장이 증설되고 있었다. 공설시장은 1961년에 「시장법」이 제정될 때까지 「시장규칙」이 적용되었기 때문에 「시장규칙」에 의해 설립되었다. 1949년 실시된 지방자치제로 인해 각 지방자치단체가 지방세수입 증대를 목적으로 공설시장 개설과 활성화에 노력하면서 시장이 발달하기 시작했다.

해방 후 귀환 동포, 월남 동포가 유입되고 실업자가 증가하면서 노점이 난립하였다. 시가지 미화, 위생과 안전문제 해결을 위해 1949년 2월 충주 공설시장 건립 시장발기위원회를 조직하였다. 충주천변에 공사비 700만 원으로 공사에 착공하였고 170칸의 시장이 완공되어 1949년 8월 10일 개설되었다(동아일보, 1949. 8. 16). 충주공설시장 개설 이후 자유공설시장이 개설되어 영업을 개시하였다.

충주공설시장

자유공설시장

    6. 25 이후 성서동에 난립한 상인들을 수용하여 중앙공설시장을 건립하
면서 시장은 보다 활기를 띠게 되었다. 자유공설시장과 중앙공설시장의
안정적이고 위생적인 운영을 위해 하수구 공사가 계획되었고 1955년 8월
20일 착공하여 9월 10일 준공되었다.

중앙공설시장

제4장

남문 밖의
역사와 기억

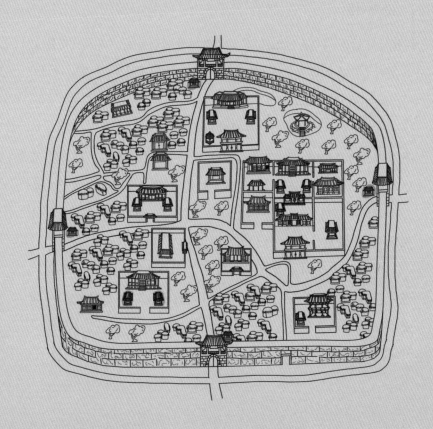

남문에서 발티고개 가는 길

1. 남문 밖의 경관

남문과 야문

읍성의 남측 성벽은 제2로타리 교차로에서 안림동 방면의 사직로를 따라 관아 6길의 초입 부분에 이르는 약 350m의 거리이다. 성벽은 현재의 사직로 위에 존재했으며 남문은 성내동 588번지 네거리에 위치하였다. 남문에는 남풍루(南風樓)라는 누각이 있었는데 1869년 충주 읍성 개축 이후 봉아문(鳳阿門)이라는 편액을 걸었다. 문루는 10칸으로 정면 5칸, 측면 2칸의 목조 팔작지붕이었고 정면 5칸, 측면 3칸으로 15칸인 북문 다음으로 규모가 컸다. 남문은 읍성의 정문인 북문과 함께 도시의 중심축을 형성하고 있어 사람들의 이동이 활발한 번화가였다.

남문의 동측으로 야문(夜門)이 있었다. 조선시대에는 치안유지 등을 위해 매일 밤 10시경에 통행금지를 알리기 위해 종을 치는 인정(人定)과 새벽 4시경에 해제를 알리는 파루(罷漏)제도를 시행하였다. 인정과 파루 사이의 시간에는 4대문이 닫히므로 비상시의 긴급한 통행을 위해 야문을 설치했다. 남문 밖 도로 건너에는 소지(小池)라고 부르는 작은 저수지가 있었다.

남문을 나서 남부리, 용산, 범바위, 곧은골, 발티를 넘어 재오개, 한수, 계립령을 통해 경상도로 연결되었다. 또 다른 길은 남문에서 남부리를 지나 충주천을 건넌 다음 검지고개, 소제, 대제, 싸리고개를 넘어 단월역에 도착할 수 있었다. 조령을 넘어 안보, 수회, 세성을 거쳐 향산에 이른 경상도나 충주 남쪽 지역의 여행객들이 서울 방면이 아닌 충주읍으로 통행하려면 기존의 단월역-싸리고개-대제-소제를 거쳐 남문에 이르는 구간을 선택하는 것이 일반적이었다. 그렇지만 지름길을 선택하여 대향산-구운리-범바위-용산-남문 구간. 향산-지당골-명당암-관주-범바위-용산-남문 구간, 단월역에서 도장골-원두재-지곡-남문에 이르는 빠른 길로 직행하기도 했다. 남문은 살미, 한수, 상모, 연풍, 괴산 등 충주읍의 남쪽 지역과 경상도 지역의 인적 물적 자원을 잇는 중요한 연결점이었기 때문에 이들 지역에서 충주 읍내로 들어오거나 경상도로 나가는 교통로로 중요한 역할을 수행하였다.

남문 밖의 마을 남부리

남문과 북문을 연결하는 도로를 중심으로 조선시대 도시 공간이 발달하였기 때문에 이른 시기에 남문 밖에 마을이 형성되고 도시 공간이 확장되었다. 임진왜란(1592) 이후 남문 밖에 충주 진영(鎭營)이 설치되면서 보다 발전하는 계기가 되었다. 관아가 설치되면 인구가 증가하고 도시 공간이 확장되어 지역이 발전하는 것이 일반적이다. 진영이 들어서면서 관아에 근무하는 관속과 군인뿐만 아니라 주민들이 모여들면서 대규모 주거지가 형성하였다. 『여지도서』(1759)에 의하면 남부리의 편호는 247호에 남자 810명, 여자 845명으로 도시 지역 마을 중에서 인구가 가장 많았다. 21년 이후 편찬된 『충청도읍지』(1780)에 의하면 호수는 159호이고 남자 474명, 여자 515명으로 크게 축소된 것으로 나타났지만 용산리가 남부리에서 분화되었다고 본다면 다소 위축되었지만 커다란 변화가 없는 것으로 보인다. 조선 후기 남문 밖의 남부리가 북문 밖의 교전리(校前里)와 함께 성안에서 시작된 도시 공간의 확장을 주도하고 있음을 알 수 있다.

진영의 동편에는 1839년(헌종5)에 설립된 영당(詠堂)이라는 서당이 있었다. 교동(校洞)에 사는 경주 이씨 후손이 자손들의 학문 연마와 과거 응시를 위해 설립하였다고 한다. 규모는 20여 칸이었고 동랑영당(東郎詠堂)거리라고 불렸으나 1905년에 폐지되었다(예성춘추, 1959. 52).

일제는 시구개정 이후 남부리의 기존 도로를 본정 4정목, 5정목으로 변경하고, 야문의 동측 30m 지점으로부터 전매국충주출장소까지 연결되는 새로운 도로를 개설하면서 진야정(秦野町)이라고 명명하였다. 1929년 구역 개편으로 기존의 12개정은 본정, 금정, 대수정, 영정의 4개정으로 변경되었다. 본정 4정목 5정목과 진야정은 영정으로 통합되었으며 구역은 본정과 동서로 접하면서 전매청충주출장소에 접하는 구역으로 하였다. 해방 후 일본식 지명에 대한 개칭 작업이 이루어지면서 영정은 성남동으로 변경되었다.

2. 충주 진영과 공간 변화

조선시대 충주 진영

조선 전기 충주는 주진(主鎭)-거진(巨鎭)-제진(諸鎭)으로 편성된 진관 체제에서 충청도관찰사가 병마절도사를 겸임하는 주진(主鎭)이며 청주, 공주, 홍주와 함께 거진(巨鎭)에 편성되어 있었다. 그러나 대규모 적군이 침입하거나 상습적으로 침략하는 경우 탄력적으로 대응하지 못하는 문제점이 발생하자 제승방략으로 전환하였다. 하지만 임진왜란 상주전투, 충주전투의 패배에서 보듯 유사시 적의 침입에 대항하여 각 지역의 군사를 요충지에 집결시킨 다음 중앙에서 파견된 장수가 지휘하도록 하는 제승방략은 본진이 무너지면 후방이 순식간에 적에게 노출된다는 점에서 방어체제로서 문제점이 많았다. 제승방략의 문제점을 보완하기 위해 조선 정부는 일본군을 물리치는 데 효과성이 입증된 명나라의『기효신서(紀效新書)』의 병법을 도입하여 제승방략의 문제점을 시정하려고 하였다. 1593년(선조 26) 훈련도감을 창설하고 1594(선조27)에 지방군인 속오군(束伍軍)을 창설하면서 진영(鎭營)이 설치되었다. 충주 진영은 1595년 12월에 설치되었다.

진영에 영장(營將)을 파견하느냐 아니면 목사가 영장을 겸임하느냐를 놓고 존속과 폐지를 거듭하다가 1654년(효종 5) 이후 정식으로 영장이 파견되었다. 임란과 호란 이후 도성 방어의 중요성이 제기되면서 한양으로 향하는 길목에 위치한 충청도의 군사적 중요성도 보다 강조되었다. 충청도의 지방군은 충청병영 아래 홍주에 전영(前營), 해미에 좌영(左營), 청주에 중영(中營), 공주에 우영(右營), 충주에 후영(後營)의 5진영이 설치되었고 54개 속읍이 배속되었다. 남한강 수로와 육로의 전략적 군사적 요충지인 충주 진영의 속읍에는 충주, 단양, 청풍, 영춘, 제천, 음성, 괴산, 연풍의 8개 고을이 소속되었다.

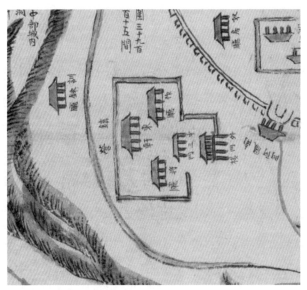

남문 밖 충주 진영─「충주목지도」

충주 읍성의 남문 밖에 위치한 진영은 동서남북의 사방으로 나아가기에 편리한 입지 조건을 갖추고 있어 인근 지역을 통솔하기에 용이하였다. 충주 진영의 관아 건물은 『호서읍지』(1871)의 진영 사례에 의하면 동헌 21칸, 삼문 4칸, 수직방 4칸, 폐문루 8칸, 내아 8칸, 책방 3칸, 장청 7칸, 집사청 5칸, 교사청 4칸, 영리청 7칸, 흡창방 3칸, 군뢰청 12칸으로 그 위세가 당당하였음을 알 수 있다. 진영의 동헌, 삼문, 흡창방은 경오년(1870)에 개축되었다. 이때 읍성 내의 청녕헌, 동익랑, 서익랑, 내삼문, 중삼문을 중수하였는데 필요한 자재는 남산 창용사와 인근의 절을 뜯어다가 사용하였으니 그 원성이 얼마나 컸을 것인가를 미루어 짐작할 수 있다.

충주 진영의 최고 지휘관은 정3품의 영장이 임명되었고 별장(別將) 2인, 천총(千摠) 3인, 파총(把摠) 6인, 초관(哨官) 31인, 지곡관(知穀官) 2인, 기패관(旗牌官) 60인, 교사(敎師) 30인, 훈도(訓導) 10인, 마병(馬兵) 617명, 보병(步兵) 3,686명 등 총 4,447명의 장졸이 배치되었다. 영장은 충주목사와 함께 지역을 통치하는 대표적인 지방 관료이므로 읍내 줄다리기에서 충주목사가 서편 영수를 맡았고 영장은 동편 영수를 맡았다. 충주 진영은 평시에는 충주, 제천, 영춘, 단양, 청풍, 괴산, 음성, 연풍 지역 군병들의 훈련을 담당하였고 유사시에는 조령에서 서울로 진출하는 일본군을 격퇴하는 임무를 맡았다. 청군(淸軍)이 침략할 경우에는 남한산성으로 이동하여 서울을 지원하고 왕을 보호하는 군사적 역할을 담당하였다 (서태원, 2012:96-102).

조선 후기에는 점차 전쟁의 위험이 감소하고 민란 등으로 치안 기능이 강조되었다. 1665년(현종6)부터 충주영장이 토포사를 겸하면서 치안 활동에도 적극적으로 나서게 되었다. 치안 기능이 강조되면서 도적체포를 담당하는 토포군관 30인이 충주 진영에 배치되었다. 호랑이 출몰로 피해를 입는 사례가 발생하자 영장은 호랑이를 포획하는 업무를 담당하기도 하였다. 천주교도의 체포와 처형도 영장의 업무였다. 천주교는 제사를 부정하는 등 전례 문제로 인해 사교로 간주되었다. 천주교도의 체포업무는 중앙에는 포도청이 지방에는 진영이 담당했으므로 충주 진영이 충주, 제천, 음성, 단양, 청풍, 괴산, 연풍, 영춘 지역과 인근 지역 천주교도 체포의 주도적인 역할을 담당하였다. 그 외에도 변란 진압과 제언수축 등의 임무를 수행하였다. 지방에서 국방과 치안 등 다양한 임무를 수행했던 진영은 1895년 을미개혁에 의해 폐지되었고 충주 진영도 이때 폐지되었다.

조선시대 군대를 대신하여 중앙의 친위대와 지방의 진위대가 창설되었고 지방대가 편성되었다. 1896년 8월에는 충주에 150명의 지방대 설치령이 반포되었지만 9월 지방대 폐지령에 의해 충주 지방대는 설치되기도 전에 폐지되었다.

일제강점기 충주수비대

읍성의 관아 서기청에 경찰서가 들어온 것은 1898년 9월 무렵이다. 읍성 내로 일본인 세력의 지속적인 침투가 이루어지면서 조선시대 관아시설은 일제의 침략과 지배를 위한 공간으로 점차 변질되었다. 1895년 폐지 이후 비어 있던 충주 진영청사는 1905년 11월부터 일본군 수비대가 점거하고 사용하였다. 일본군이 충주에 주둔한 것은 동학농민전쟁 때 동학농민군이 충주 인근에서 활동하면서부터이다. 을사늑약 이후 충주 지역 의병활동이 활발히 전개되자 1906년 6월 1개 중대가 주둔하였다. 1907년 고종퇴위와 군대해산으로 서울 진공작전이 전개되는 등 전국적으로 의병전쟁이 활발하게 전개되었다. 충주 지역에서 의병전쟁이 치열하게 전개되자 일본군 대대본부가 주둔하였다. 충주 일본군 수비대는 충주와 원주, 음성, 단양, 이천, 여주 등 인근 지역에서 활동하는 의병투쟁을 탄압하고 민가를 불태우는 등 학살, 방화, 약탈을 자행하였다.

병탄 이후 일제는 식민통치의 기반인 군대를 조선에 상시적으로 주둔시켜 안정을 꾀하고 대륙침략의 발판으로 삼기 위해 2개의 상주 사단을 신설하였다. 충주에는 제19사단 제3대대가 주둔하였고 군대조직인 경성

위수병원 충주분원이 개설되었다.

　일제강점 초기 일제의 식민지배를 미화하고 합리화하기 위해 일본인들에 의해 발간된 『최근지충주』(1914), 『충주발전지』(1916)의 첫 페이지를 장식한 것은 충주주둔 일본군 수비대였다. 이는 충주 주둔 일본군의 위상과 역할을 미루어 짐작할 수 있는 부분이라고 할 수 있다. 일본군은 식민지 세력과 이주 일본인 사회에는 위안과 안정을 보장해 주는 안전장치이지만 조선인에게는 두려움과 공포의 대상이었다.

충주주둔 일본군 수비대─조선시대 진영 건물을 그대로 사용하였다.

　1919년 3.1운동이 확산되자 신속하게 출동하여 무자비하게 진압한 것도 일본군이었다. 충주수비대는 괴산, 청안, 음성 등의 지역에서 3.1운동이 일어나자 출동하여 만세운동을 진압하고 체포, 감금하거나 살해하는 만행을 저질렀다. 3.1운동의 열기가 어느 정도 가라앉고, 때마침 군비 감축을 해야 할 상황에 직면하자 일제는 전국의 각 지방에 배치되어 있던 수비대의 복귀를 결정하였다. 충주수비대는 1923년 3월 31일 충주에서 철수하여 나남으로 이전하였다.

수비대가 철수한 이후 수비대 터를 학교, 관청 등의 부지로 활용하는 방안이 논의되었으나 실현되지 않았다.

1922년 충주공립보통학교의 학년이 6개년으로 연장되면서 교사(校舍) 부족 문제가 발생하였다. 공립보통학교는 수비대청사를 빌려 1928년에 8학급의 여자부와 남학생 1, 2학년의 교사로 사용하였다. 1932년 교현동에 현 충주교현초등학교 신교사를 신축하면서 수비대청사의 여학생과 남학생 1, 2학년 교사도 신교사로 이전하였다. 이후에도 수비대 주둔지는 충주 일본인 세력이 학교, 병원 등 식민지 시설을 유치하려고 할 때 마다 고려의 대상이 되었으나 사정상 실행되지 않았다.

1934년 4월 칙령 제111호 조선총독부세무관제가 실시되어 충주에 세무서가 설치되었으며 수비대청사에 세무서가 신축된 것은 1937년이다. 충주세무서는 한때는 세무서 골목으로 불릴 정도로 성남동의 대표적인 관공서였지만 2006년에 금릉동으로 이전하였다.

3. 용산과 전매청

용산의 전설

충주에는 용두, 용여울, 용교, 용탄, 용천, 용소 등 용과 관련된 지명이 많은데 용산도 그중의 하나다. 『여지도서』에는 용산은 남문 밖에 있고 높이는 한길 남짓이라고 하였다. 용산은 금봉산의 지맥이 뻗어내려 형성된 작은 산 또는 구릉이다. 깊은 골짜기와 아름다운 기암괴석이 어우러진 금봉산은 해발 636m로 봉황이 살았다는 전설로 인해 붙여진 이름이며 남산이라고도 부른다. 금봉산이 낳은 용산의 정상에는 작지만 깊고 깊은 연못이 있었는데 그 깊이를 가늠할 수 없어 실 한 타래가 다 들어간다고도 하였다.

인간은 자연과 상호 긴밀한 관계를 맺으면서 공동체를 형성하며 삶을 영위하는 존재이기 때문에 일반적으로 자연물을 중요한 환경적 요소로 인식한다. 농경 생활을 하는 우리 민족에게 물은 공동체의 형성과 풍요를 보장해 주는 가장 중요한 요소였다. 가뭄으로 인한 흉년과 기근은 공동체를 파멸시킬 만큼 두려운 존재였으며 자연재해로부터 오는 두려움을 극복하기 위한 노력은 자연숭배로 나타났다. 자연숭배는 초월적인 존재를 믿고 의지하는 원시 신앙 형태에서 비롯되었다고 할 수 있다.

풍년과 흉년이 교차하는 농경 사회에서 가뭄에도 물이 마르지 않는 용산 연못은 사람들에게 의미 깊은 중요한 공간으로 인식될 수밖에 없었다. 사람들은 깊고 깊은 연못 속에 용이 살고 있으며 용의 신력에 의해 가뭄을 극복할 수 있고 병에 걸린 사람들을 고칠 수 있다고 믿었다. 또한 연못에 살고 있는 용이 승천하면 나라를 구할 큰 인물이 태어나고 공동체가 풍요와 안녕을 누릴 수 있다고 생각했다. 용산의 연못은 성스러운 영역이 되었고 지역 주민들의 삶 속으로 점점 깊이 자리 잡아갔다.

그러나 이후 용산은 당나라 장군이 쳐들어 왔을 때 충주에 왕이 탄생할 기운이 있다면서 왕기를 누르기 위해 연못 옆에 석탑을 세우면서 변화를 겪게 되었다. 용산의 지맥을 누른 당나라 장수는 소정방을 말하는 것으로 보인다. 소정방과 함께 조선의 지맥을 끊은 장수로 널리 회자되는 인물은 임진왜란 당시 참전한 명나라 장수 이여송이다. 이들이 대륙에서 온 명장으로 인식되기보다는 전쟁에 참전해서는 엉뚱하게도 전국을 돌아다니며 조선의 지맥이나 끊으러 다닌 옹졸한 인물로 묘사된 것은 당군과 명군이 보인 행태 때문일 것이다. 전쟁으로 살림이 바닥난 백성에게 재산을 약탈하고 부녀자를 겁탈하였을 뿐만 아니라 나아가 학살하는 일이 비일비재했기 때문에 공포의 대상이었다. 중앙정부에서는 소정방을 칭송한다 해도 당나라 군대의 만행을 몸소 겪은 민중들은 현실을 명확히 인식하고 황당하게도 혈이나 끊으러 다닌 당나라 장수 소정방을 희화화하고 스스로 경계했던 것이다. 용산의 연못과 탑은 일제가 황색엽연초경작업사업을 위해 전매지청청사를 건설하면서 연못을 메우고 석탑을 제거함으로써 사라지게 되었다.

일제의 황색엽연초 경작사업과 전매청

1910년 조선을 병탄한 일제는 식민지 조선을 식량과 원료의 공급기지로 재편하고자 하였다. 일제강점기 충주를 중심으로 재배가 시작되어 충주의 대표적인 식민지 산업으로 각광받은 황색종 엽연초는 1906년 일제에 의해 시험 재배가 이루어지면서 시작되었다. 양절지권연초(兩切紙卷煙草)에 대한 소비자의 기호가 증가하면서 다른 제품에 비해 소비자의 수요가 증가하였다. 연초경작은 연초제조업을 경영하는 동아연초주식회사와 영미연초주식회사 같은 식민지 대자본에 황색엽연초를 원활하게 공급하고 총독부의 재원을 확보하기 위해 식민권력에 의해 적극적으로 권장되었다.

1906년 경성 퇴계로 부근의 낙선방(樂善坊)에서 연초의 시험 재배가 이루어졌으나 실패하였다. 1907년에는 평남 성천군에 성천출장소를 설치하고 시험 재배하였으나 1908년 의병의 습격을 받아 사무소가 불타면서

역사도시 충주의 발자취와 기억

사업이 중단되었다. 1909년 대구, 1910년 대전에서의 시험 재배를 통해 가능성을 확인한 일제는 생산지 선정에 착수하여 최종적으로 충주가 황색엽연초의 생산지로 결정되었다.

충주가 연초경작의 산지로 선정된 것은 원산지인 미국의 버지니아와 기후가 유사하고, 토지가 비옥하며, 남한강 수운을 통한 연초생산물 운송이 편리했기 때문이다. 일제는 1912년 4월에 충주재무서 청사를 임차하여 사세국충주출장소의 임시 사무소를 설치하고 사무를 개시하였다. 1912년 9월에는 용산리 428번지에 사무소를 신축하고 이전하였다. 사세국출장소는 1916년에 전매과출장소로,

전매지청 충주출장소

연초경작조합

1922년에 경성전매국출장소로 개칭되었다.

일제는 1912년 2월부터 충주군민에게 연초경작을 권유하였다. 충주군민들은 일본인들에 대한 저항과 반발심 그리고 뿌리 깊은 불신을 바탕으로 연초 경작에 대해 냉소적이고 냉담한 반응을 보였다. 일제는 지주 등 유력층을 연초경작사업의 동반자로 선택하고 친일 인물인 충주군수 서회보를 통해 다양한 유인책을 제시하였다.

황색종연초경작은 1912년 남변면과 북변면에서 시작되었다. 1913년에

는 이류면, 동량면, 덕산면, 청풍 읍내로 확산되었으며 지속적인 확장세를 보였다. 일제말기에는 충주, 음성, 괴산, 제천 4개군 32개 읍면에 경작면 적은 2,020정보이고 배상금 이백만 원에 이르게 되었다. 연초경작이 계속 활성화되면서 충주는 황색종엽연초 재배산지로 전국적으로 널리 알려지게 되었다. 일제 치하에서 연초 경작은 충주 지방 연초 경작자의 소득을 증가시키는 역할을 하였다. 그러나 일본 대자본의 값싼 원료 제공과 총독부 재원 충당을 위한 식민지 농업이라는 한계로 인해 약탈에 가까운 수매 가격과 사업 수행상의 부담을 경작자에게 부담시키는 강압적인 성격을 띠고 있었다(전홍식, 2010:153-160).

해방 후 재배기술의 발전과 연초 경작의 합리화를 통해 생산량이 증가 하였고 해외수출도 계속 증가하였다. 1965년의 경우 56,000톤을 생산해 서 10,000톤을 수출하였으며 생산과 수출의 증가 추세는 1980년대 초반 까지 계속되었다. 그러나 1990년대 이후 경쟁국과의 가격경쟁에서 밀리면서 생산과 수출량이 점차 감소하였고 사양길에 접어들었다.

전매지청과 연초경작조합은 일제강점기 연초경작사업의 통제와 지배의 거점이요 중심이었다. 2009년 충주시가 전매지청터에 생활체육공원을 조성하면서 일제강점기부터 시작해서 해방 이후까지 충주의 특산물로 각광받은 식민지 황색연초경작 사업의 흔적은 그 어디에서도 찾아볼 수 없게 되었다. 식민지의 아픔과 고통스러운 기억은 망각과 침묵의 강요로 덮을 수 없으며 적극적으로 기억해야 한다. 전매지청 터를 일제강점기에 시작해서 해방 이후까지 성장했던 충주지역 황색엽연초사업의 역사를 기억할 수 있는 공간으로 재편하여 시민 사회와 함께하지 못한 아쉬움이 있다.

식민지 도시 공간의 확장과 학교 건립

일제가 황색엽연초 경작사업을 개시한 이래 생엽건조실(生葉乾燥室), 재건조실(再乾燥室), 작업실(作業室), 농구비료사(農具肥料舍) 등의 부대시설이 건립되었다. 충주 읍내에서 시작된 황색엽연초 경작 사업이 점차 외곽 지역으로 확대되면서 각종 시설이 지속적으로 확충되었고 일대는 대규모 창고를 갖춘 대단위 산업단지로 변모하였다.

일제가 황색엽연초를 충주의 특산물, 충북의 특산물, 조선의 특산물로 선전하면서 전국적으로 충주를 대표하는 산업으로 알려지게 되었다. 그러나 많은 경작 농민들이 고리대금에 시달리고 있었기 때문에 식민지 농민들의 피와 땀을 착취하여 만든 빛좋은 개살구에 불과했다. 연초수매철이 되면 많은 경작 농민들이 모여들어 용산동 경작조합 일대는 대성황을 이루었고 농민들로부터 풀린 돈으로 흥청거렸다. 연초경작조합 인근에 음식점, 주점, 여관 등의 상업시설이 들어서면서 시가지가 발전하였다.

일제 말기인 1930년대 후반 이후 용산리에 학교가 건립되면서 시가지가 확장되었다. 1920년대 이후 도시 지역 인구 유입이 크게 증가하고 있었음에도 교현국민학교의 증축으로 늘어나는 학생 수를 수용하기에는 한계가 있었다. 조선인의 교육열은 급속히 증가하는 데 비해 교육시설은 지극히 열악했다. 1936년 10월 제2보통학교 건립을 위해 충주군에 구두 진정이 이루어졌고 다음해인 1937년 4월 1일에 제2공립보통학교인 남산국민학교가 개교하였다. 제1공립보통학교인 교현국민학교가 도시의 북단에 위치했기 때문에 제2공립보통학교를 남쪽에 설치함으로써 전체적인 균형을 고려한 것으로 보인다.

1930년대 후반 이후 충주공립중학교 설립을 위한 노력이 본격화되었다. 1938년 1월 충주중학교건립기성회가 조직되고 설립운동을 전개한 결과 1940년 4월 18일 개교하였다. 남산국민학교와 충주공립중학교 개교로 남쪽으로 도시 공간이 보다 확대되었다.

4. 충주 10월 항쟁과 3.10 민주화 운동

충주 10월 항쟁

폭동, 항쟁, 소요, 사건, 봉기 등 각기 입장에 따라 다양하게 평가되고 규정된 충주 10월항쟁은 지역에 거의 알려지지 않았다. 해방 후 국가건설 과정에서 우익에 반하거나 좌익에 의한 활동은 공산주의 운동으로 간주되어 객관적인 역사적 평가가 불가능했다. 이데올로기에 의해 왜곡되고 국가에 의해 억압된 역사의 진실을 올바르게 정립하는 노력이 필요한 시점이다.

1946년 10월 1일 대구에서 시작한 10월항쟁은 경북을 넘어 전국으로 확산되었다. 충주에서는 10월 들어 2주일 정도의 기간 동안 항쟁이 계속된 것으로 보이며 도시지역에서 시작하여 면 단위로 확대되었다. 충주 10월항쟁은 좌익계열 지식인, 활동가, 지역 명망가, 공장과 광산노동자, 지역 주민이 하나가 되어 참가하였다.

10월항쟁은 일제강점에서 해방되었음에도 염원하던 새로운 세상에 대한 열망과 요구가 좌절된 데서 비롯된 민중봉기라고 할 수 있다. 먼저 민족을 배신하고 일제에 부역한 친일파들이 다시 제자리로 복귀하고, 실업난이 가중되고 부정부패가 만연하였으며, 미군정의 횡포가 민중의 분노를 샀다고 할 수 있다. 둘째로 식량난이 심각한 지경에 이르렀음에도 미군정이 가혹한 식량공출정책을 강행한 것도 중요한 원인이었다. 미군정은 2월 미곡수집령을 발표하고 쌀 강제수집과 제한 배급정책을 시행했으며 춘궁기에 하곡까지 수집하고 있는 실정이어서 시민들은 일제와 다를 것이 없다고 생각하였다. 1946년 4월 충주군은 식량 문제의 심각성을 인식하여 식량대책위원회를 조직하고 ① 밀조주의 제조판매 금지, ② 엿과 떡의 제조 판매 금지, ③ 군외 반출금지, ④ 소비규정준수 등의 방침을 발표할 정도로 식량 부족과 기아 문제가 극한 상황에 처해 있어 폭발 직전이었다. 세 번째는 경찰에 대한 증오심도 항쟁의 주요한 요인으로 작용하였다. 해방 후 도망갔다가 다시 돌아와 미군정에 의해 임용된 대부분의 경찰은 주민을 탄압하고 억압했기에 10월항쟁에서 주요 공격대상이 되었다(김상숙, 2011:48-54; 김일수, 152-154).

충주10월항쟁의 단초는 9월의 경찰과 우익의 테러였다. 9월 24일 우익이 좌익 진영의 간판을 모두 파괴하였다. 9월 25일에는 통행금지시간 이후 민청사무소를 습격하여 유리창을 파괴하였고 숙직원을 납치 구타하였다. 9월 26일에는 오후 10시 반경 유리창에 돌을 던지는 우익들에 대해 자위단원들이 반격하려 하자 경찰관이 나타나 자위단원만을 체포하였다. 경찰과 우익은 주택과 가구를 파괴하고 가족을 구타하였으며 동조자라는 이유로 의사 1명을 죽창으로 찔러 죽였다. 10월 2일에는 장날을 이용하여 독립촉성국민회 주최로 청년 궐기대회를 개최한 후 오후 8시 만취한 상태로 좌익에 대한 테러를 강행하였다.

미군정의 실정, 심각한 식량부족 문제, 친일파의 준동과 테러, 경찰의 탄압 등은 충주항쟁을 촉발하는 중요한 요인으로 작용하였다. 9월부터 계속된 우익과 경찰의 테러는 10월초 대규모 민중봉기로 폭발했고 확산되었다.

10월 8일에는 용산동 방면에서 시내로 진출하려는 시민들과 진압을 위해 출동한 경찰이 희락목욕탕(성내동 399번지) 부근에서 충돌하면서 경찰관 1명이 사망하고 2명이 중상을 입었다. 경찰관 사망 사건 이후 경찰과 우익단체인 대한독립촉성전국청년총연맹(이하 독청)은 충주 각지에서 파괴 행위를 감행하였고, 부녀자의 머리를 자르는 등 잔악한 행위를 일삼았다. 경찰은 독청 단원에게 권총을 제공하여 좌익을 체포 살상하도록 하였다. 독청 단원들은 트럭을 동원하여 면 단위까지 내려가 좌익을 공격하였다. 이 과정에서 수십 명이 부상을 입었으며, 500여 명이 조사받았고 300여 호의 가옥이 파괴되었다(심지연, 1991).

10월 14일에도 시위대가 충주경찰서를 습격하였다. 10월 15일 경무부장 조병옥은 충주 지방에 폭동 사건이 발생하였으나 경찰의 활동으로 즉시 퇴각하였으며 치안이 복구되었다고 발표하였다. 조선노동조합전국평의회는 11월 12일 담화를 발표하여 미군정의 식량정책이 실패하여 쌀과 자유를 달라고 파업이 발생하였음에도 경찰과 우익테러단이 시민을 살해하고 구타하였고, 이에 대항하여 시민들이 10월 민중봉기를 일으켰음에도 재판을 통해 극형을 가하는 것은 불평등하며 오히려 경찰과 우익테러단이 사형으로 처벌받아야 한다고 주장했다.

충주항쟁 과정에서 체포된 주요 인물들의 재판이 1947년 4월 28일부터 6일간에 걸쳐 청주 특별군정 재판이 열렸고, 5월 3일 김용환(金龍煥), 이정(李廷), 신재식(申再植), 유영태(劉永泰)는 사형(死刑)이, 한귀봉(韓貴奉), 박희철(朴熙哲), 송현기(宋顯基)는 무기징역이 언도되었다.

충주항쟁의 주체, 규모, 범위, 피해상황 등 자세한 사항에 대해 알려진 것이 많지 않다. 시내의 경우 제사공장 노동자와 용산동 주민들이 대거 참여하였고 많은 피해자가 발생하여 같은 날 제사를 지낸 집이 많았다는 증언이 있을 뿐이다. 충주항쟁을 단순히 좌익이 선동한 폭

충주 10월항쟁 판결(민중주보, 1947. 5. 9)

동으로 치부할 수 없으며 조사와 연구를 통해 항쟁의 역사를 밝혀내는 노력이 필요한 것이다.

충주 3·10 민주화 운동

1960년 3월 15일 정·부통령 선거를 앞두고 발발한 충주3·10민주운동은 이승만 정권과 자유당의 조직적인 부정선거 획책에 항거하여 봉기한 민주화운동으로 4.19혁명의 기폭제가 되었다. 해방과 1948년 정부수립 이후 이승만 정권은 친미와 반공을 앞세우고 친일 청산을 방해하였다. 1950년 한국전쟁 이후 분단체제가 공고화되면서 미국 원조하의 예속적인 자본주의 발전이 가속화되었다. 부패와 특권 세력에 편승하여 강력한 독재 정권을 확립한 이승만 정권은 1952년 부산정치파동과 발췌개헌, 종신 집권을 위한 1954년 사사오입개헌, 1956년 대선 승리로 장기 집권이 가능하게 되었다. 지역과 계층을 넘어 시민 사회 전반에 사회 현실에 대한 광범위한 반감이 형성되어 있었고, 이는 결국 4.19혁명이라는 반독재 민주

화운동으로 발전하였다.

이승권 정권의 부정과 부패, 독재 정권의 탄압으로 인한 혼란스러운 사회 상황 속에서 가장 먼저 저항에 나선 것은 고등학생들이었다. 충주 지역 고등학생들의 저항을 불러온 시발점은 1960년 3월 9일 민주당 장면 후보 선거유세 해산 과정에서의 충돌이었다. 3월 9일 민주당 부통령 장면 후보와 박순천 여사가 선거유세를 위해 충주에 왔지만 적당한 유세 장소를 허가받지 못했다. 후보 일행이 충주 시내에서 유세를 하자 경찰이 집회를 강제로 해산시키려고 하면서 이 과정에서 경찰과 시민 학생들 간에 충돌이 발생하였다. 해방 이후 교육 기회 확대로 민주적 가치를 학습한 학생들에게 권위주의적인 통치로 일관하는 이승만 정권은 비판의 대상이었고 학생들은 경찰이 집회의 자유를 억압하는 현실에 분노하였다.

3월 10일 충주고등학교는 학기말고사를 치루기로 되어 있었으나 갑자기 시험 1교시를 단축하여 다음날로 연기하고 대신에 자유당 소속 홍병각 의원의 강연을 들어야 한다고 통보하였다. 학생들은 전날 장면 부통령 후보 선거유세 때 경찰이 보인 반민주적인 행태를 떠올리고 3.15선거와 관련된 정치강연을 의심했다. 학생들은 홍병각 의원의 강연에 정치성 발언이 있을 때는 일제히 일어나 퇴장하고 학원의 정치도구화에 항의하는 시위를 하기로 하고 강당에 들어갔다. 만담으로 시작한 홍병각 의원 강연이 정치적 발언으로 변질되자 학생들은 "집어 치워라."라고 외치며 강당에서 뛰쳐나갔다. 용산동 학교 교문 앞에서 대열을 만든 학생시위대는 "학생을 정치도구로 사용하지 말라!", "학원의 자유를 달라!", "민주주의를 쟁취하자!" 등의 구호를 외치며 시내로 행진했다. 용산동과 성남동을 지나 충주 시내로 행진하였으나 황급히 출동한 경찰의 곤봉 세례를 받으면서 대열이 흩어졌다.

충주농업고등학교 학생들은 충주고
등학교 학생들의 시위 소식을 듣고 충
주천을 따라 시내로 진입하려다가 봉
방교에서 경찰에 저지되었다. 2차 집
회는 저녁 8시경 제2로터리 근처 시
외버스터미널 주차장에 충주고등학
교 학생 300여 명이 모여 구호를 외치
면서 제2로타리를 지나 중앙시장 앞
에 이르렀을 때 출동한 경찰의 기습으
로 흩어졌고 10여 명의 학생들이 경찰
서로 연행되었다. 이후 충주고등학교,
충주농업고등학교, 충주여자고등학교
학생들은 "학생을 정치 도구로 사용하

충주 3.10 민주운동(동아일보, 1960.
3. 11)

지 말라!", "학원의 자유를 달라!", "민주주의를 쟁취하자!"라는 구호를 외
치며 제1로타리, 제2로타리, 중앙시장 등에서 시위를 벌였다(충북일보,
2013. 4. 17). 4.19 이후인 4월 28일에 충주고등학교 학생들은 2개 반의 선
무반을 편성하여 충주 시내, 노은, 엄정, 수안보, 연풍 등지에서 시민질서
회복을 호소하는 내용의 방송과 전단 배포 활동을 하였다.

충주3.10민주화운동은 대구 2.28민주화운동, 서울, 대전민주화운동에
이어 전국 네 번째 민주화운동이었다. 충주3.10민주운동에 이어 3월 13일
과 14일 청주농고와 청주고 학생시위, 4월 13일과 16일 청주공고 시위로
이어졌다. 4.19 전날인 4월 18일에는 청주공고, 청주상고, 청주고, 청주여

충주학생민주운동 기념비 제막식—충주3.10학생민주운동을 기리는 기념탑 제막식이 2017년 3월 10일 용산동 31번지 공원에서 거행되었다.

고 등이 참여하는 연합시위가 있었고, 4월 28일에는 제천고 학생들의 시위로 이어졌다. 충주 3.10민주화운동은 지역 민주화운동의 효시이며, 정부 수립 후 충청북도 최초의 학생 민주화운동이었다.

5. 창용사(蒼龍寺)와 발티재

남산 창용사

도시 남동 쪽에 위치한 금봉산에는 유구한 역사를 간직한 고찰 창용사가 있다. 금봉산은 문물 교류의 통로인 계립령을 넘어 미륵리, 송계, 복탄, 무릉, 도선, 재오개를 거쳐 발티재로 이어지는 측선에 위치하고 절을 세울수 있는 넓은 뜰을 끌어안고 있어 고대로부터 수많은 사찰이 성쇠를 거듭한 것으로 유명했다. 창용사는 신라 문무왕 대인 676년에 원효 스님에 의해 창건되었다. 창용사에는 "원효 스님이 충주 고을을 지나던 중 한 객주에 머물면서 꿈을 꾸었는데 푸른 용이 여의주를 물고 희롱하며 날아가는 것을 보고 하염없이 쫓아가니 목이 매우 탔다. 우물을 발견하고 주위를 두리번거리다가 아름다운 한 낭자를 보았는데 그녀가 '이곳이 참 좋지요.' 하며 표주박에 물을 떠주는데 물맛이 꿀과 같았다고 한다. 곧 꿈을 깨 관세음보살의 현몽인 줄 알고 신기로움에 실제의 장소를 찾아 나섰는데 지금의 절터에 이르러 꿈과 같음을 알고 절을 지어 부처님을 모시고 창용사라 했다."는 창건설화가 전해지고 있다.

신라시대 창건 이후 면면이 불법이 이어져 왔음에도 불구하고 고려시대 창용사의 연혁을 알 수 있는 기록은 발견되지 않고 있다. 다만 고려시대의 특징인 정교한 연화문과 유려한 낙수면이 돋보이는 청석탑이 그 시대의 창용사를 말해 주고 있다. 창용사는 고려말 원·명 교체에 따라 국가의 위기가 고조되고 있을 때 선풍진작과 대중교화를 통해 위축되어 있는 불교계에 활기를 불어넣고자 했던 나옹(懶翁) 스님에 의해 공민왕(1351-1374) 때 중건되었다.

17세기에 들어 1646년(인조 24), 1652년(효종 3), 1688년(숙종 14) 연차적으로 중창불사와 보수가 이루어졌다. 1983년 청녕헌 보수공사 시 기와를 해체하면서 금봉산 창용사라는 절 이름, 시주자의 명단, 숭덕 11년 (1646), 순치 9년(1652), 강희 27년(1688) 등의 각기 다른 연호의 명문 기와가 발견되었고 이로써 창용사가 중창되고 여러 차례가 보수가 이루어졌음을 알 수 있다. 문헌 속의 창용사는 「범우고(梵宇攷)」(1799), 「여지도서(輿誌圖書)」(1760), 「충주목지도(忠州牧地圖)」(1872) 등에 나타나 있다.

조선 중기 이후 큰 절의 면모를 갖추고 번성하던 창용사는 1870년(고종 7) 충주관아에 화재가 발생하자 충주목사 조병로가 창용사 건물을 뜯어다가 그 목재와 기와로 청녕헌을 개축하고 요사체를 헐어 진영을 개축하는 천인공노할 법난을 겪게 된다. 이로 인해 절은 폐사 지경에 이르게 되었으며 옛 불전의 모습은 자취를 감췄다. 많은 유물이 뿔뿔이 흩어졌으며 사찰의 역사는 잊혀지고 사라지게 되었다.

1905년 불자 박보살이 신도와 뜻있는 이들로부터 모금을 하여 법당을 세움으로써 수행처의 모습을 찾게 되었다.

1929년 주지 추월 스님이 충북본말사 충주포교당 대원사를

창용사 전경(1970년대)

창건하면서 말사인 대원사로 부처님을 모셔가고 어려움이 겹치면서 일시 쇠락의 기미를 보이기도 하였으나 불심 깊은 신도와 충주시민의 정성과 합심으로 곤경을 슬기롭게 극복하고 법등을 밝혀 오늘에 이르고 있다. 남산절로 널리 알려졌으며 아름다운 금봉산의 산세와 어우러진 천년 고찰 창용사는 조선시대 충주 읍내의 대표적인 사찰로 이름이 높았다.

충주천을 따라 발티재를 넘어

조선시대 남문 밖 남부리를 통과하여 충주천을 따라 가면 현재의 충주 남산초등학교 서쪽 부근 사천개에 도달하게 된다. 충주는 신라시대 중원경(中原京)이라고 하였으며 일명 사천성(四川省)이라고 불렀다고 한다. 사천개 부근에는 신라시대 경주에서 이주한 귀족의 자제들과 부호들이 크게 번성하여 살았다고 하여 사천성의 개울가라는 뜻으로 사천개라고 불렀다는 전설이 있다. 또한 4천여 호가 살았다고 하여 사천개라고 불렀

역사도시 충주의 발자취와 기억

다거나, 사씨와 천씨가 사는 마을이라는 의미에서 사천개라고 불렀다거나, 이 부근에서 개울이 네 갈래로 갈라져서 사천개라고 불렀다는 등 다양한 의견이 있다.

금봉산 아래 충주중학교 부근을 송정평이라고 하는데 호암동 인근 주민들은 솔쟁이뜰로 기억하고 있었다. 신라 진흥왕 때 신라의 귀척자재와 6부 부호들이 이주하여 수백 년간 번영했던 송정평에 관한 전설이 천년의 시간을 넘어 전승되고 있다.

충주천을 따라 마을 뒷산인 남산에는 호랑이처럼 생긴 바위가 있다 하여 범바위라고 불렀다는 전설이 전해지고 있다. 충주천 건너 대림산과 안산 사이에 자리 잡은 관주 마을에는 비선동, 연주현의 아름다운 이야기와 명당사의 유래가 전해지고 있어 유서 깊은 지역의 내력을 짐작케 한다.

1872년에 제작된 「충주목지도」에는 충주천이 사천(四川)으로 표기되어 있다. 직동 발티에서 발원하여 호암동, 용산동, 지현동, 성서동을 경유하는 충주천은 봉방동 합수머리에서 금봉산 동쪽 기슭에서 발원한 교현천을 받아들여 달천에 합류한다. 충주천은 도시발전의 근간이 되는 하천이라고 할 수 있다.

직동분기점에서 발티 방향으로 개울을 따라 산기슭으로 올라가면 해발 550m의 발치봉과 금봉산 사이의 낮은 협곡에 형성된 발티재에 이르게 된다. 발티재를 넘어 재오개-도선동-흑석-논동-무릉동-복평동-송계-미륵리로 이어지며 계립령을 넘어 경상도로 연결된다. 신라 아달라왕 3년(156) 계립령이 열린 이래 발티재는 충주로 들어오는 교통로로 중요한 역할을 담당하였다.

조선 초기 조령이 개척되면서 계립령에 관한 공적인 활용과 관심은 축소되었지만 일반 백성들의 이용은 변함없이 활발하였다. 경상도 지역이나 인근 지역에서 충주 읍내로 통행하는 경우 지름길인 발티재는 여행객들이 선호하는 구간이었다. 소를 팔러 가거나 볼일을 보기 위해 통행하는 사람들로 붐볐다. 1896년 을미의병들이 넘던 고개이며, 한수면 북노리가 고향인 노촌 이구영 선생이 고향집에 가거나 서울로 가기 위해 넘은 고개도 발티재였다. 재오개에 사는 주민들의 증언에 의하면 함박눈이 계속 내려도 사람들의 통행으로 눈이 쌓이지 않을 정도로 경상도 사람들과 한수, 살미, 덕산, 수산 등 주민들의 통행이 활발하였다고 한다. 1970년대 초반 시내버스 운행이 일반화되고 사람들의 발길이 끊기면서 발티재는 기억 속에서 점점 멀어져 갔다.

남문에서 동래로(東萊路) 가는 길

1. 사직산 마을과 역사 왜곡

사직산 마을 지곡과 빙현

사직산은 대림산 줄기가 남에서 북으로 흐르다가 읍성의 서쪽 부근에 형성된 낮은 산봉우리로 조선 초기 사직단이 건립되면서 불려지게 된 지명이다. 소나무 숲이 울창하고 아름다운 사직산의 평온한 골짜기 속에 자리 잡은 지곡과 빙현은 마을 앞으로 충주천이 흐르고 있어 배산임수의 형세를 취하고 있다. 사직산은 어느 곳을 파도 물이 솟아나고 산비탈에 미나리가 자라서 미나리광이 있을 정도로 물이 풍부해서 주민들이 정착하기 좋았다. 지금도 겨울에는 따뜻하고 여름에는 차가운 물이 나는 우물과 샘터의 흔적이 남아 있다.

지곡과 빙현은 조선시대에는 서부리와 남부리의 자연촌락으로 존속하다가 일제강점기에는 용산리에 속했다. 해방 후 1956년에 충주읍이 충주시로 승격하자 용산동이 되었고 1962년 용산동이 용산1구·2구·지곡·빙현으로 분동되었다가 1969년에 용산1구와 2구는 통합해서 용산동으로 지곡과 빙현은 각자 한자씩을 따서 지현동이 되었다.

지곡(芝谷)의 연원에 대해서는 정확히 알려진 것이 없으나 지초 지(芝), 골 곡(谷)을 쓰는 것으로 보아 지초(芝草)가 자생하는 골짜기로 풀이할 수 있다. 사직산 골짜기에 지초가 많이 자생했기 때문에 지명으로 사용한 것으로 보인다.

빙현마을은 용운사 옆의 서낭당 동편 일대라고 전해지고 있는데 현재의 용운사 아래 지현동행정복지센터 일대에 형성된 마을을 말한다. 빙현의 유래에 대해서는 대원사 옆의 지하수가 용출해서 겨울이면 빙판을 이루었다고 해서 붙여졌다는 견해와 사직산에 빙고(氷庫)를 만들어서 겨울이면 얼음을 저장했으므로 얼음창고가 있는 고개라는 의미에서 빙현이라고 불렀다는 견해가 있다. 『충주군읍지』 등에는 "氷庫 : 在州南二里 十一間 今無"라고 하여 빙고가 읍의 남쪽 2리 지점에 있다고 기록하고 있다. 빙현은 읍의 서쪽에 위치하고 있고 1리 정도의 거리이기 때문에 전자가 보다 타당한 것으로 보인다.

예전의 대원사길은 성서2길과 사직산12길을 연결하는 충주천의 다리를 건너 대원사 방향의 사직산12길이 아닌 사직산 방향의 사직산12길을 따라 오르다가 한마음빌딩 뒤편에서 오른쪽 방향의 골목을 따라 이어졌다. 지현동 306번지 끝부분에 최근 우물을 메운 흔적이 있는데 마을 어른들은 이 우물이 빙현 지명의 유래라고 증언하였다. 옛길은 우물터에서 대원사 방향으로 나가 사직산12길을 건너 대원사 아랫부분을 따라 사직산15길 방향으로 연결되어 있었다. 사직산으로 오르는 옛길인 사직산12길은 이후 새로 개설한 사직로에 흡수되어 옛길의 모습과 지형의 흔적을 찾을 수는 없다.

조선시대 빙현에는 훈련청이 있었다. 『충청도읍지』, 『호서읍지』(1871) 등에는 훈련청이 서문 밖에 있으며 17칸으로 기록되어 있다. 조선시대 군대와 관련된 시설은 읍의 서쪽에 설치하는 것이 일반적이었다. 빙현과 지곡 일대는 조선시대 남양 홍씨의 세거지로 알려져 있다.

유상곡수(流觴曲水)

충주천과 지곡 빙현마을에 전해지는 흥미로운 이야기는 유상곡수(流觴曲水)에 관한 것이다. 유상곡수(流觴曲水)는 삼짇날에 정원에서 잔을 띄우고 잔이 자기 앞으로 돌아올 때까지 시를 읊던 연회를 말한다. 귀족과 선비들이 즐겼으며 곡수연(曲水宴)·곡강연(曲江宴)이라고도 불렀다. 유상곡수는 왕희지의 『난정기(蘭亭記)』에서 근원을 찾을 수 있으며 우리나라에 전래되어 정원시설로 정착되었다. 가장 오래된 유상곡수 유적으로는 포석정을 들 수 있다.

『예성춘추』에 의하면 고려시대 민씨 성을 가진 부자가 빙현에 살았다고 한다. 민 부자는 마을 앞 사천, 즉 충주천 물을 끌어들여 자신의 집을 돌아나가도록 해 안채뜰에서 술잔을 띄워 사랑채 앞에서 술을 마시면서 풍류를 즐겼다고 한다.

충주천이 직선화된 것은 일제강점기 이후 최근까지 지속적인 개발의 결과라고 할 수 있다. 조선시대 충주천은 구불구불하고 완만하게 흐르는 사행천이었고 하천부지가 넓게 형성되어 있었다. 곡선으로 느긋하게 흐르는 맑은 충주천의 줄기를 자연스럽게 집안으로 끌어들여 정원을 조성하고 이곳에서 시를 짓고 풍류를 읊었음을 알 수 있다.

한옥마을

1920년대 이후 조선인들의 읍내 이주가 급격히 증가하였다. 자녀들의 학업, 사업상의 필요, 새로운 일자리 등 도시가 주는 다양한 편익을 찾아 면 단위뿐만 아니라 인근 지역 사람들까지 도시 지역으로 이주하였다. 증가하는 수요에 맞춰 새로운 한옥 부촌으로 개발된 곳이 빙현과 인근 지곡이었다. 마을 뒤로 사직산이 둘러서고 앞으로는 충주천이 흐르는 빙현은 사람이 살기에 좋은 환경을 가지고 있을 뿐만 아니라 인근에 남산초등학교(1937), 충주중학교(1940)가 개교하는 등 좋은 정주 조건이 형성되고 있었다.

빙현이 새로운 한옥 마을로 개발되자 지역의 중소 지주나 상업 등을 통해 부를 축적한 신흥 부자들이 집을 짓고 이주하면서 새로운 마을로 변모하였다. 기존의 남양 홍씨뿐만 아니라 오백석지기 지주 김명석, 읍회의원을 역임하고 요리점 오처관을 운영한 음재형 등이 대표적 인물이었다.

사과나무 관련 사업의 추진과 역사 왜곡

사과는 남·북반구 온대 지역이 원산지이며 품종개량이 이루어지면서 아메리카와 아시아 지역으로 전래된 것으로 알려져 있다. 우리나라의 경우 재래종 능금과 관련해서 『처용가』(879), 『계림유사』(1096) 등에서 언급하고 있으며 조선 후기 저술된 홍만선(洪萬選)의 『산림경제(山林經濟)』에는 재배법이 실려 있어 능금 재배가 활발했음을 알 수 있다. 17세기에는 능금의 일종인 빈과(蘋科)를 중국에서 도입하였고 재배지가 확대되면서 상업적 능금 재배가 성행했다. 개항과 함께 유럽과 미국 등지에서 신품종인 개량종 능금이 도입되면서 사과 재배는 새로운 전환기를 맞이하게 되

역사도시 충주의 발자취와 기억

었다. 개량종 능금은 서양 선교사에 의해 도입된 경우, 우리 스스로 서양 능금을 도입하여 과수원을 조성한 경우, 이주 일본인들이 정착 과정에서 도입한 경우로 나눌 수 있다.

충주는 조선시대에도 능금 재배가 성행했을 것으로 보이나 확인할 수 없다. 현재의 충주 사과는 개량종으로 일제강점기 충주에 이주한 일본인들이 농영 경영의 일환으로 재배하기 시작한 것이 시초이다. 『오군산업소개지』(1932)에는 율전영치(栗田英治), 웅곡단장(熊谷團藏), 주권건태랑(酒卷建太郎), 원구일이(原口一二), 무천의휘(武川義揮), 천구승삼(川口勝三), 대기묘십(大崎卯十), 권중협(權重協) 등이 읍내 외곽 지역에서 사과를 경작했다고 소개하고 있다. 그 외에도 대뢰유평(大瀨由平), 송석균(宋錫均) 등이 경작자로 참여하였고 계몽운동가인 오인탁 선생도 1916년 충주로 낙향하여 안림동에서 사과를 재배하였다. 1940년에 과물협동조합이 설립되었으나 과수농가는 20여 호에서 30여 호 정도로 일반화된 것은 아니었다. 충주 사과는 해방 후 연구와 생산증대를 위한 다양한 노력이 이루어지면서 활성화되었고 전국적인 사과의 산지로 명성을 알리게 되었다.

사과 재배와 관련하여 2005년 충주시가 장기덕 선생의 『중원향토기』(1977)에서 "충주에서 사과가 최초로 식재된 것은 1912년이라고 한다. 장소는 용운사 부근에다 일본인 中川龍藏(농학사)이라는 사람이 약 50여 주를 심었다. 품종은 조생종인 「아사이」, 「야마도니시키」, 「베니사키」 등이었는데 1918년에는 일부 수확을 봤다고 한다."라고 한 것을 근거로 지현동이 충주 사과의 첫 번째 재배지라는 내용이 담긴 충주사과유래비를 세웠다. 이후 사과유래비를 근거로 충주시가 사과나무길 조성, 사과나무소녀

상 건립, 사과나무이야기길 축제 등을 추진하고 사과나무를 테마로 도시 재생사업을 진행하고 있다.

중천용장(中川龍藏)은 1878년 일본 돗도리현(鳥取縣)에 태어났다. 1900년 농과대학을 졸업하고 학교 교사로 근무하다가 병탄이 되던 1910년에 식민지 조선에 건너와 농사 순회교사로 근무하였다. 그러나 일제

사과유래비

강점 초기 충주 일본인 사회의 사정을 확인할 수 있는 『최근지충주』(1914)와 『충주발전지』(1916) 등 일본인들에 의해 저술된 책에 의하면 중천용장(中川龍藏)은 금정(현재 성서동)에 거주하였고 지현동에서 사과를 경작했다는 어떠한 기록도 확인되지 않고 있다. 반면에 굴정좌전차(堀井佐傳次)라는 일본인이 지현동 용운사 인근에 거주했고 사과를 재배했다는 사실은 기록과 지역 어른들의 증언으로 확인되고 있다. 굴정좌전차(堀井佐傳次)는 1880년 일본 니카다현에서 태어났으며 1912년에 조선에 건너와 충주 지현동(당시 용산리)에 정착하여 농업에 종사하였다. 따라서 중천용장이 지현동에서 사과를 경작했다는 사실도 첫 번째 경작자라는 사실도 아무런 근거가 없다. 중천용장이 아닌 굴정좌전차라고 해도 굴정좌전차가 첫 번째 경작자라는 어떠한 근거도 없기에 사과나무유래비와 후속 사업에 대해서는 엄정한 역사적 평가와 함께 청산과 정리가 필요한 실정이다.

중천용장은 충주일본인 사회의 유일한 대학졸업자로 과수조합장, 충주 수리조합장 등을 역임했고 식민지 개발에 적극 참여했다. 굴정좌전차(堀

井佐傳次)는 읍회의원, 충청북도도회의원, 충주수리조합장을 역임했기 때문에 중천용장과 굴정좌전차는 일제강점기 충주에 정착한 일본인들을 대표하는 풀뿌리 침략자이며 조선인들의 피고름을 짜낸 악질 일본인이라고 할 수 있다. 일제강점기 일본인들이 충주에 개량종 사과를 가져왔다는 것은 사실이지만 지현동이 사과나무의 첫 번째 경작지라는 근거가 없다. 식민지 과수농업과 수탈의 역사적인 배경에 대한 설명도 없이 구도심정비, 이미지 개선 등을 내세워 추억이 있고 동심이 묻어나는 사과로 소개하고 막무가내로 사업을 추진하는 것은 역사를 왜곡하고 식민지를 미화하는 것으로 식민사관에 기반한 역사 왜곡의 책임을 묻지 않을 수 없다.

더 큰 문제는 수백 년의 역사를 간직한 마을의 발자취와 삶의 내력이 온데간데없다는 것이다. 지곡과 빙현 마을은 오랜 역사를 간직한 유서 깊은 삶터임에도 일제강점기 한국인의 삶을 왜곡시키고 상처와 고통을 안겨준 풀뿌리 침략자 일본인의 사과경작으로 대표되는 마을로 오인되도록 충주시가 각종 사업을 전개하고 있는 것은 역사의 본말을 망각한 행태가 아닐 수 없다. 선조들의 삶이 묻어 있는 지역과 마을의 발자취를 기록하고 기억을 전승하지 못할망정 역사를 왜곡하고 식민지배를 미화하는 것은 현세대에게는 부끄러움으로 남고 후대에는 부담만 될 뿐이다.

2. 충주 국민보도연맹 학살 사건

국민보도연맹의 결성

1950년 한국전쟁 발발 이후 가장 큰 비극 중의 하나가 전국의 각 지역에서 군과 경찰에 의해 민간인이 희생된 국민보도연맹원 학살 사건이다. 해방 이후 계속되는 사상 대립 속에서 이승만이 정권 유지를 위해 만든 좌익전향단체가 국민보도연맹이었다. 보도(保導)는 "보호하여 지도한다."는 의미이지만 실상은 좌익 세력을 색출하고, 반정부 세력을 단속하고 통제하는 것을 목적으로 하였다. 보도연맹은 반공을 제일 목표로 하는 반공단체로 1949년 4월 21일 서울시 경찰국 회의실에서 창설되었으며, 이후 지방에서도 순차적으로 조직되었다.

충북 보도연맹은 1949년 12월 13일 청주극장에서 '자수자 전향자 선포대회'를 겸한 결성식을 거행하였다. 충주군 보도연맹은 1949년 12월 29일 충주극장에서 군내 자수자 524명과 수많은 군중이 참여한 결성식을 거행하였다. 충주군 보도연

충주보도연맹 결성(연합신문, 1950. 1. 4)

맹 고문은 국회의원 김기철 외 3인, 명예 이사장은 충주군수 장응두, 이사장은 충주경찰서장 김대벽, 지도위원장은 검사 ○○○, 지도위원은 검사 김창선 외 8인, 이사는 김용은 충주군내무과장외 26인으로 충주군내 주요 인사들이 참석했다. 명예서기장은 김○○, 서기장은 윤오룡이었다. 윤오룡은 교현보통학교와 명치대학을 졸업했으며 해방 후 충주 지역의 대표적인 좌익으로 활동하였다. 충주군보도연맹 조직 이후 순차적으로 면 단위에서 충주군보도연맹 면지부가 결성되고 있었기 때문에 보도연맹원의 가입은 계속해서 증가하였다.

국가보안법에 규정된 좌익단체 구성원에게 자수를 강요하였고 자수한 사람들은 자동적으로 보도연맹원에 편입되었다. 자수하지 않은 좌익을 색출하기 위해 경찰서 사찰 요원과 우익단체 회원들이 순회활동을 강화하였다. 좌익계열 단체 회원을 상대로 가입을 재촉하고 지역별 할당과 경쟁적 가입 유도가 성행하면서 보도연맹원의 수는 빠르게 증가하였다. 이와 같은 과정에서 보도연맹에 가입된 사람 중에는 보도연맹이 무엇인지도 모르고 강압에 의해 가입하거나 타인에 의해 몰래 가입된 경우도 많았다.

보도연맹원들은 정기적으로 소집되었고 반공교육, 주민 감시활동을 하였으며 사상 검열을 받았다. 보도연맹원을 계도하여 보호한다고 그럴듯하게 포장했지만 분리와 차별이 내재되어 있었기 때문에 보도연맹원에게는 빨갱이라는 왜곡된 인식이 계속해서 따라붙을 수밖에 없었다.

사직산 학살

1950년 6. 25가 발발하자 보도연맹원들은 곧바로 소집 구금되었다. 전황이 불리해지자 이승만은 보도연맹원들이 폭동을 일으킬지 모른다는 의구심만으로 처단을 명령하였고 전국적으로 20만 명이 넘는 억울한 민간인들이 군과 경찰에 의해 학살되었다. 6월 28일 횡성, 원주 지역 보도연맹원을 학살한 국군 6사단 헌병대 소속 헌병 10여 명이 충주경찰서에 나타난 것은 7월 3일경이었다. 이들은 다급하게 보도연맹원을 소집하라는 지시를 내렸고 경찰들은 군대의 명령에 따라 면에 소집 통지를 했다. 면지서에서는 마을마다 돌아다니며 보도연맹원을 소집했다.

보도연맹원들은 평소 정기소집과 교육을 통해 관리되고 있었기 때문에 대부분의 보도연맹원들이 도주하지 않고 소집에 응했다. 어떤 보도연맹원의 어머니는 경찰관이 아들을 찾자 밭에 있는 아들을 데려왔고 결국은 다시는 돌아오지 못하는 길을 떠나보낸 비극적인 경우도 있었다. 충주 지역 보도연맹원들은 면 단위로 소집되어 당시 중앙시장에 위치한 충주경찰서에 집결하였고 구금된 상태로 하루 또는 이틀 동안 대기하였다. 보도연맹원들은 군의 명령에 의해 7월 5일 제1로터리-제2터리-사직산으로 도보 또는 차량으로 이동하였다.

충주고 후문 보도연맹학살지

사직산의 충주고등학교 후문 도로 부근은 현재는 서쪽으로 호암체육관, 호암예술관, 우륵당 등의 공원이 조성되어 있고, 동쪽으로는 1975년에 충주고등학교가 건립되어 현재에 이르고 있지만 당시는 호암지와 연

역사도시 충주의 발자취와 기억

결된 야산이었다. 특히 충주고등학교 후문 부분은 깊은 협곡이 형성되어 있어서 낮에도 으스스한 느낌이 드는 장소였다고 한다. 군과 경찰은 이 협곡에 200여 명의 보도연맹원을 몰아 놓고 집단학살하였다. 현장을 목격하거나 전해 들은 분들의 증언에 의하면 피가 개울처럼 흘렀다고 하니 그 처참함을 미루어 짐작할 수 있다. 현재는 도로가 포장되어 있고 인근의 지형이 모두 변형되었기에 그와 같은 아픔과 고통이 어린 곳이라는 사실을 전혀 생각할 수 없는 형편이다.

싸리고개 학살

사직산에서 학살이 있고 나서 군경은 호암지와 대제를 지나 단월로 넘어가는 싸리고개로 이동했다. 북서 방향으로 완만하게 흐르는 대림산 줄기를 통과하는 싸리고개는 단월로 연결되어 충주 남부 지역과 경상도로 나아가는 도로이기 때문에 평소에도 통행이 활발한 편이었다. 싸리고개 중턱의 남쪽 야산을 따라 들어가면 건국대학교 축산과 실습장으로 사용하던 건물이 나오는데 군인과 경찰은 실습장 전후면 계곡에 보도연맹원을 몰아 넣고 집단 학살하였다. 끌려온 보도연맹원은 이곳에서 대부분 학살되었고 두 명은 탈출에 성공하여 능선을 넘어 도망쳤다고 한다. 싸리고개에서 약 300-400여 명의 보도연맹원이 학살되었을 것으로 추정되나 정확한 인원은 알 수 없다. 학살된 사람들은 충주군에 거주하는 20-30대의 남성이었고 학살을 주도한 것은 6사단 7연대 헌병대와 충주경찰서 경찰관들이었다.

학살 소식을 듣고 가족과 친척들이 사직산으로 싸리고개로 허둥지둥 달려갔지만 미군 비행기의 폭격으로 현장은 아수라장이었다. 7월 한여름

싸리고개 학살지

무더위에 시신이 심하게 부패되어 얼굴을 알아볼 수 없었다고 한다. 집으로 돌아가 피해자의 어머니나 부인을 모셔 왔고 옷의 바느질 모양을 살펴보고 가족을 확인하여 시신을 수습하였다. 피눈물로 범벅이 된 채 지게에 지고 집으로 돌아가 조용히 제사 지내고 숨죽이며 세월을 보내야 했다.

추측만으로 어떤 재판절차도 거치지 않고 군과 경찰이 즉결 처분 형식으로 민간인을 학살한 보도연맹 사건은 명백한 범죄행위이다. 국민보도연맹사건은 이승만, 박정희, 전두환 등의 독재 정권에서는 철저히 은폐되었기 때문에 제대로 알려질 수 없었다. 기억의 억압으로 인해 많은 사람들이 자신의 할아버지나 일가친척이 보도연맹원이라는 이유만으로 억울하게 희생된 아픈 역사를 기억하지 못하는 것이 안타까운 현실이다.

역사도시 충주의 발자취와 기억

3. 단월역과 유주막

단월역

조선 건국 이후 정부는 중앙집권체제를 강화하기 위해 국도와 감영을 비롯한 행정중심지를 잇는 통신체제를 확립하였다. 조정은 한양 천도를 계기로 한양을 중심으로 도로망을 구축하였는데, 한양에서 서북 지방으로 뻗어 의주를 종착지로 하는 서로, 동북 지방으로 향하는 도로로 서수라를 종점으로 하는 북로, 충청도 서쪽을 지나 전라도로 연결되는 산남로, 충청도 동북부 지방을 거쳐 경상도로 뻗어 나가 동래를 종점으로 하는 동래로가 설정되었다.

충주를 통과하는 동래로의 구간은 한양-판교-용인-신니-달천-단월-세성-수회-조령-문경-유곡-대구-청도-밀양-양산-동래-부산진이었다. 도로는 크기에 따라 대(大)·중(中)·소(小)로 구분되었는데, 동래로에서 대로는 서울에서 죽산까지이고, 중로는 죽산에서 상주까지이므로 충주는 중로에 속했다. 『세종실록지리지』, 『경국대전』의 편찬으로 우역제도가 정비되면서 도로를 따라 역(驛)·원(院)·참(站) 등의 시설이 갖추어졌다.

고려시대 단월은 특수한 계층의 사람들이 거주하는 부곡(部曲)이었고 단월역으로 개편되었다. 『신증동국여지승람(新增東國輿地勝覽)』의 충주목(忠州牧) 고적(古跡)조에는 "단월부곡(丹月部曲)은 바로 단월역(丹月驛)의 옛터이다."라고 기록되어 있고, 역원(驛院)조에는 "단월역(丹月驛)은 옛날 단월부곡의 땅으로, 주(州) 남쪽 10리에 있다. 역 남쪽에 계월루(溪月樓)가 있다."라는 기록으로 보아 단월부곡이 단월역으로 개편되었음을 알 수 있다.

1432년(세종14) 충청도 감사가 아뢰기를 "도내(道內)의 안부(安富)·단월(丹月)·용안(用安) 등 세 역은 잔약(殘弱)하고 피폐(疲弊)하기가 더할수 없사오니, 청컨대, 좌찬(佐贊), 분행역(分行驛)의 전례에 따라 찰방도(察訪道)에 예속시켜서 부성(富盛)한 역이 되게 하소서."라는 계를 올림으로써 연원찰방도에 소속되었다. 단월역은 원래는 괴산군의 2개의 역 중의하나였는데, 1433년(세종 15) 7월 10일(辛酉) 병조에서 "충청도 단월역은 비록 괴산(槐山) 땅에 있으나 본 고을에서의 거리가 60여 리요, 충주(忠州)와는 10여 리이니, 단월역을 충주에 옮겨 소속시키기를 청합니다."라고 요청하였고, 병조의 요청이 받아들여짐으로써 충주 지역으로 편입되었다.

단월역터

세조실록(1460년 1월 23일)에는 "충주(忠州) 단월역(丹月驛)에서 양재역(良才驛)에 이르기까지는 도로가 평탄(平坦)하여 수레가 다닐 수 있으

역사도시 충주의 발자취와 기억

니, 청컨대 선공감(繕工監)으로 하여금 수레를 만들어서 주게 하되, 역(驛)마다 각각 4대씩 주어 잡물(雜物)을 수송하게 하고"라는 기록으로 보아 단월역까지 마차가 운행되고 있음을 알 수 있다.

단월역은 읍 10리 단월 유주막에 위치하였고 연원역 소속이었다. 단월역에는 노 110인, 비 89인, 대마 2필, 기마 7필, 복마 5필이 소속되어 있었다. 역과 관련하여 1597년(선조 30)에는 변방으로 오가는 공문서의 빠른 전달을 위해 파발제를 실시했다. 파발은 말을 타고 연락하는 기발과 걸어서 전달하는 보발이 있으며 기발은 25리마다, 보발은 30리마다 설치하였다. 참에는 발장 1인과 발군을 두어 운영하였다. 충주 지역에는 임오발참, 가흥발참, 단월발참이 있었는데 모두 보발이었다. 단월발참은 가흥발참과 30리, 연풍 수회발참과 30리 거리에 있었다.

유주막(柳酒幕)

상수도 취수장, 즉 단월역 근처 강나루 인근 마을을 유주막(柳酒幕)이라고 부른다. 조선 선조 대에 유영길(柳永吉, 1538-1601)이 관직에서 물러나 대소원면 문주리 팔봉에 낙향하여 은거하였다. 형의 안부가 걱정된 동생 유영경(柳永慶)이 수주팔봉에 있는 형을 자주 찾아와 위로하는 일이 잦아지자 이 소문이 원근에 퍼졌다. 고관대작이 행차하니 수령 방백이 모른 척할 수 없었다. 유영경이 문안차 왕래할 때마다 관리들이 수행하였고 덩달아 많은 사람들의 왕래로 붐볐다.

유영경은 한양 광나루에서 배를 타고 합수나루를 거쳐 상단나루 도착한 뒤 걸어서 팔봉에 도착하였다. 강물의 수위가 적정할 때에는 직접 팔봉까지 배를 타고 들어가기도 했다. 유영경 일행의 행차로 나룻배의 수가 증가하고 관련 시설도 갖추어졌다. 모여드는 사람들을 맞기 위해 주막이 들어섰고 성시를 이루었다. 유주막은 경상도로부터 오는 사람들이 조령고개를 넘어 충주로 들어오고, 서울에서 오는 사람들이 경상도로 넘어가는 길목에 위치해서 오고가는 사람들로 붐볐다. 유 씨네 손님으로 인해 붐비는 주막이라고 하여 유주막이라고 불렀으며 각종 지명에 유주막이라는 이름이 붙게 되었다. 강변 언덕에 주막이 있고 나루터의 작은 배가 손님을 기다리는 아름다운 풍경은 자취를 감췄고 현재는 기념비만 서 있다.

유주막 기념비—단월동 산 84-1

4. 임경업 장군과 충렬사

명장 임경업 장군

임경업은 1594년 충주 풍동(楓洞)에서 임황(林篁)의 아들로 태어났다.

어려서부터 총명하고 전쟁놀이를 좋아해서 병서와 무예 연마에 힘썼다. 25살이 되던 1618년(광해군10) 무과에 급제하고 함경도 갑산·삼수의 소농보추관(小農堡推官)이 되었다.

1624년(인조2) 평안도 병마절도사 겸 부원수인 이괄(李适)이 논공행상에 불만을 품고 난을 일으키자 안현(鞍峴)전투에서 공을 세워 진무원공신(振武原功臣)이 되었으며 가선대부(嘉善大夫)에 올랐다. 1625년 방답첨사(防踏僉使)에 임명되었고 1626년에는 낙안군수로 나갔다. 정묘호란이 일어나자 중군이 되어 강화도로 나갔으나 화의가 성립되면서 돌아왔다. 1631(인조 9) 검산산성 방어사가 되어 산성 수축을 하였고 정주부사가 되었으나 부친상을 당해 사직하고 귀향했다. 1633년(인조 11)에 다시 벼슬에 나가 청북방어사와 안변부사를 겸하였다. 백마산성, 의주성을 수축하고 명나라 반군을 토벌하여 명의 황제로부터 총병관의 벼슬을 받았다. 1636년에 의주부윤에 복직되어 압록강변의 방어 태세를 강화하였다.

1636년(인조 14) 병자호란이 일어나 청태종이 대군을 이끌고 침략하였다. 임경업이 백마산성에서 적의 진로를 차단하자 청군은 의주를 우회하여 서울로 직진하였다. 조정은 남한산성으로 들어가 항전하였으나 40여 일 만에 인조가 청 태종 앞에 무릎을 꿇고 항복을 하는 굴욕적인 화의가 성립되었다. 청나라 군대가 침입한 틈을 타서 청의

임경업 장군

수도 심양을 공격하자는 임경업 장군의 주장은 받아들여지지 않았다. 이 듬해 청나라는 가도(椵島)에 주둔하고 있는 명나라 군대를 공격하기 위해 조선군 병력을 요청하였다. 임경업은 수군장(水軍將)에 임명되었으나 이 사실을 명나라 군대에 알려 피해를 최소화하였다. 1640년(인조18)에도 청나라의 요청에 의해 상장으로 차출되었으나 이때에도 명군에게 알려 피해를 줄이게 했다. 이러한 사실이 청에 알려지자 체포되었고 청나라로 압송되어 가던 중 금교역(金郊驛)에서 탈출하여 명나라로 망명하였다. 명의 부총병에 임명되어 청나라 공격에 나섰으나 포로가 되었다. 임경업의 탈출 후 청나라로 끌려간 임경업의 처는 고문을 받던 중 자결하였다.

이 무렵 조선에서는 심기원(沈器遠) 모반사건이 발생하였고 이 사건에 임경업이 연루되었다고 하여 조선으로 송환되었다. 친국을 받던 임경업은 김자점의 사주를 받은 형리의 매질에 의해 숨을 거뒀으니 그의 나이 53세였다. 임경업은 1677년(숙종 3) 복관되었고 충민(忠愍)이라 시호했다. 부인 이 씨에게도 정려(旌閭)를 명했다.

충렬사(忠烈祠)와 장군 묘소

조선 인조 때의 명장 충민공 임경업 장군을 모신 충렬사는 달천에서 수안보로 나가는 단월동 387-2번지에 있다. 임경업 장군의 영정을 봉안하고 봄과 가을에 제향하는 사당인 충렬사는 1697년(숙종 23)에 건립되었다. 1727년(영조 3)에 사액(賜額)된 이래 수차례 보수되었다. 1791년(정조 15)에는 왕이 친히 「御製達川忠烈祠碑」라는 글을 지어 비석을 세웠다. 1870년(고종 7) 사원 철폐령에도 유지된 전국 47개 서원 중의 하나였다. 사당은 목조 기와지붕 3칸의 맞배지붕이고 강당은 목조 팔작기와지붕의

역사도시 충주의 발자취와 기억

10칸이었으나 건물이 퇴락하고 규모가 작아서 정부는 1978년에 완전 해체하여 중건하고 기념관도 새로이 건립하였다.

　유물전시관에는 장군의 〈유상(遺像)〉·〈교지(教旨)〉·〈유필(遺筆)〉·〈추련도(秋蓮刀)〉·〈충렬사현판〉 등이 전시되어 있다.

충렬사 안내도

　충렬사 외에도 살미면 세성리에는 임경업 장군 사우(祠宇)가 있다. 평택 임씨 종중에서 관리하고 있는 사우는 1688년(현종 9)에 창건되었으며 1984년에 중건하였다. 사당 좌측에는 임경업 장군이 청나라로 압송되다가 탈출한 뒤 대신 청에 끌려가 고문에 시달리다가 자결한 전주 이씨의 충절을 기리는 충렬비가 있다.

　충렬사에서 나와 단월교를 건너 좌회전하여 마을 쪽으로 들어온 다음 갈비봉으로 비탈길을 굽이굽이 돌아 오르면 정상 부근의 풍동 산1번지에 있는 임경업 장군 묘역에 도달할 수 있다. 임경업 장군의 묘역은 1982년 5월 묘역 정화사업을 하면서 오늘의 모습을 갖추게 되었다. 묘는 부인 전주 이씨와 합장묘이며 화강암으로 둘레석을 둘렀다. 1984년 12월 31일 충청북도 기념물 제67호로 지정되었다.

대림산과 달천의 임경업 장군 전설

임경업 장군에 대해서는 1791년(정조 15) 임경업의 시·유문·행장·제문 등을 수록한 『임경업실기』와 무용담을 소재로 한 소설 『임경업전』이 있다. 속리산과 서해안 연평도에는 임경업과 관련된 수많은 전설이 전하고 있다.

강변로 중간 부분에 가파른 기암절벽이 펼쳐져 있는데 정심사 산신각 부근이 임경업 장군이 무예를 닦은 삼초대(三超臺)이다. 임경업장군은 매일같이 삼초대에 올라 무술을 연마했는데 암벽의 높이가 100여 척이 넘는 곳을 세 발짝에 오르고 세 발짝에 내렸다는 전설이 있다. 그 외에도 의심바위, 말길 등의 전설이 전해지고 있다.

삼초대 아래 강변에 의심바위가 있는데 임경업 장군이 용이 되려다 저주에 의해 용이 되지 못한 이시미의 꼬리를 잡아 휘돌리다가 바위에 태기를 쳐서 죽여 버렸다고 한다. 이때 바위에 이시미를 태기친 흔적이 남아 있어 사람들이 이것을 보고 이시미바위라고 불렀다고 한다.

대림산 정상 봉수대에서 서쪽 달천 방면으로 능선이 연결되어 있고 산마루 벗어나 능선과 수평으로 넓은 길이 형성되어 있는데 마을 사람들은 이 길을 말길이라고 부른다. 임경업 장군이 이 길을 따라 말을 타고 달리면서 무예를 연마했다는 전설이 전해지고 있다.

5. 단호사 철불과 3층석탑

단호사

단월동 455번지에 위치한 단호사는 고려시대 양식의 3층석탑으로 보아 고려시대 또는 그 이전에 창건된 것으로 추정되나 자세한 내력을 알 수 없다. 『예성춘추』에는 단호사가 조선 숙종(1675-1720) 때에 창건되었고 절의 이름이 약사(藥寺)라고 기록되어 있다. 단호사에 전해 내려오는 목판본에 의하여 조선 후기 사찰 연혁의 대략을 알 수 있다. 1770년(영조46) 8월 동민(洞民)들의 도움과 시주로 단호사에 불사가 있었고 11월에는 불상을 이운하고 탁자(卓子)를 조성하였다. 1802년 5월(순조 2)에는 단월촌의 뜻있는 사람들의 시주로 약사전(藥師殿)을 수리하였다. 1816년(순조 16) 8월에는 후불(後佛)을 중수하고 사찰명이 송림사(松林寺)로 변경되었다(정영호, 1977:117-119).

해방되던 해인 1945년 9월 단호사를 매입한 김수월 스님이 대웅전을 수리하고 중창하면서 현재의 모습을 갖추게 되었다. 단호사의 사찰명과 전

단호사

각 명칭에 '약사(藥寺)'와 '약사전(藥師殿)'이 보이는 것으로 보아 질병을 치료하고 재앙을 막기 위한 신앙이 오랜 시간 행해진 사찰임을 알 수 있다. 대웅전에는 약사전(藥師殿) 현판이 걸려 있었으나 2002년 중건하면서 대웅전 현판을 걸었다.

철조여래좌상

대웅전에는 철불좌상이 모셔져 있는데 고려 전기에 조성된 것으로 추정되며 보물 512호로 지정되어 있다. 불상의 머리카락은 소라 껍질처럼 꼬불꼬불한 모양이고 이마에는 새로 만들어 끼운 백호가 있다. 눈썹은 크게 호를 그리며 길게 표현되어 있고, 반쯤 뜬 긴 눈은 굴곡을 이루면서 얼굴 측면까지 이어져 위로 치켜 올린 형태이다.

단호사 철조여래좌상

인중은 크고 입술은 두터운 편이어서 중후하고 엄격한 느낌을 준다. 법의(法衣)는 부드러운 곡선을 이루면서 양 어깨 너머로 넘겨져 후면에도 주름이 조성되었다. 결가부좌한 양 무릎에도 옷의 주름이 표현되어 있다.

대웅전의 주존불인 철불좌상의 본래의 위치가 현재의 단호사인지 아니면 다른 곳에서 옮겨온 것인지는 알 수가 없다. 철불좌상에 대해서는 일제강점기인 1917년에 조선총독부에서 발간한 『조선고적도보』 제5책에 「단호사 약사전 철불 석가여래좌상」이라고 기록된 것이 처음이다. 일본인들의 조사 당시에는 철불이 약사전에 보존되어 있었다. 해방 이후 조사할 때에는 금박(金箔)을 입혔고 부분적으로 철색이 노출되어 있어서 철불이라는 것을 쉽게 알 수 없었으며 철불의 수인(手印)도 결실되어 있었다.

6.25전쟁으로 피난을 갔다가 돌아오니 철불이 법당에 방치되어 있었는데 불상 하부 원 모양의 구멍 내에서 철제 양 수인을 발견하였으나 이 수인도 부분적으로 파손되어 있어 원래대로 하부의 원공내(圓孔內)에 복장하는 것이 좋겠다는 신도들의 의견에 따라 원래의 원공내에 넣고 불상을 봉안하였다. 1969년 7월 18일 보물 512호로 지정되면서 원상 복원하여 보존되고 있다. 단호사 철불좌상은 높이 130cm, 무릎 너비 97.5cm로 높이 98 cm, 무릎 너비 84cm의 대원사 철조여래좌상과 크기에 있어 차이가 있을 뿐 형식과 조각 기법이 유사해 동일한 제작자에 의해 조성된 것으로 추정하고 있다(정영호, 1977:126-133).

삼층석탑

대웅전 앞뜰에 위치한 삼층석탑은 고려 중기에 조성된 것으로 추정되며 충청북도 유형문화재 제69호로 지정되어 있다. 삼층석탑은 현 위치가 원위치로 추정되기 때문에 비록 기단의 일부분이 매몰되어 있고 파손된 부분이 존재하지만 전체적으로 설립 당시 양식을 알 수 있고 사찰의 역사를 살펴볼 수 있는 중요한 유물이라고 할 수 있다.

일제강점기에 작성된 『조선고적조사보고서(朝鮮古蹟調査報告書)』에는 '읍남약사전 삼층석탑 신라(邑南藥師殿三層石塔新羅)'라고 기록이 있

어 통일신라시대 작품으로 보고 있으나 고려시대 석탑이기에 일본인들의
오류이다. 삼층석탑은 높이 2.14m의 비교적 소형 석탑이며 부분부분 시
멘트로 처리되어 있으나 비교적 완전한 형태로 보전되어 있다고 할 수 있
다. 각 지붕돌은 두껍고 투박한 모습으로 경사면이 급하게 처리되어 있
고, 밑면에는 3단씩의 받침을 두었다.

단호사 삼층석탑

현재의 삼층석탑은 기단면석 이하가 매몰돼 있어 하층기단이 있는지
아니면 지대석뿐인지 알 수 없다. 석탑이 전체적으로 정연한 결구 수법을
보이고 있는 것으로 보아 2층 기단으로 마련되었을 가능성도 있다. 이 탑
을 3층 석탑으로 보고 3층 옥개 위에는 노반(露盤)이 있는 것으로 생각해

왔으나 최근에는 노반이 아니라 3층 옥개에서 4층 탑신면의 우주가 각출되어 있는 것으로 보고 5층 석탑일 가능성이 제기되고 있다.

대웅전 앞에는 기이한 소나무가 있는데 수령은 500여 년이고 높이 8.5m, 둘레는 2.1m이며 보호수로 지정되어 있다. 거대한 노송이 누워서 잠을 자는 듯하기도 하고, 하늘로 용솟음치려는 듯한 형상이기에 오랜 기간 건강과 행운을 위한 기도와 신앙의 대상이었다.

제5장

동문 밖의
역사와 기억

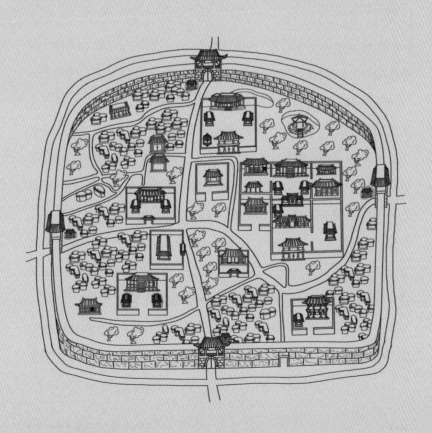

동문 밖의 경관과 마을

1. 동문과 마을

동문의 위치 문제

충주 읍성의 동측 성벽은 관아6길로 은하전기조명(사직로 235)에서 충주문화회관에 이르는 구간으로 거리는 약 200m이다. 조선 후기에 발간된 『여지도서』(1759)에는 북문루, 남문루, 서문루에 대한 기록은 있으나 동문루에 대한 기록이 없어 연구자들 중에는 충주 읍성을 4대문이 아닌 3대문으로 기록한 경우도 있다. 그러나 비변사등록(정조 15년 4월)에 "성터 주위 9백여 보의 담이 무너지고 성가퀴가 훼손된 것이 있습니다. 비록 남문 북문 서문의 삼문(三門)이 있다 하더라도 누각 망루의 모양을 이루지 못하였고 동문은 무너져 평지가 되었습니다."라고 기록되어 있는 것으로 보아 동문은 원래 존재하였으나 무너져 오랫동안 성문의 형태를 갖추지 못했기 때문에 여지도서에서 삼문만을 기록한 것임을 알 수 있다.

조선 후기 충주 읍성의 개축 논의가 있었으나 이러저러한 이유로 읍성의 개축은 이루어지지 않았다. 1869년(고종 6)에 읍성이 대대적으로 개축되면서 동문이 복원되었고 조양문(朝陽門)이라는 편액을 걸었다. 문루는 정면 4칸, 측면 2칸의 팔작지붕이었다.

동문의 위치에 대하여 『예성춘추』(1959)에는 "충주지방법원 충주지청 앞 동측가도 중에 있었으며 수문청 3칸은 월편(越便)에 소재하였다."라고 기록되어 있다. 충주중원향토지리지(1993)에는 "충주문화회관 후문 동쪽의 성내동 191-3번지 현 한성갈비집 서쪽 가도 중에 위치."라고 기록하였다. 이후 대부분의 조사와 연구에서 동문의 위치를 문화회관 후문 부분으로 비정하고 있다.

그런데 2012년 구술채록 과정에서 만난 김영호 어르신은 동문이 문화회관 옆 대신건재상사(중앙로 132) 네거리에 있었다고 증언하였다. 1924년에 성내동에서 태어나 평생을 이곳에서 생활하신 김영호 어르신은 8살 무렵인 1931년경에 아치형의 홍예 부분만이 네거리에 남아 있었고 친구들과 홍예 위에 올라가 놀았는데 몇 년 후에 사라졌다는 구체적이고 생생한 기억을 하고 있었다. 일제가 1913년부터 1916년에 걸쳐 시구개정을 통해 충주 읍성을 철거하였지만 1930년 중반까지도 도시 외곽 곳곳에 읍성의 성돌과 부자재들이 남아 있었기 때문에 의미있는 증언이라고 할 수 있다. 대신건재 네거리에 동문이 위치하였다는 주장은 읍성의 형상, 도로와의 연결성, 증언 등을 고려할 때 후문설보다 더 설득력이 있는 것으로 보인다.

문화회관 뒤편 마을에서 태어나 평생을 살아오신 황병석 어르신은 1960년대 초반까지도 읍성 동측 성벽이 존재했다고 증언하였다. 1960년대까지만 해도 문화회관 동측 부근은 지금과 같이 평평한 지형이 아니고 낭떠러지가 형성되어 었었다고 한다. 낭떠러지 아래에 작은 도로가 있었고 그 작은 도로를 따라 문화회관 쪽 벽면에 커다란 돌로 규칙적으로 쌓은 성벽이 있는 것을 보았다고 회고하였다. 작은 도로 옆으로 논이 있었는데 인근 주민들이 논에 연탄재를 마구 버리자 논 주인이 매립하면서 성벽도 같이 묻혔고 그 위에 주택들이 들어섰기 때문에 주택 아래에 성벽이 묻혀 있다고 증언하였다. 1930년대 지적도에도 성벽이라고 말씀하시는 부분이 국유지로 표시되어 있어 성벽의 존재 가능성이 높은 것이 사실이다. 성벽을 확인하고 성문을 연결한다면 역사복원을 통해 도시의 명소로 자리매김할 수 있기 때문에 성벽 존재 여부에 대한 심층적인 조사와 연구가 필요한 실정이다.

동촌마을

조선시대 읍성 내에서 동문을 통해 성 밖으로 연결된 도로를 따라 민가가 형성되고 마을이 자리 잡았는데 동문 밖에 있는 마을이라는 의미에서 동부리 또는 동촌이라고 하였다. 도시의 주 도로인 남문과 북문으로 연결하는 도로를 따라 진영, 연원역 등의 관아가 배치되면서 남북 축선으로 도시가 확대되고 인구가 증가하였다. 서문 밖으로도 도로를 따라 도시시설이 연결되고 시장이 설치되면서 시가지가 발달한 반면 동문 밖의 마을 동부리(東部里)는 도시의 발달이 다소 지체되었다.

『여지도서』(1759)에는 도시 지역 동부리에 대해 "관문의 동문 밖 마을이며, 편호는 127호이고 남자 226명, 여자 355명."으로 기록되어 있으나, 『충청도읍지』(1780), 『호서읍지』(1870) 등에는 도시 지역에 포함되지 않은 것으로 보아 마을이 침체되어 있음을 알 수 있다. 동촌은 교현천과 용산동으로부터 남북으로 흘러 교현천으로 들어가는 개울 사이에 마을이 있다고 하여 섬말 또는 도촌(島村)이라고 불렀다. 해마다 큰 비가 오면 침수와 범람이 반복되는 생활 조건도 다른 성문 밖의 지역보다 동문 밖의 성장을 저해하는 요인으로 작용했을 것으로 보인다.

그럼에도 불구하고 동촌마을은 읍성의 관아와 향교가 인접하고 조선후기 상업로로 발달한 봉화로(奉化路)가 통과하고 있었기 때문에 사회적 문화적으로 좋은 입지 조건을 갖추고 있었다. 봉화로(奉化路)는 숭례문을 출발하여 광주-이천-음죽-장호원-가흥-목계로 연결되었고, 북창나루를 건너 충주 읍성의 북문 앞에 도달하였다. 좌로 우회하여 북측 성벽과 동문을 지나 마즈막재를 넘어 살미-한수-청풍-단양-죽령-경상도 풍기로 이어졌다. 충주 읍내에서 물건을 판매하거나 구입하고자 하는 경우 성내장이나 서문외장에서 장을 보고 동촌을 거쳐 한수, 청풍, 단양, 경상도 지역으로 왕래하였기 때문에 비교적 인적 물적 교류가 활발한 지역이었다. 동촌마을 동편으로는 5리에 어림, 10리에 안심, 범의, 15리에 종당, 기동 등의 마을이 있었다. 그러나 지금은 도시의 확장과 지형의 변형으로 정확히 동촌마을이 어디까지인지 확인하는 데 어려움이 있는 것이 사실이다.

2. 교현천을 따라 마즈막재를 넘어

교현천

금봉산 동쪽 기슭에서 발원하는 교현천은 계명산에서 내려오는 물을 받아들이고 용산에서 내려오는 냇물과 합수한 다음 합수머리 부근에서 충주천에 합류하는 약 4㎞ 거리의 도심하천이다. 충주 읍성의 북단을 흘러가는 교현천은 「충주목지도」(1872)에는 염해천(鹽海川)으로 표시하고 있는 것으로 보아 교현천의 옛 지명이 염해천임을 알 수 있다.

이 지역에는 염바다와 관련된 전설이 있다. 예전에 큰 연못에 거대한 지렁이가 있어 인근의 사람과 동물이 죽는 피해를 입었으므로 소금 수백 포를 사다가 연못에 넣어 지렁이를 퇴치했다고 한다. 연못이 매립되고부터 '소금을 넣은 곳'이라고 하여 염바다라고 불렀다고 한다. 염바다와 관련된 전설이 지역에 널리 퍼져 있는 것으로 보아 염해천은 오랜 시간 동안 선조들에 의해 불리고 전해져 내려온 지명임을 알 수 있다. 일제강점기인 1914년 행정구역개편으로 교동과 야현의 지명에서 한 자씩을 따서 교현리라고 하였다. 이후 염해천 대신 교현천으로 불렀기 때문에 잊혀졌지만 염해천이라는 지명이 더 애착이 가는 것은 어찌 보면 당연한 일인지도 모르겠다.

일제의 식민지배가 극성을 부리던 1930년대 초반 일제는 홍수피해의 위험이 우려된다면서 궁민 구제사업의 일환으로 교현천 개수공사를 시행했다. 곡선인 교현천을 직선화하고 홍수방지 조치를 취한 사업은 1931년 12월 완료됐다. 일제가 대공황 이후 사회적 위기를 타개하기 위해 시행한 빈민대책인 궁민 구제사업에 빈민층이 적극 참여하였지만 지불되는 임금이 생활비에 미치지 못했기 때문에 빈민구제 효과는 미미했다. 1929년 일제는 교현천에 보를 쌓고 도수로(導水路)를 통해 용수를 끌어들여 지금은 매립된 대가미 저수지를 확장했다.

동문을 나선 봉화로는 교현천을 따라 동촌1길-안림성당 뒷길-어림5길을 따라 낮은 평지를 오르게 된다. 봉화로는 어림5길 끝부분에서 만난 큰길 안림로에 합류하여 마즈막재로 향하면서 금봉산 기슭에서 내려오는 교현천과 헤어지게 된다. 교현천 주위에는 발원지인 금봉산과 계명산 일대에 넓은 들판이 형성되어 있고 염바다에 대한 전설뿐만 아니라 백제 문주왕이 수도를 옮기기 위해 행차했다는 어림(御臨) 마을에 관한 전설이 전해지고 있다.

마즈막재를 올라가는 중간 부분에 약막마을이 있다. 조선 후기 한센병과 속병에 걸린 젊은이가 이곳에 나는 물로 목욕을 하고 피부병과 속병을 고치자 막(幕)을 짓고 살았으므로 약막이라고 부르게 되었다고 한다. 의

약막비문

학의 손길이 미치지 않던 전근대사회에서 자연의 힘에 의한 질병 퇴치는 하늘이 내려준 축복이라고 할 수 있다. 물의 효험이 입에서 입으로 전해져 사람들이 모여들고 큰 마을이 형성되었다. 그래서인지 금봉산과 계명산의 산 중간 마을임에도 약막 마을 가구 수가 1950년대에는 180여 가구였고 최근에도 120여 가구라고 한다. 어림과 약막은 한말 의병전쟁 당시 의병과 일본군의 추격전 과정에서 마을의 일부 주택이 불에 타는 피해를 입기도 했다.

마즈막재

마즈막재는 계명산과 금봉산 사이의 거대한 협곡에 형성된 고갯길이다. 마즈막은 계명산의 옛 지명이 심항산이며 마음 심(心) 자와 목 항(項) 자를 쓰는데, 마음을 '마슴'이라고도 했기에 '마슴목'이라고 불렸던 것이 '마스막', '마즈막'으로 변했다고 한다.

신라 제8대 아달라 이사금 3년(156)에 계립령이, 그리고 5년(158)에 죽령이 열리면서 경상도에서 충청도의 충주를 거쳐 한양으로 연결되는 도로망이 형

마즈막재

성되었다. 경상도 지방에서 죽령을 넘어 단양, 청풍, 한수, 살미를 한강을 따라 걷다가 마즈막재를 거쳐 충주 읍내에 이르고 육로와 수로를 통해 한양에 연결되는 이 길은 고대로부터 인적·물적 교류 및 문화를 전파하는 중요한 기능을 수행했다. 고구려군이 마즈막재와 죽령을 넘어 신라 공략에 나섰으며, 역으로 신라가 한강 유역의 충주를 차지하기 위해 죽령과 마즈막재를 넘어 공격해 온 침략로이기도 했다. 몽고군의 이동로이며, 임진왜란 당시에는 가등청정(加籐淸正)의 일본군 제2군의 공격로이기도 했다.

마즈막재는 조선 후기 9대로의 하나인 봉화로가 상업로로 발달하면서 장꾼들이 넘어야 하는 고개였다. 경상도와 단양, 청풍 지역의 소몰이꾼들뿐만 아니라 살미·한수·수산·덕산·청풍·단양과 경상도 지방의 농민들도 소를 팔거나 사기 위해 큰 시장인 충주 읍내장을 마다하지 않았기에 마즈막재는 상인, 주민들의 이동이 끊이지 않았다.

조선 후기 전래된 천주교는 제사를 부정하는 등의 사회문제로 인해 탄압의 대상이었다. 충주목이 관할하는 단양·제천·괴산·청풍·영춘뿐만 아니라 경상도 지역의 천주교 신자도 충주 진영(鎭營)의 포교들에 의해 체포되어 압송되었다. 마즈막재를 넘으면 다시는 살아서 고향에 돌아가지 못한다고 해서 마즈막재라는 지명이 생겼다는 전설이 있다. 또한 지역의 의병들이 마즈막재를 넘어 읍내 탈환에 나섰다가 일본군에 밀리면서 후퇴해야만 했던 통한의 고개이기도 했다.

일제강점기에는 일제에 의해 경상도 지역과 연결되는 이화령고개가 활성화되었으나 일반 주민들은 계속해서 기존의 도로를 이용했기 때문에 봉화로의 이용률은 커다란 변동이 없었을 것으로 보인다.

해방 이후 마즈막재를 넘어 활석 운반 트럭이 비포장도로를 먼지를 일으키면서 질주하는 모습은 오랫동안 기억에 남는 풍경이었다. 경상도를 넘어 단양·청풍·한수·살미 등에서 오는 주민들의 편의를 위해 200m에서 300m 거리에 주막이 생겼으며 마즈막재 마루에도 주막이 생겨 손님을 맞기도 하였다. 일정 거리에는 소 등의 가축과 함께 하룻밤 쉬고 갈 수 있는 마구간이 있는 주막이 영업을 하고 있었다. 1960년 말경부터 버스운행이 활성화되면서 마즈막재는 점차 위축되었다. 1986년 충주댐이 준공되면서 고대로부터 꿈과 희망을 가슴에 품고 넘던 마즈막재, 그리고 끝없이 펼쳐졌던 봉화로와 남한강의 전설은 잠시 잠들게 되었다.

독립운동가 오언영 선생과 만리산

1. 오인탁 오언영 부자의 독립운동

오인탁(吳仁鐸) 선생의 계몽운동

오인탁은 1867년 1월 5일 경기도 가풍군에서 태어났다. 외국어 교육을 목적으로 설립된 동문학(同文學)에서 수학하고 1886년 2월 졸업하였다. 동문학은 개항 이후 외국과의 교섭이 활발해지자 외국어 통역관 양성의 필요성에 의해 통상사무아문의 부속기관으로 설립되었다. 통역이나 교섭에 관한 기본적인 지식을 습득하였을 뿐만 아니라 외국의 정치·역사·지리·종교·군제 등을 교육받았다.

동문학을 졸업한 오인탁은 1887년 9월 제중원 주사로 임명되었다. 제중원은 통리교섭통상사무아문 산하의 최초의 서양식 국립병원이었다. 초창기 제중원에는 동문학 출신의 외국어에 능숙하고 서양 사정에 정통한 젊은 관리들이 주사로 임명되었다. 이어 내부에 두었던 주임관인 시찰관(內部視察官)으로 활동하였다. 1899년 1월 16일 내부시찰관을 면직하고 1900년 5월 주임관 3등 정3품 궁내부 참리관이 되었다. 궁내부 참리관은 외국어 번역과 통역업무를 관장하던 문관을 말한다. 1900년 8월에는 고종황제의 명을 받고 천진연합군(天津聯合軍)을 위문하기 위해 청에 파견되었다. 창룡호에 쌀 1천 석, 보리 1천오백 석, 담배 2천5백 갑을 싣고 인천항을 출발, 중국 천진에 도착하여 위문품을 전달하고 8월 18일 인천항으로 돌아왔다.

관직에서 물러난 후 애국계몽운동에 참여하였다. 제국주의 침략에 대항하여 국권을 회복하기 위해서는 민족 역량을 결집하는 것이 필요하다는 인식하에 애국계몽운동 단체가 결성되었다. 1906년 3월 설립된 대한자강회는 헌정연구회를 모체로 하며 국권 회복을 궁극적인 목표로 삼고 교육과 식산 발달을 통하여 실력양성을 추구하는 구국단체였다.

오인탁은 대한자강회의 간사원, 평의원으로 활동하였고 교육사업에 적극적으로 참여하였다. 대한자강회가 고종 퇴위에 반대하여 시위를 했다는 이유로 1907년 8월 강제해산되자

학교 설립 운동(대한매일신보, 1910. 4. 29)

대한자강회를 계승하여 대한협회가 설립되었다. 오인탁은 대한협회에 참여했다. 학교 설립과 운영에 적극적으로 참여했는데 인창학교, 장통학교, 장훈학교, 파성학교 등이 대표적이다. 특히 장훈학교의 경우에는 교감을 역임하신 것으로 보아 학교 설립과 운영에 많은 노력을 기울였음을 알 수 있다.

오언영(吳彦永) 선생의 독립운동

오언영(吳彦永)은 1901년 5월 12일 경성에서 부 오인탁과 모 전 씨 사이의 1남 5녀 중 장남으로 태어났다. 보성학교에 입학하여 1918년에 졸업했다. 보성학교는 대한제국 군부대신을 역임한 이용익이 고종으로부터 '보성'이라는 교명을 하사받아 "학교를 세워 나라를 떠받친다."라는 건학 이념에 따라 1906년 설립한 민족사학이다. 오언

오언영 선생

영은 보성학교를 졸업한 이후 아버지 오인탁을 따라 충주에 정착했다. 충주에 정착하고 얼마 되지 않은 시점인 1918년 10월 24일 충주군 용산리에 사는 김재규(金在奎)와 배순정(裵順貞)의 여식 김계경(金季卿)과 결혼하였다. 낙안 김씨 가문과는 오랫동안 친분을 맺어 온 집안이었기에 충주에 정착한 이후 혼인이 이루어진 것으로 보인다.

오언영은 이주 후 충주간이농업학교에 입학하여 공부하였고 이곳에서 자신의 일생을 가름하는 운명과 만나게 되었다. 간이농업학교는 일제가 실업교육을 장려한다며 설립하였지만 실제로는 식민정책의 하급 기능 요원을 양성하는 데 목적이 있었다. 충주간이농업학교에는 류자명 선생이 수원농림학교를 졸업하고 교편을 잡고 있었다. 1919년 3월 1일 서울에서의 만세운동 소식이 지방으로 전해지면서 민심이 동요하고 만세운

동 분위기가 고조되었다. 3월 10일경 호암리 범바위에서 열린 충주간이 농업학교 졸업 기념 야유회에서 교사 류홍식(류자명)과 학생 오언영·장 천석·유석보 등이 3월 15일경에 충주 장날을 이용하여 간이농업학교 학 생과 충주공립보통학교 학생들이 예수교 측과 협의하여 만세운동을 벌이 기로 하였으나 밀고로 실패하였다. 이로 인해 류자명 선생은 일본 경찰의 감시를 피해 중국으로 망명하였다.

4월 8일경에는 중국 상해에서 돌아온 김종부, 서울신학교에 재학 중인 장양헌, 간이농업학교의 오언영, 금가면 도촌리의 최명회 집사 등이 칠금 리 권중수의 집에서 충주공립학교 학생들을 동원하여 많은 사람들이 모 이는 충주 장날에 만세운동을 벌이기로 하였으나 일본 경찰에 발각되어 체포되었다. 보안법 위반으로 재판에 회부되어 오언영, 장양헌, 최명회는 징역 6월을 김종부는 징역 8월을 선고받아 서대문 형무소에서 옥고를 치 뤘다. 복역 이후 일제의 감시와 탄압으로 고초를 겪었고 정상적인 사회생 활이 곤란하게 되었다. 이는 독립운동에 참여한 선열들이 감내해야 하는 고난과 아픔의 길이었다.

오언영은 충주청년회와 신간회 충주지회 등에서 민족운동에 참여했다. 익우회, 재만동포위문회에서 활동하였고, 『중외일보』, 『시대일보』 등의 충 주지국 기자로 활동하였다.

정부는 오언영 선생의 공훈을 기려 2006년 건국포장을 추서하였고, 2007년 국립현충원에 안장되었다.

과수원 경영과 충주에서의 삶

『매일신보』(1916. 10. 3)의 기사에는 오인탁 선생이 고향인 가풍군으로 이사하는 것으로 기록되어 있으나 1916년 경성 장사동(長沙洞)에서 제천군 금성면 하천리로 이사하였다가 1917년 충주읍 안림리 1058번지에 정착했다. 충주로 낙향한 이후 오인탁은 3만여 평이 넘는 사과 과수원을 일구고 경작하였다. 오인탁 선생의 경성에서 충주로의 이주는 도피나 여가를 위한 것이 아닌 농업의 개량과 발전을 위한 것이었다. 관료 생활을 하면서도 농업에 관심을 갖고 활동을 하였기 때문에 농업 경영은 어찌 보면 당연한 과정이라고도 할 수 있다.

충주에 정착한 1910년대 말부터 사과를 경작하였기 때문에 오인탁은 조선인으로는 초기 경작인이라고 할 수 있다. 충주 읍내에서 벼슬한 사람은 칠금리 옷갓골 권승지와 안림리 오참리가 있었기에 지역사람들은 안림리 오참리 댁이라고 불렀다. 해방 후 백발의 오인탁이 미군이 주둔하고 있는 일본인 학교(후에 사범학교가 됨) 앞에서 미군들과 영어로 대화를 나눠 충주 시내에 화제가 되기도 하였다. 오인탁은 1946년 5월 80세로 타계했다. 오인탁 선생의 묘소는 과수원에 있었는데 충일중학교가 설립되면서 학교 부지에 편입되자 유골을 화장해서 남한강에 뿌렸다.

해방 후 가세가 기울면서 1954년 충주의 집과 재산을 정리하고 청주로 이주하였다가 1960년에 서울에 정착하였다. 오언영 선생은 1971년 서울 화곡동에서 타계했다.

오인탁 부자가 충주에 낙향하여 거주했던 안림리 1058번지의 한옥집과 농기구 저장소, 그리고 과수원은 모두 사라지고 아파트와 주거지가 되었다.

오언영 선생 집터―엘지아파트 105동과 106동 사이에 한옥집과 농
기구 창고가 있었다.

2. 만리산과 일본인 공동묘지

만리산

만리산은 향교마을 뒤편에 있으며 교현동에서 안림동으로 넘어가는 경
계에 위치하고 있다. 만리산은 높지 않음에도 읍내를 한눈에 볼 수 있고
편안함을 주기 때문에 주민들에게 선호의 대상이었다. 산줄기는 동편에

서 서편으로 뻗어 있으며 동편이 다소 높은 지대가 형성되어 있는 반면 서편의 향교와 교현초등학교 뒤편은 낮은 구릉지로 연결되어 있는 것이 특징이다. 만리산을 남북으로 가로질러 통과하는 갱고개는 향교 마을과 연수동 방면을 연결하는 교통로로 오랜 기간 이 지역 주민들의 삶에 중요한 역할을 수행했다. 향교마을에서 지금의 충일중학교 동편으로 넘어가는 만리재는 안림동 방면으로 연결되어 있었다. 최근에는 아파트와 주택단지가 형성되어 옛 흔적은 찾아볼 수가 없다.

만리산은 북쪽으로부터 불어오는 바람을 막아주기 때문에 예로부터 만리산에 기대어 남향하는 대규모 주택단지가 형성되었다. 만리산에는 윤달이 드는 해 봄에 산에 오르면 3년간은 유행병이 걸리지 않는다는 전설이 있어 예로부터 윤달이 드는 해 봄이면 남녀노소 많은 사람들이 찾았고 그 행렬이 끝없이 이어졌다고 하여 만리재라고 불렀다.

충일중학교 북쪽 만리산 정상 부분에는 일제강점기 향교 앞에 살았던 대뢰유평(大瀬由平)이라는 일본인이 경영하는 과수원이 있었다. 과수원이 있던 교현동 164번지 일대는 현재 공동주택단지로 변모하였다. 교현동 산16번지에는 1960년대에 창건된 만리사(萬里寺)가 있었으나 최근에 폐사되었다.

일본인 공동묘지

도심 인근에 위치하고 따뜻한 볕이 드는 만리산을 일본인들이 눈여겨보고 취하는 것은 그들의 입장에서 보면 당연하다고 할 수 있다. 일본인들이 언제부터 충일중학교 자리에 공동묘지와 화장장을 조성하고 그들이 영구히 잠들 터전으로 삼았는지는 알 수 없다. 일본인들이 이주 후 거류민회를 만들거나 학교조합을 설립하고 가장 먼저 시작하는 사업 중의 하나가 공동묘지이기 때문에 이주 초창기에 만들어졌을 것이라는 추정이 가능하다.

1904년 러일전쟁을 전후하여 충주로 본격적으로 이주하기 시작한 이주 초기 일본인들 중에는 일확천금을 노리고 조선으로 건너왔던 사기꾼, 협잡꾼, 실업자 등이 많았다. 돈이 되는 일이면 수단과 방법을 가리지 않았던 이들은 돈을 벌어 일본으로 돌아가기를 꿈꿨다. 그러나 1920년대에 접어들어 식민지배가 어느 정도 안정을 찾으면서 일본으로 돌아가기보다는 조선 땅을 그들이 영구히 살아갈 터전으로 생각하는 자들이 늘어났다. 식민지에서 관료, 교사, 경찰 등을 마치고 일본으로 돌아가는 자들도 있었으나 자신들이 식민지 충주 발전의 은인이며 개척자이고, 근대화를 이룩했다는 착각에 빠져 식민지 충주에서 생을 마치고 영구히 묻히고자 했던 황당하고 오만한 자들도 많았기에 공동묘지 조성은 꼭 필요한 사업이었다. 일제강점기 공동묘지 인근에 거주했던 사람들은 고약한 냄새가 진동했던 일본인 공원묘지와 화장장을 기억하고 있었다.

해방 후 살아남기 위해 도망가기 바빴던 일본인들은 자신들의 부모나 친척 묘를 신경 쓸 겨를이 없었다. 관리가 안된 상태로 방치되어 있던 공동묘지는 1951년 9월 충일중학교가 설립 인가되고 충주농업학교 부속 건물에서 개교하면서 새로운 국면을 맞이하게 되었다. 충일중학교는 1964년 충주시 안림동 산1번지 옛 일본인 공동묘지 터를 충일중학교 부지로 선정하고 교사를 신축하여 이전하기 시작하였으며 1967년에는 농업고등학교에서 안림동 현 교사로 완전히 이사하였다. 학교 설립 과정에서 일본인 공동묘지와 화장장은 모두 파헤쳐졌다. 묘비와 석자재는 파괴되고 흩어지면서 식민지 충주에서 영구히 잠들겠다는 그들의 소망은 산산조각이 났다.

　1979년경 일제강점기 충주에 살았던 일본인들이 인연이 있는 지역민들에게 연락을 하여 일본인 공동묘지가 어떻게 되었는지 문의했다고 한다. 오만하고 불손하기 그지없지만 그들에게는 천륜인지라 공동묘지와 화장장 자리에는 학교가 건립되었고 묘의 일부분을 연수동에 이장하였으며 두 개의 묘지를 조성했다고 애둘러 설명했다. 이어 연수동도 언제 개발될지 모르니 새로운 방안을 마련해야 한다고 했다. 일본인들과 상의 끝에 연수동 흙을 조금 가지고 가서 목행동 공원묘지에 위령비를 건립하는 것으로 의견이 모아졌고 2000년 일본인들이 참석한 가운데 위령비를 건립하였다. 일본인 이주자들을 침략자로만 생각했지 그들에게도 충주가 고향이거나 고향과 다름없는 타향이라는 것을 잊고 지내는 것이 일반적이다. 그럼에도 충주 출신 일본인들이 자신 또는 자신들의 부모 세대의 침략과 지배 그리고 조선인들의 고통과 아픔에 대해 사죄하고 참회했다는 얘기를 들은 적이 없다.

참고문헌

자료

『삼국사기』, 『고려사』, 『조선왕조실록』, 『승정원일기』, 『비변사등록』, 『신증동국여지승람』, 『여지도서』, 『충청도읍지』, 『호구총수』, 『대동지지』, 『호서읍지』, 『충주군읍지』, 『조선환여승람』, 『징비록』, 『상촌집』, 『택리지』, 『충주목지도』, 『동국문헌비고』, 『매천야록』, 『임원경제지』, 『최근지충주』, 『충주발전지』, 『충주관찰지』, 『충주발전사』, 『황색엽연초경작연혁사』, 『충청북도일반』, 『5군산업소개지』

『매일신보』, 『독립신문』, 『황성신문』, 『부산일보』, 『동아일보』, 『조선일보』, 『중외일보』, 『시대일보』, 『조선중앙일보』, 『조선총독부관보』, 『민중주보』, 『민중일보』, 『독립신문』, 『가정신문』, 『공업신문』, 『부인신문』, 『연합신문』, 『해방일보』, 『충북일보』, 『충주신문』

단행본

광주교육대학교 산학협력단(2019). 『『광주 친일잔재 조사』용역 최종보고서』.

권도웅(2014). 『건축설계 45년 변화와 성장. 남기고 싶은 자료들』. 기문당.

권순무(1993). 『충주중원향토지리지』. 수서원.

구완회외(2007). 『국역제천의병자료』. 유진인쇄출판사.

구완회(1997). 『한말의 제천의병 호좌의진 연구』. 집문당.

국립중원문화재연구소(2010). 『고대도시 유적 중원경』.

김대길(1997). 『조선후기 장시연구』. 국학자료원.

김동욱(2013). 『조선시대 건축의 이해』. 서울대학교출판문화원.

김동진(2017). 『조선의 생태환경사』. 푸른역사.

김상숙(2016). 『1946년 10월 대구 봉인된 시간 속으로 10월항쟁』. 돌베개.

김상현(1959). 『예성춘추』. 중원군교육구청.

김양식(2011).『근현대 충북의 역사와 기억』. 해남.

김영미(2020).『일제강점기 '오락문제'와 그 양상』. 경인문화사.

김예식(2006).『충주골이야기 성씨의 고향』. 수서원.

김현길(2011).『중원의 연구』. 수서원.

김현길(2012).『충주목 선생안』. 수서원.

류자명연구회편(2015).『류자명의 독립운동과 한·중 연대』. 경인문화사.

민족문제연구소(2009).『친일인명사전』. 친일인명사전편찬위원회.

박경자(2010).『조선시대 정원』. 학연문화사.

박만순(2018).『기억전쟁』. 예당.

상명대학교박물관(1997).『충주대림산성: 정밀조사보고서』. 상명대학교박물관.

서영일(2002).『충북의 고대사회』. 충북학연구소.

손정목(1977).『조선시대도시사회사연구』. 일지사.

손정목(1996).『일제강점기 도시 사회상 연구』. 일지사.

신복룡역(1999).『대한제국의 비극』. 집문당.

심지연(1991).『대구 10월항쟁연구』. 청계연구소.

안길정(2000).『관아를 통해서 본 조선생활사』. 사계절.

예성문화연구회(1997).『충주의 지명』. 충주시.

오영고(2007).『강원감영연구』. 원주시.

유종호(2016).『회상기 나의 1950』. 현대문학.

이경란(2002).『일제하 금융조합 연구』. 혜안.

이규수(2018).『제국과 식민지 사이』. 어문학사.

이기봉(2008).『조선의 도시, 권위와 상징의 공간』. 새문사.

이배용(1989).『한국 근대 광업침탈사』. 일조각.

이존희(1990).『조선시대 지방행정 제도 연구』. 일지사.

이태진(2002).『의술과 인구 그리고 농업기술』. 태학사.

이호철(2002).『한국 능금의 역사, 그 기원과 발전』. 문학과 지성사.

이희권(1999).『조선후기 지방통치행정 연구』. 집문당.

이희진(2014). 『우리 역사를 바꾼 전쟁들』. 책미래.

장기덕(1977). 『중원향토기』. 형설출판사.

전북대학교 산학협력단(2020). "전라북도 친일잔재 전수조사 및 처리방안 연구용역
　　　　　결과보고서".

전홍식(2010). 『일제침략과 강점기 충주지역사』. 한국학술정보.

정병욱(2004). 『한국 근대 금융 연구』. 역사비평사.

정재철(1999). 『일제침략과 한국철도』. 서울대학교출판부.

조병찬(2009). 『한국시장경제사』. 동국대학교출판부.

중원문화재연구원(2009). 『충주 탄금대 토성 I 』

최근영(2002). 『시련과 극복의 한국사』. 교우사.

최영준(1990). 『한국의 옛길 영남대로』. 고려대학교민족문화연구원.

최영준(1997). 『국토와 민족생활사』. 한길사.

최일성(2010). 『충주의 역사와 문화』. 백산자료원.

최종석(2014). 『한국 중세의 읍치와 성』. 신구문화사.

충북삼일운동백주년기념사업회(2017). 「충북삼일운동재조명」

충주교현초등학교100주년기념지편찬위원회(1996). 『교현개교100주년기념지』.

충주농고70년사추진위원회(2000). 『충농70년사』.

충주사범학교 동문회(1999). 『영원한충사인 사우』.

충주산업대학교(1995). 『충주산성2차발굴조사서』.

충주시(1986). 『충주시정30년사』.

충주시중원군(1995). 『충주중원지』.

충주시(2001). 『충주시지』. 충주시.

충주향교(2017). 『충주향교지』.

충청북도(1987). 『지명지(地名誌)』.

충청북도문화재연구원(2010). 『충주읍성학술조사보고서』.

한국역사연구회(2000). 『조선은 지방을 어떻게 지배했는가』. 아카넷.

허영란(2009). 『일제시기 장시연구』. 역사비평사.

허종(2003). 『반민특위의 조직과 활동』. 선인.

논문

구완회(2016). "을미의병기 호좌의진의 충주지역 활동". 「역사교육논집」 58.

고수환(2000). "조선후기 인구변동과 농업생산양식". 「사회과학논총」 12.

국원식(2000). "낙안읍성 안길의 특성에 관한 연구". 전남대학교석사학위논문.

김경림(1996). "1920년대 전기사업 부영화 운동". 「백산학회」.

김기덕(2002). "조선후기 충청도 관아 건축의 배치 체계". 청주대학교박사학위논문.

김기덕(2003). "조선후기 충청도 지방 읍치 공간 구조". 건축역사연구.

김기태(2003). "조선 사고(史庫)의 역사적 변천에 관한 연구". 「가천문화연구」.

김난주(2011). "일제강점기 향토오락 진흥정책과 민속놀이의 전개양상". 「비교민속학회」.

김대길(2012). "조선후기 장시발달과 사회·문화 생활변화". 「한국학」 35.

김명섭(2000). "재일 한인 아나키즘연구". 단국대박사학위논문.

김명우(2007). "일제 식민지시기 향교연구". 중앙대학교박사학위논문.

김민옥외(2020). "1920년대 한국 전통 줄다리기의 일본화와 지역적 전승". 「로컬리티
　　　　　　인문학」.

김민철(1994). "일제 식민지배하 조선경찰사 연구". 경희대학교석사학위논문.

김봉수(2013). "충주지역 천주교 전래와 순교지에 대한 고찰". 예성문화.

김성우(2016). "조선시대 감옥, 사형, 그리고 사형장의 변화". 「지방사와 지방문화」.

김성우(2013). "임진왜란 초기 제승방략 전법의 작동방식과 상주 북천전투". 「한국사
　　　　　　연구회」.

김상숙(2011). "농민항쟁의 측면에서 본 1946년 10월사건". 「기억과 전망」.

김시덕(2004). "에도후기 요미혼(讀本)의 임진왜란 서술 양상에 대하여". 「한일군사
　　　　　　문화연구」.

김여중(2013). "비보풍수의 유형과 기능에 관한 연구". 서경대석사학위논문.

김연희(2012). "전기도입에 의한 전통의 균열과 새로운 문명의 학습". 「한국문화」.

김일수(2004). "대구와 10월항쟁". 「기억과 전망」.

김재완(2000). "구한말~일제강점기 한강 중류지역에 있어서 교통기관의 발달에 따른 유통구조의 변화". 「한국지리학회지」 제6권.

김재완(2000). "경부선 철도 개통 이전의 충북지방의 소금 유통 연구". 「중원문화논총」

김재홍(2017). "충주 호암동 복합유적 고려시대 분묘 연구". 「한국중세고고학」

김종영(1988). "조선시대 관아건축연구". 단국대학교석사학위논문.

김종근(2011). "식민지 경성의 유곽공간 형성과 근대적 관리". 「문화역사지리」

김종혁(2001). "조선후기 한강유역의 교통로와 시장". 고려대박사학위논문.

김종혁(2009). "유역으로 본 문화권". 「역사문화학회」

김천욱(1999). "한국 자동차 공업사초". 「자동차공학회지」

김철웅(2003). "조선초기 사전(祀田)의 체계화 과정". 「학술저널」

김현길(2011). "임란의병장 조웅고". 『중원의 연구』

김희정(2014). "조선후기 홍주목 읍치의 도시구성 특성에 관한 연구". 충남대박사학위 논문.

노병식(2014). "충주지역 신라 축성의 변화". 「중원문화연구」

문재우(1997). "조선조의 지방행정제도에 관한 연구". 「한국행정학회지」

박석현(1979). "충주향교의 외부공간 고찰". 「한국교통대학교논문집」

박현규(2017). "명장 오유충의 충주「吳總兵淸肅碑」고찰". 「이순신연구논총」

박현규(2016). "임진왜란 명장수 오유충의 한반도소재 문물 고찰". 「석당논총」

박종배(2014). "조선시대 무학 별설론 연구". 「한국교육사학」 제36권.

박찬용외(1999). "조선시대 읍성의 관아정원에 관한 기초연구". 「한국조경학회」

서태원(2012). "조선후기 충주진영 연구". 「역사와실학」 제12권.

서태원(2002). "19세기 지방군의 치안구조와 진영". 「사학연구」

송병권(2017). "한국 근대 공설 일용품시장의 사회적 기능과 민족별 시장분리에 대한 고찰". 「대구사학」

안병욱(1986). "조선후기 자치와 저항조직으로서의 향회". 「성신여대논문집」

양정현(2013). "조선초기 역도의 편제와 그 성격". 고려대학교석사학위논문.

어강석(2019). "조선시대 문인들의 시문에 나타난 '충주'에 대한 지역 인식". 「국제어

문학회」

염정섭(2012). "근세의 농법과 수리시설". 「중앙고고연구」

오해영(2018). "대구 10월 항쟁". 「정세와 노동」

유재춘(2000). "여말선초 동계지역의 변화와 치소성의 이전·개축에 대하여". 「조선
시대사학회」

유훈조(2012). "조선시대 주현사직단의 시설 및 부속 건축물 설치에 관한 연구". 「동
양예술」

윤선자(2011). "일제의 신사 설립과 조선인의 신사인식". 「역사학연구」

윤일영(2017). "탄금대 전투시 小西行長군의 전투서열". 「군사학연구」

윤정란(2006). "식민지시대 제사공장 여공들의 근대적인 자아의식 성장과 노동쟁의
의 변화 과정". 「담론201」

이규수(2011). "'재조일본인' 연구와 '식민지수탈론'". 「일본역사연구」 제33집.

이덕주(미간본). "충주 감리교회 설립과 초창기 선교 역사".

이상길(2002). "경남 밀양지역 근대한옥의 건축적 특성에 관한 연구". 「밀양대논문」
제9집.

이상배(2000). "조선시대 남한강 수운에 관한 연구". 「강원문화사연구」

이상훈(2013). "신립의 작전지역 선정과 탄금대 전투". 「군사」(87).

이석봉(2001). "충청지역 성공회 성당 건축의 특성". 충북대학교대학원석사학위논문.

이영학(1990). "조선후기 농업생산력의 발달과 농촌사회의 변동". 「동양학」

이은미(2013). "고려말 조선초 충주지역 조창의 운영과 그 변화". 한국교원대석사학
위 논문.

이정철(2019). "중부내륙 충주분지 일대의 구석기 연구". 「백산학보」

이재영(2015). "전평의 9월 총파업과 10월 인민항쟁의 역사적 성격". 「민중행동」

이종묵(2008). "기묘사림과 충주의 문화공간". 「고전문학연구」 제33호.

이정철(2019). "중부내륙 충주분지 일대의 구석기 연구". 「백산학보」

이정희(2016). "일제강점기 대구의 제사업과 여성노동자의 실태". 「민족문화논총」

이철우(2004). "일제의 철도부설과 한국민족주의의 저항". 「고려대학교평화연구논집」

이헌창(1990). "개항기 시장구조와 그 변화에 관한 연구". 서울대박사학위논문.

이헌창(1994). "조선후기 충청도지방의 장시망과 그 변동". 「경제사학」

이헌창(2000). "충청북도에서의 정기시 변천에 관한 기초적 연구". 「중화문화연구총서」

이호룡(2005). "일제강점기 국내 아나키스트들의 선전 활동". 「한국민족운동연구」

이호철(2004). "조선전기 농법의 전통과 변화". 「농업사연구」

이호철(1996). "조선후기 사회경제적 발전과 그 성격". 「경제논집」35.

이태진(1983). "고려말·조선초의 사회변화". 「진단학회」

장지연(2010). "조선시기 주현 사직단 설치의 의미와 실제". 「한국문화」

장진영(2014). "일제강점기 석전의 변질과 해방후의 규정". 고전과 해석.

전홍식(2015). "식민통치전략과 도시 공간의 변화". 한국교통대박사학위논문.

전홍식(2018). "일제침략초기 지역체계의 식민지적 재편과 도시성격의 변화". 「한국
          지방정부학회」

전홍식(2019). "충주3.1운동의 전개와 성격". 「충북학자료총서」10.

정광섭(2012). "23부제 지방행정제도에 관한 소고". 「한일관계사연구」

정지영(2008). "『여지도서』를 이용한 조선후기 제언의 지역적 특성에 관한 연구". 「대
          한지리학회지」

정영호(1968). "충주 단호사의 유적조사". 「사학지」

정재정(1982). "한말 일제초기(1905-1916) 철도운수의 식민지적 성격". 「한국학보」

조병로(1985). "조선시대 역참제도 발달에 관한 연구". 「한국문학연구」

조성만(1995). "충주의 근대적 도시변화 과정에 관한 연구". 연세대학교석사학위논문.

조성택(1985). "일제강점기 경찰의 역할에 관한 연구". 「한국행정사학지」

조혁연(2015). "19세기 충주지역 주막연구". 충북대학교박사학위논문.

주영하(2008). "'주막'의 근대적 지속과 분화". 「실천민속학연구」

채장수(2004). "2·28 대구 민주운동의 의미론". 「대한정치학회보」11집.

최영준(1987). "남한강 수운연구". 「지리학」제35호.

최원석(2007). "조선시대 지방도시의 풍수적 입지분석과 경관유형". 「대한지리학회지」

최윤오(2004). "대한제국기 충주군 양안의 지주제와 부농경영". 「동방학지」

최일성(2001). "고려 외사고의 변천과 충주사고". 「한국사학회」

최일성(2000). "충주사고의 변천과 위치 문제". 예성문화연구회.

최종석(2007). "고려시대 치소성 연구". 서울대학교박사학위논문.

최종석(2009). "한국의 '전통적' 읍치 경관 창출에 관한 시론". 「역사교육」

최호(1985). "조선후기 역촌에 대한 일고찰". 「중앙사론」

한우림외(2018). "초기 철기시대 청동기의 제작기술". 「문화재」

한정훈(2015). "전남 용설화의 의미지향 연구". 「남도민속학회」

한종구(2016). "충주지역의 지명 전설 고찰". 「한국교통대학교논문집」 제51집.

허흥식(2002). "세종시(世宗時) 산천단묘의 분포와 제의의 변화". 「청계사학」

허인욱(2016). "충주사고의 위치 비정". 「김현길교수정년기념 향토사학논총」

홍성화(2017). "충주 호암, 단월지역의 역사적 의미". 「동연」

홍순두(2005). "남한강 유역의 장시 성립과 발달". 「충북사학」

황인호(2013). "국원소경에서 중원소경으로 변천 과정 연구". 「중부고고학회」

사진 출처

충주군지도(서울대학교규장각)/여지도(서울대규장각도서관)/동국문헌비고(서울대규장각도서관)/조선후기 충주지역상권과 개시일(최영준)/충주목지도(서울대규장각도서관)/충주아문(연기군)/독립운동가 유석현 선생 판결문(국가기록원)/을미의병의 읍성 장악(충주시)/오유충청숙비(일본경도대학도서관)/자동차정거장(국립중앙도서관)/비보(국립중앙박물관)/대동여지도 금천(서울대학교규장각)/1920년대 탄금대 부근(국립지리정보원)/충북도립병원충주분원개원(충주의료원)/양진명소사(국립중앙박물관)/탄금대노선(국립중앙박물관)/권태은 판결문(국가기록원)/활석광산관련 사진(충주시)/충북선개통식(충주시)/그외 신문기사(국립중앙도서관)/일제감시대상인물카드(국사편찬위원회)/약령장정(학국학디지털아카이브)/철조여래좌상(충주시)/충주학생민주운동기념비제막식(기념사업회)/충주군청사(충주시)/신사참배(교현초등학교개교100주년기념지편찬위원회)

역사도시
충주의
발자취와 기억

ⓒ 전홍식, 2021

초판 1쇄 발행 2021년 9월 14일
2쇄 발행 2022년 1월 10일

지은이   전홍식
펴낸이   이기봉
편집   좋은땅 편집팀
펴낸곳   도서출판 좋은땅
주소   서울 마포구 성지길 25 보광빌딩 2층
전화   02)374-8616~7
팩스   02)374-8614
이메일   gworldbook@naver.com
홈페이지 www.g-world.co.kr

ISBN   979-11-388-0187-4 (03190)